나만 따라 해봐!

페이스북 인스타그램
제휴마케팅

나만 따라 해봐!
페이스북·인스타그램·제휴마케팅

펴낸날	2020년 7월 20일 1판 1쇄
	2022년 3월 25일 1판 3쇄
지은이	최병선
펴낸이	정병철
펴낸곳	도서출판 휴먼하우스
등 록	2004년 12월 17일(제313-2004-000289호)
주 소	서울시 마포구 토정로 222 한국출판콘텐츠센터 420호
전 화	02)324-4578
팩 스	02)324-4560
이메일	humanhouse@naver.com

Copyright ⓒ 최병선 2020, *Printed in Korea*.
ISBN 979-11-85455-18-1 13320

이 도서의 국립중앙도서관 출판시도서목록(CIP)은 서지정보유통지원시스템 홈페이지(http://seoji. nl.go.kr)와 국가자료공동목록시스템(http://www.nl.go.kr/kolisnet)에서 이용하실 수 있습니다. (CIP제어번호: CIP2020027376)

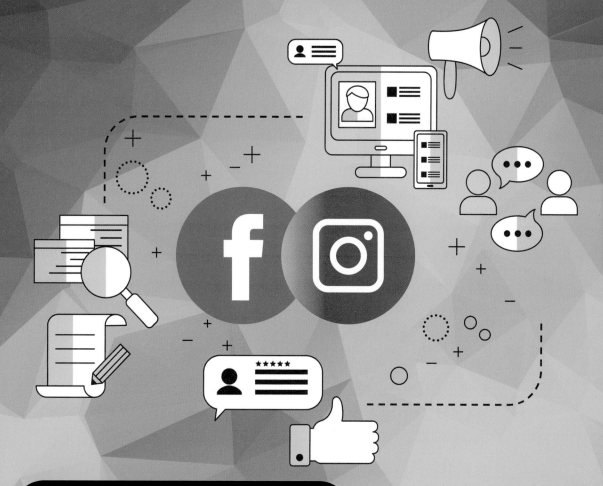

나만 따라 해봐!

페이스북 인스타그램 제휴마케팅

최병선 지음

필자는 해외에서 10여 년을 공부하면서 타지의 문화를 체험하고 느끼면서 자랐습니다. 그리고 해외에서 SNS 마케터로 3년간을 근무했습니다. 전공은 '정보시스템'이었지만 우연찮은 기회에 마케팅 쪽에 흥미를 느끼게 되어, 마케팅 회사에 취직했습니다.

마케팅 회사에 다니면서 페이스북과 인스타그램에 대하여 전문적인 이론을 배웠습니다. 그러던 중 직장 동료인 일본인 친구에게서 '제휴마케팅'에 대해 알게 되었습니다. 회사에 근무하면서 이론적인 부분은 빠삭했지만 실무 경험이 부족하다는 것을 느끼고 있던 차에, 실전을 통해 더 빠르고 정교하게 마케팅을 배울 수 있을 것 같아 일본 측 제휴마케팅을 시작했습니다. 이론보다는 직접 내 돈을 써가면서 실전에 뛰어드는 것이 필자의 성장에 더 크게 도움이 될 것이라 판단했습니다.

일본인 친구와 함께 일본 측 제휴마케팅 업체를 통해 진행했는데, 꽤나 빠르게 매출(부수입)을 올리면서 성장했습니다. 결과가 보여지니 일본 쪽 제휴마케팅 업체와도 신뢰가 쌓이면서 일본 제휴마케팅 업계 상위 8명의 마케터들을 알게 되었습니다.

상위 1위 마케터는 하루 매출이 우리 돈으로 1억 원이 넘었습니다. 단순 마케팅 하나만으로 이런 매출을 올린다는 게 정말 놀라웠고 충격이었습니다. 2위와 8위까지의 매출도 정말 어마어마했으며, 이들 마케터의 몇몇은 20대 초반이었습니다. 일본인 동료가 이 사람들에게서 정말 많은 노하우를 배웠고, 이를 필자에게도 공유해주었습니다. 이때 제가 배운 것이 카피라이팅의 중요성이었습니다. 어떻게 해야 사람의 이목을 끌 수 있는지, 카피라이팅은 어떠한 구조로 진행해야 하는지를 배웠습니다.

이것이 크게 동기부여가 되어, SNS 마케팅의 원리를 파악하고 나만의 노하우를 만들어야겠다고 다짐했습니다. 그래서 페이스북 공부를 하루 5~6시간 정도 매일같이 했으며, 주말에는 10시간 이상을 공부했습니다. 퇴근하고 공부, 주말에는 광고 만들고 성과분석을 하면서 실력을 쌓았습니다. 그러다가 필자의 전문적인 지식을 페이스북 광고를 배우고자 하는 사람들과 공유하자는 생각에 네이버 블로그 (blog.naver.com/ggapno93)를 운영하면서 개별적인 주제를 선정하여 하나씩 포스팅했습니다.

필자는 일본어를 할 줄 모릅니다. 그런데 어떻게 일본 제휴마케팅을 했는지 궁금해 하실 수도 있을 텐데, 필자는 일본 제휴마케팅을 했지만 대만 국가 위주로 했습니다. 일본 제휴마케팅 업체 쪽에서 대만으로 사업 확장 가능성을 테스트하고 있었습니다. 일본인 동료가 일본 마켓을 담당했고, 필자는 대만 마켓을 담당하며 제휴마케팅을 진행했습니다. 중국어는 기초만 할 수 있었기에 Fiverr.com을 통해 중국어(대만)와 영어를 원활하게 소통할 수 있는 현지인을 고용했습니다. 필자가 문구를 주면 그대로 대만 문화에 맞춰서 번역하는 식이었습니다.

약 6개월 정도를 이렇게 월 5백만 원 정도를 광고비로 태우면서 실무적인 부분을 배웠습니다. 이 제휴마케팅은 필자에게 세상을 바라보는 시야를 더 넓게 해준 첫 번째 마일스톤이었습니다.

더 나아가 카피라이팅도 직접 진행해보고 싶어서 미국 쪽 제휴마케팅을 찾아보았습니다. '클릭뱅크'라는 플랫폼을 알게 되어 "월 1천만 원 이상의 매출을 달성하게 해줄 테니 나에게 줄 수 있는 소스랑 픽셀을 공유해 줘"라는 이메일을 보냈습니다. '근자감'으로 가득 차 보였지만, 다행히 이 업체는 필자와 진행을 하겠다고 했으며, 필자는 월 1천만 원이라는 목표를 달성했습니다.

이후 국내의 제휴마케팅을 찾아보았는데, CPS 광고 형식인 미국, 일본과는 다르게 국내는 DB 업종이 매우 크게 형성되어 있었습니다. 미국과 일본의 제휴마케팅 진행 방식은 마케터가 광고를 해서 소비자가 구매를 하면 마케터에게 커미션이 지급되는 방식이었습니다. 국내 업체에도 이메일을 보내 필자의 이력과 성과를 이야기했더니 바로 제휴마케팅을 진행할 수 있는 권한을 주었고, 이렇게 해서 약 8개월간 국내 제휴마케팅을 진행했습니다.

이상으로 필자의 페이스북과 제휴마케팅의 여정에 대해서 간략히 말씀을 드렸습니다. 정말 젊은 나이에 억대의 돈을 써가며 광고비를 태우고, 부딪치고 배우기를 반복했습니다. 배움의 길에는 끝이 없다고 하죠. 지금도 필자는 꾸준히 배우는 마음으로 진행하고 있습니다.

필자가 블로그를 운영하자, 광고를 맡기고 싶다거나 컨설팅을 받고 싶다는 문의가 많이 들어왔습니다. 광고 대행과 컨설팅을 통해 추가 수입이 생기게 된 것입니다. 이때 필자는 이미 제휴마케팅에 수천만 원을 써보며 이론과 실무를 겸비하고 있었고, 결과 위주의 광고를 어떻게 운영하는지도 알고 있었습니다. 그래서 필자에게 컨설팅을 받은 광고주들의 피드백은 아주 좋았습니다. 컨설팅을 받은 사람들은 광고 성과가 기존보다 훨씬 좋게 나왔으며, 대행을 진행하는 케이스는 기존 대비 ROAS가 확연히 높았습니다. 그렇게 해서 필자는 20대 중반의 나이에 페이스북을 이용한 제휴마케팅과 광고 대행, 컨설팅을 통해 월 1천만 원의 수익을 창출하게 되었습니다. 노트북 하나로 말이죠.

그러다가 고객이 너무 많아지자 더는 직장생활을 겸업하여 진행하기가 힘들다고 판단하여 퇴사를 했습니다. 그러고는 한국에 들어와서, 더 많은 광고주를 확보하고 젊은 친구들을 양성하고 싶다는 생각에 '제스타'라는 광고대행사를 설립했습니다.

현재 필자는 제휴마케팅, 광고 대행업, 강의, 커머스 브랜딩을 진행하고 있으며, 페이스북 마케팅을 전문으로 하고 있습니다.

필자의 목표는 그동안의 노하우를 바탕으로 로직을 만들어서 모든 걸 인공지능(A.I) 화하고, 이를 전 세계적으로 이용하게끔 하는 것입니다. 이런 생각 끝에 필자의 모든 이론과 실무 경험을 페이스북 마케팅을 하고자 하는 분들에게 제대로 알려주고 싶어서 이 책을 펴내게 되었습니다.

이 책의 목적은 여러분에게 페이스북 광고의 모든 기능과 개념을 이해시키는 것입니다. 그러기 위해서 페이스북 광고 세팅의 기본부터 실무적인 노하우와 개념을 이해하기 쉽도록 설명했습니다.

많은 분들이 인스타그램 광고는 어떻게 하냐고 질문합니다. 페이스북과 인스타그램은 같은 회사입니다. 이 책에서 다루는 모든 내용은 페이스북과 인스타그램을 통틀어서 설명하고 있습니다. 광고를 시작하기 앞서 필요한 사항, 기능, 업종별로 맞는 전략에 대해 상세히 다루었습니다.

모쪼록 이 책이 페이스북과 인스타그램, 제휴마케팅을 진행하고자 하는 여러분께 많은 도움이 되길 바랍니다.

최병선

차례 □□ Contents

머리말 4

4장   인스타그램으로 광고하기   163

5장　전환 광고의 모든 것　199

6장   실전 전략 및 성공 사례   265

7장 제휴마케팅으로 돈 벌기   311

1장

페이스북 광고를
시작하기 전에

01 페이스북 광고를 하기 전에 알아야 할 것

1 페이스북 광고는 어떻게 진행하는가

    페이스북 마케팅에 관한 본격적인 공부를 하기 전에 먼저 페이스북 광고는 어떻게 진행하는지 개괄적인 흐름을 알아보도록 하자. 프리뷰를 통해 광고에 대한 개념을 잡고 시작하면 책의 내용을 이해하는 데 도움이 될 것이다.(페이스북 광고에 관한 이 책의 내용은 PC에서 따라 하길 바란다.)

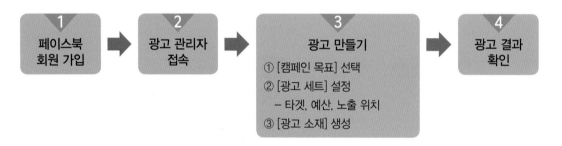

1. www.facebook.com에 접속 후 [페이스북 회원 가입] 후 페이스북 홈에서 **만들기**(혹은 + 버튼) → 광고를 클릭한다.

2. [광고 관리자]에 접속한다. '새 캠페인 만들기' 팝업창에서 캠페인 목표 선택 후 광고를 바로 세팅하거나 팝업창을 닫고 **만들기** 버튼을 클릭하여 광고를 세팅한다.

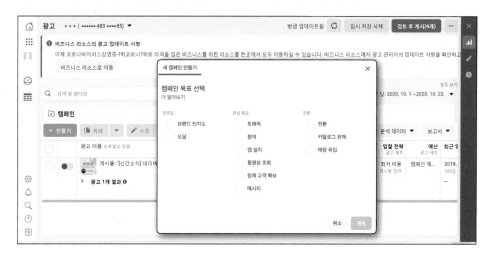

3. [광고 만들기] 슬라이드 화면 왼쪽에 **새 캠페인 - 새 광고 세트 - 새 광고**가 보인다. 차례대로 선택한 후 광고 설정을 해주면 된다.

4. [**광고 결과 확인**] 광고관리자 메인 화면에서 진행한 광고의 결과 확인(최대 24시간 소요, 광고 검토 시 최대 24~48시간 소요.)

2 | 페이스북 광고의 장점

페이스북 광고는 SNS 마케팅의 기본이라고 할 수 있다. 페이스북 광고 콘텐츠를 기반으로 하여 인스타그램, 트위터, 블로그, 카페 등 다각적으로 온라인 마케팅 전략을 펼치면 된다.

① 무엇보다 페이스북 광고의 장점은 '**핵심 타겟', '맞춤 타겟', '유사 타겟' 등 광고 상품에 맞는 타겟들을 지정하여 광고를 할 수 있다**는 것이다. 이렇게 광고의 목적에 맞게 타겟을 지정하여 광고를 함으로써 보다 높은 전환율을 이끌어낼 수 있다.

② 페이스북 광고는 '네이티브' 광고이기 때문에 **사람들이 별다른 거부감 없이 받아들인다.** 네이티브 광고는 뉴스피드에 보이는 일반 콘텐츠의 중간중간에 들어가는 광고로(보통 일반 콘텐츠 5~6개 사이에 들어간다), 사람들은 이것이 광고라는 것을 인식하지 못하는 상태에서 보게 된다. 따라서 별다른 거부감 없이 보게 되고, 클릭으로 이어져 높은 광고 성과를 얻을 수 있다.

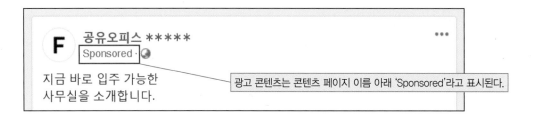

③ 페이스북은 이미지, 텍스트를 비롯하여 동영상, 슬라이드 등 **다양한 형식의 콘텐츠를 사용하여 광고를 할 수 있다.** 따라서 자신이 광고하고자 하는 상품을 더 잘 표현해 줄 수 있는 형식으로 콘텐츠를 만들어 보다 효과적으로 광고를 할 수 있다.

④ **광고에 대한 반응을 즉각적으로 얻을 수 있다.** 페이스북 광고는 사람들이 '댓글', '좋아요' 등을 달수 있기 때문에, 이를 살펴 광고 품질을 개선하고 보완하면서 광고에 대한 반응을 살필 수 있다.

Tip 페이스북 광고의 노출 순위

페이스북에는 많은 사람들이 광고를 한다. 그렇기 때문에 내가 광고를 한다고 해서 모든 사람들에게 노출되는 것은 아니다. 내가 광고를 노출시키고자 하는 타겟 그룹에게 나만 노출시키는 것이 아니다. 수많은 다른 업체들이 똑같이 노출을 시키고자 할 것이다. 그래서 페이스북은 실시간 경매 시스템 (Real-time bidding)으로 진행된다. 즉 광고를 노출시키고자 하는 타겟을 두고 타 업체들과 노출 여부를 두고 경매를 하는 것이다. 실시간으로 온라인되는 유저들에게 말이다.
경매에 있어 노출 우선순위는 '예산', '광고 과거 기록', '광고 콘텐츠의 반응'에 따라 결정된다. 동일하게 A와 B 업체가 하루에 $100씩 광고비를 태운다면 여기에 '유저들의 반응도'에 따라 노출 우선순위가 결정된다고 보면 된다.

3 | 마케팅의 기본 용어

이 책의 독자는 페이스북 광고를 기초부터 배우고 싶거나 혹은 실무에서 응용 가능한 고급 전략을 배우기 위해 책을 펼쳤을 것이다. 만약 온라인 마케팅을 처음 시작하는 사람이라면 먼저 기초적인 마케팅 용어의 개념부터 숙지하길 바란다. 이 용어들은 디지털 마케팅에서 자주 사용되는 것들로서 앞으로 이 책에서도 자주 언급될 것이다.

기초 마케팅 용어	
도달	광고를 본 사람들의 숫자(명 수)
노출	광고가 노출된 횟수
빈도	1명이 광고를 본 횟수(빈도 = 노출/도달)
전환	목표로 하는 행동을 고객이 완료하는 것
CVR	전환율(Conversion Rate), 클릭수 대비 전환수, (전환수/클릭수)×100
CPM	1,000회 노출당 비용(Cost Per Mille)
CPA	결과당 비용(Cost Per Action)
CPC	링크 클릭당 비용(Cost Per Click)
CPS	판매당 비용(Cost Per Sale), 상품 판매가 일어났을 때 지불하는 판매 수수료
CTR	링크 클릭률(Click Through Rate), (클릭수/노출수)×100
ROI	투자 금액 대비 이익 비율(Return On Invest), (순이익/투자금액)×100
ROAS	광고비 대비 매출 비율(Return On Ad Spending), (매출액/광고비)×100
LTV	고객 평생 가치(Lifetime Value), 한 명의 고객이 서비스를 이용할 때부터 끝낼 때까지의 가치의 총합
랜딩 페이지	광고 등을 통해 웹사이트에 들어올 때 최초로 보이게 되는 웹페이지
리타게팅(리마케팅)	사이트를 방문한 적이 있거나 특정 페이지를 조회한 고객에게 상품 및 서비스 정보를 다시 보여주는 광고

- '도달', '노출', '빈도'의 관계를 예를 들어 설명하면, 만약 광고를 본 사람이 100명이라면 도달은 100이 된다. 그런데 한 사람이 광고를 한 번만 보는 것이 아니라 10번씩을 보게 될 수도 있다. 그러면 노출은 1000이 된다. 이 경우 빈도는 1000/100=10이 된다. 페이스북 마케팅뿐만 아니라 온라인 마케팅은 이러한 도달과 노출, 빈도의 관계를 잘 파악하여 전략을 세워야 한다.
- '전환'은 고객이 우리가 목표로 하는 행동을 완료하는 것을 말한다. 쇼핑몰의 경우 '결제 완료'가 될 것이다. '전환율'은 클릭수(유입수) 대비 전환수를 백분율로 나타낸 것으로, 이것은 온라인 마케팅에 있어서 중요한 성과지표 중 하나이다.
- 'ROAS'는 광고비 대비 매출 비율을 말하는 것으로, 광고의 효율을 나타내는 주요한 지표이다. 광고비 100만 원을 들여 1500만 원의 매출을 올렸다면 ROAS는 1500%이다.

02 페이스북 광고를 위한 준비사항

페이스북 광고를 하기 위해서는 다음의 4가지가 필요하다.

- 페이스북 프로필 계정
- 페이스북 페이지
- 신용카드 혹은 체크카드
- 비즈니스 관리자

 페이스북 광고와 인스타그램 광고

인스타그램에서만 광고를 하고 싶은 사람은 인스타그램 계정만 있어도 된다. 하지만 페이스북을 이용한 다양한 광고 운영과 매출 증대를 위해서라면 위 4가지 사항을 필수로 진행하자.

1 페이스북 프로필 계정과 개인 광고 계정

페이스북(www.facebook.com)에 개인 프로필 계정으로 로그인을 하면 자동적으로 광고를 할 수 있는 '개인 광고 계정'이 생기게 된다. 가끔 페이스북 광고를 위해서 새롭게 페이스북 광고 전용 아이디를 만들어 여러 사람이 계정을 공유하려고 하는 경우가 있는데, 이것은 절대 금물이다. 한 개의 페이스북 아이디를 가지고 여러 사람이 동시에 로그인을 하면 계정이 막힐 수 있을 뿐더러, 페이스북 정책상 한 사람당 한 개의 페이스북 아이디가 원칙이다. 페이스북은 실명을 기반으로 관계를 맺고 소통하는 SNS이기 때문이다.

때문에 페이스북 광고는 운영자 자신의 실제 페이스북 로그인 아이디를 가지고 진행하면 된다. 회사에서 다른 동료와 작업을 공유하는 것은 '비즈니스 계정'을 생성하여 진행할 수 있다.

페이스북 아이디가 없는 사람은 www.facebook.com에서 이름과 휴대폰 또는 이메일 정보를 입력하는 것으로 쉽게 만들 수 있다.

자 그럼 지금부터 자신의 실제 페이스북 아이디를 가지고 www.facebook.com에 로그인을 해보자. 참고로 페이스북 광고는 PC 혹은 노트북으로 진행하길 바란다.

2 페이스북 페이지 만들기

페이스북에서 광고를 하기 위해서는 페이스북 '페이지'가 있어야 한다.

페이스북 '페이지'란 개인 계정과 별도로 자신의 회사나 브랜드 등을 홍보하고 소식을 공유하는 홈페이지(브랜드 계정) 개념으로, 여러 개를 운영할 수 있다.

페이스북 개인 계정은 실명을 기반으로 하는 지극히 사적인 공간이다. 때문에 자신의 쇼핑몰이나 사업체를 홍보하는 콘텐츠를 개인 프로필 계정에 게시하기가 부적절할 수 있다. 그럴 때 사업체 관련 페이지를 생성하면 된다. 예를 들어 내가 '최병선'이라는 이름으로 개인 계정을 가지고 있고, '제스타'라는 사업체를 운영하고 있다면, '제스타'라는 페이지를 하나 만들어 여기에 사업 관련 콘텐츠를 게시하고 광고 및 홍보를 하면 되는 것이다. 개인 계정이 '친구' 관계를 통한 '퍼스널 브랜딩'이 목적이라면, 페이지는 '좋아요'를 통해 사업체와 브랜드를 홍보하는 것이 목적이라고 할 수 있다.

개인 계정에 올린 콘텐츠가 친구 관계를 맺은 사람에게만 노출되는 반면 페이지 게시물은 페이지 '좋아요'를 한 팬들의 뉴스피드에 소식이 업데이트된다.

개인 계정은 1인 1계정이지만, 페이지는 여러 사람이 관리할 수 있다. 이 여럿의 관리자들(모두 개인 계정을 가지고 있어야 한다)이 작성하는 각각의 게시물은 '페이지 이름'으로 게시된다.

이러한 이유 등으로 페이스북 광고를 진행하기 위해서는 페이지가 반드시 있어야 한다.

페이스북 개인 계정으로 로그인을 하면 다음과 같은 홈 화면이 나오는데, 스크롤을 내리면 페이스북 친구들이나 팔로우하는 페이지들에 대한 소식들을 접할 수 있다. 페이스북 운영의 모든 것은 여기서부터 시작된다. 그럼 페이스북 광고를 하기에 필요한 페이스북 페이지를 하나 만들어보자.

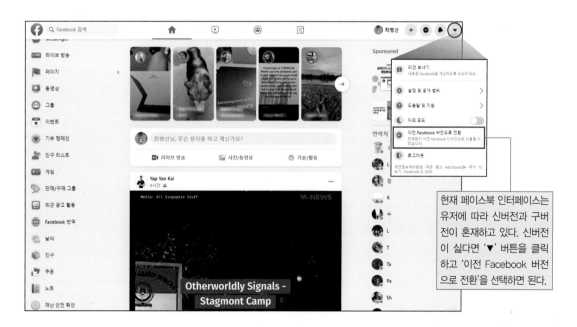

현재 페이스북 인터페이스는 유저에 따라 신버전과 구버전이 혼재하고 있다. 신버전이 싫다면 '▼' 버튼을 클릭하고 '이전 Facebook 버전으로 전환'을 선택하면 된다.

1. 페이스북 우측 상단에 있는 **+** 버튼을 클릭한 후 **페이지**를 선택한다.

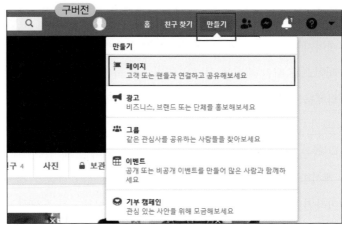

2. 신버전인 경우 해당 화면 왼쪽의 '페이지 정보'에서 필수 입력 부분인 '페이지 이름'과 '카테고리'를 작성한다. '설명'은 페이지에 대한 간단한 설명을 입력한다. '프로필 사진 추가', '커버 사진 추가'를 클릭하여 이미지를 설정하고 **저장**을 클릭한다.

※ 구버전의 경우 2가지 옵션이 나온다. 본인의 브랜드 페이지를 만들고 싶으면 '비즈니스 또는 브랜드'를 선택하고, 단순한 커뮤니티성 페이지나 취미용 페이지, 인플루언서 페이지를 만들고 싶으면 '커뮤니티 또는 공인'을 선택하면 된다. **동의하고 시작하기**를 클릭한다. 그리고 '페이지 이름', '카테고리'를 입력하고 **동의하고 계속**을 클릭한다.

3. 프로필 사진, 커버 사진 등을 설정하고 나면 페이스북 페이지가 생성된다. 페이지에 관한 기능들은 해당 메뉴바에서 클릭해보면 어렵지 않게 알 수 있을 것이다.

Tip ✓ '페이지' 이름 변경

페이스북 '페이지'의 이름 변경은 최대한 비슷한 이름 내에서만 가능하다. 예를 들어 '제스타 – Zesta'에서 갑자기 '광고대행사' 이런 식으로는 변경이 불가능하다. '제스타 – Zesta' → '제스타' → '광고대행사 제스타' 이런 식으로 2번의 단계를 거쳐서 변경할 수 있다. (https://www.facebook.com/help/271607792873806 참조)

페이지 생성은 끝났다. 그럼 다음 단계로, 본격적으로 페이스북 광고를 태우기 위한 '비즈니스 광고 계정'을 생성해보자. 이는 앞에서 말한 '개인 계정'과는 다른 것이다.

1) 비즈니스 관리자 계정 만들기

1. 페이스북 페이지의 우측 상단에 있는 **만들기**를 클릭한 후 **광고**를 선택한다.

2. 그러면 '광고 관리자' 화면이 나온다. 광고를 만드는 첫 화면이다. 이것이 앞에서 말한 '개인 계정'의 광고 관리자 화면이다. 개인 계정으로는 광고를 하는 데 한계가 있다. 그래서 '비즈니스 관리자 계정'을 만들기 위해서 주소창에 business.facebook.com을 입력하고 엔터를 친다.

3. '비즈니스 관리자' 화면에서 **계정 만들기**를 클릭한 후 '비즈니스 관리자 계정'을 생성해주면 된다. 비즈니스 이름은 중요하지 않다. 보통은 기업명으로 많이 지정하는데, 언제든 수정이 가능하다.

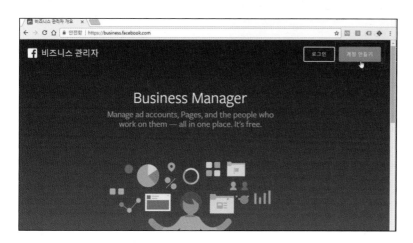

■ 개인 계정과 비즈니스 계정

　페이스북 광고를 돌리는 계정에는 2가지 종류가 있다. '개인 계정'과 '비즈니스 계정'이다. 용어에 대해서는 꼭 기억하길 바란다. 개인 계정은 말 그대로 내가 혼자 소유하는 광고 계정이다.

　'개인 계정'에 대한 내역은 오로지 나만이 확인할 수 있고 나만이 광고 세팅이 가능하다.

　'비즈니스 계정'은 '비즈니스 관리자' 내에 속해 있는 광고 계정이라고 생각하면 된다. 비즈니스 관리자는 즉 회사(집합체) 같은 존재이다. 비즈니스 관리자 내에 비즈니스 계정을 생성하여 해당 계정에 대한 권한을 A라는 직원과 B라는 직원에게 부여할 수 있다. 그러면 A라는 직원과 B라는 직원은 각자의 본인 페이스북 아이디로 로그인을 하여 해당 비즈니스 계정을 관리할 수 있다. 즉 1개의 페이스북 아이디를 여러 직원이 공유하면서 쓸 필요가 없다는 뜻이다. 여러모로 개인 계정보다 비즈니스 계정의 실용성이 훨씬 좋다. 기업이 아니라 개인이더라도 말이다. 지금은 비즈니스 광고 계정을 같이 만들어볼 것이며, '비즈니스 광고 계정'을 만들기에 앞서 '비즈니스 관리자'를 만드는 단계에 대하여 설명 중이다.

4. 비즈니스 설정을 클릭한다. 만약 '비즈니스 설정' 버튼이 안 보이면 왼쪽 상단의 '비즈니스 관리자'를 클릭해서 '비즈니스 설정'으로 들어간다.

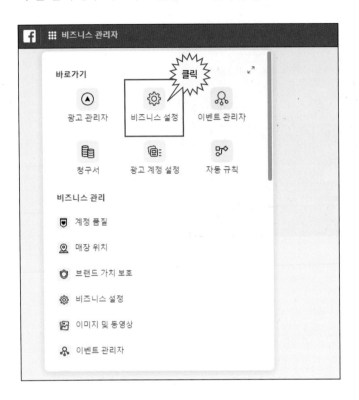

5. 여기서 중요한 것은 **사람, 페이지, 광고 계정**이다. 비즈니스 관리자는 회사 개념이자 집합체 개념이다. 비즈니스 관리자 내에 같이 페이스북 페이지를 관리할 직원(사람), 광고 관리자 계정을 관리할 직원(사람) 등을 선택하고 추가를 해주면 된다. 회사가 아닌 개인이 운영한다면 추가를 안 해도 상관없다.

추가할 때는 **+ 추가**를 클릭한 후 권한을 부여받을 사람의 페이스북 로그인 이메일 주소를 입력하면 된다. 직원 혹은 운영자 권한을 부여할 수 있다.

6. 이후 권한을 부여받는 사람은 본인의 이메일에서 초대장을 확인 후 비즈니스 관리자에 합류하면 된다. 아래와 같은 형식의 이메일을 받아볼 수 있다.(G메일 기준)

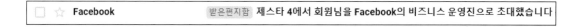

7. 사람을 다 추가했다면 이번에는 **페이지**를 클릭한다. 아직 페이지가 없다고 뜬다. 좀 전에 페이스북 페이지를 만들었는데 왜 연동이 안 되었지라는 생각이 들 수 있다. 그것은 좀 전에 만든 페이지는 개인 계정에서 만든 것이라서 비즈니스 계정이 아닌 개인 계정에 연동이 되었기 때문이다. 그럼 해당 페이지를 비즈니스 관리자에도 추가해서 연동시키면 된다.

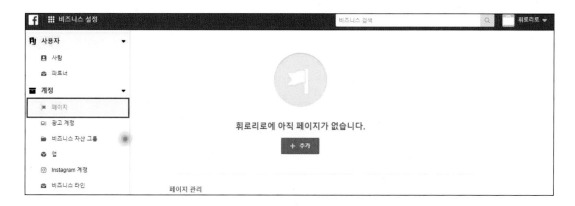

+추가를 클릭하여 서브 메뉴에서 **페이지 추가**를 클릭한다.

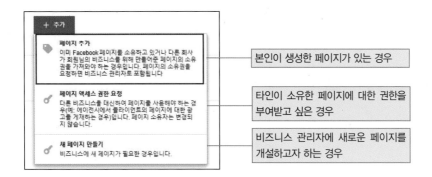

본인이 생성한 페이지가 있는 경우

타인이 소유한 페이지에 대한 권한을 부여받고 싶은 경우

비즈니스 관리자에 새로운 페이지를 개설하고자 하는 경우

검색창에 본인이 만든 페이스북 페이지명(ex. 제스타)을 검색한 후 페이지를 선택하고 **페이지 추가**를 클릭한다. 그러면 비즈니스 관리자 안에 페이지가 연동된다.

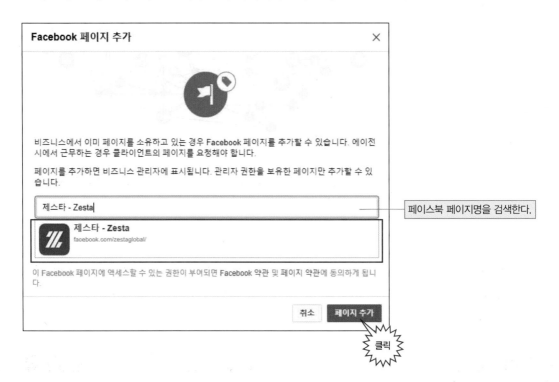

페이스북 페이지명을 검색한다.

8. 이제 해당 페이지를 관리할 사람을 추가해줘야 한다. **사람 추가**를 클릭한다. 해당 페이지를 관리할 사람과 그에 맞는 권한을 설정해주면 된다. 보통은 최고 권한인 '운영자 액세스'를 부여하면 된다. 선택하고 **할당**을 클릭한다.

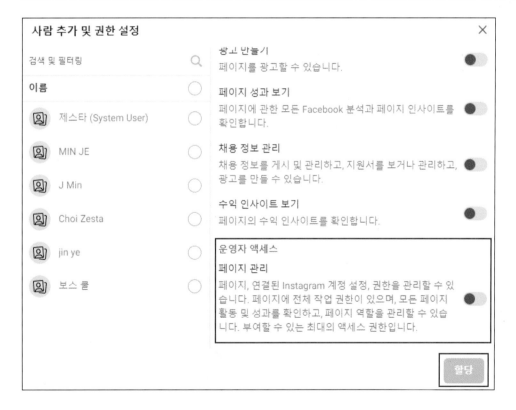

이로써 '비즈니스 관리자'를 생성하고, 페이지를 연동하고, 관리자를 추가하는 것까지를 완료하였다. 자 이제 광고 관리자 계정을 만들기 전에 결제 수단을 추가하자.

2) 비즈니스 관리자에 결제 수단 추가하기

결제 수단을 추가하면 앞으로 진행하는 광고 비용은 연결한 카드에서 빠져나가게 된다.

1. 광고 관리자로 접속한 후 **비즈니스 설정**을 클릭한다. 그리고 **결제**를 선택하고 **+ 결제 수단 추가**를 클릭한 후 결제 수단 정보를 입력하면 된다.

3) 페이스북 광고 부가세 면제받기

2019년도 하반기부터 페이스북 광고에도 부가가치세(VAT) 10%가 붙고 있다. 예를 들어 광고비로 $100를 진행했을 경우 부가세 10%가 추가되어 $110가 청구된다. 여기에 카드사 수수료에 환전수수료(약 1~2%)까지 청구되기에 총 $112 정도가 청구된다.

그런데 페이스북은 사업자등록번호가 있는 사업자 광고주들에게는 설정을 통해 부가세를 면제해
주고 있다. 이를 설정 안 하면 지속적으로 부가세 10%가 청구되니 꼭 설정하길 바란다.

1. 광고 관리자로 접속한 후 **광고 계정 설정**을 클릭한다.

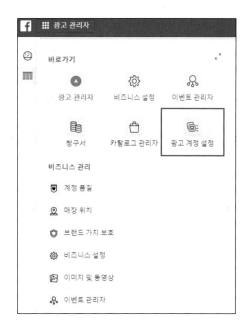

2. 본인이 이용하는 광고 계정을 선택한 뒤 '광고 계정'
메뉴에서 스크롤을 아래로 내려준다.

3. 하단 부분에 '납세자 번호'라는 칸이
보인다. 해당 부분에 본인의 사업자등록
번호 10자리를 입력한 뒤 **변경 내용 저장**
을 클릭하면 부가세 10%를 면제받을 수
있다.

4 | 비즈니스 관리자 내 '광고 계정' 생성하기

이제 마지막으로 '비즈니스 광고 계정'을 설정할 차례이다.

1. '비즈니스 설정' 화면 왼쪽에서 **광고 계정**을 선택하면 만들어 놓은 계정이 있으면 나타난다. 필자는 이미 한 개의 광고 계정이 생성되어 있지만, 처음 시작하는 사람은 아무것도 안 보일 것이다. **+ 추가**를 클릭한 뒤 **새 광고 계정 만들기**를 선택한다.

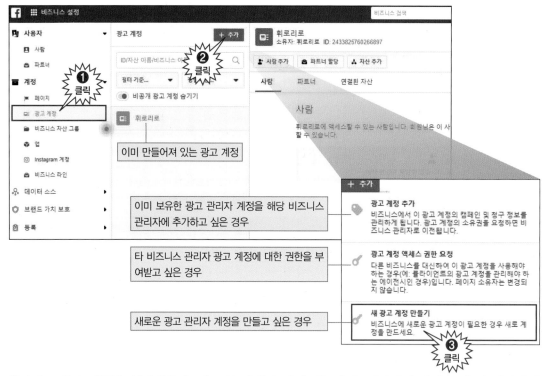

2. '광고 계정 이름'을 설정해준다. 이 또한 언제든 변경 가능하다. 시간대와 통화는 한 번 설정하면 변경이 불가능하니 주의해서 설정하자. 결제 수단은 방금 설정한 카드로 설정해준다.

 Tip 통화 설정

미국 달러가 환율 때문에 광고비가 조금 더 싸다고 하는 사람도 있는데 실제로 원화랑 큰 차이가 없어서 필자는 계산하기 편한 원화를 선호한다.

3. '광고 관리자 계정'에 대한 권한 또한 '페이지'와 마찬가지로 사람에게 권한을 주어야 한다. 사람이 없으면 해당 광고 계정에 대한 권한은 아무도 없는 것이다. 본인 외에 관리하는 사람이 없다고 하더라도 본인을 해당 광고 계정에 추가해야 사용이 가능하다. 광고 계정을 실질적으로 운영하는 사람이라면 '운영자 액세스'에 대한 권한을 부여하자. '페이지'의 사람 추가하는 방식과 동일하다.

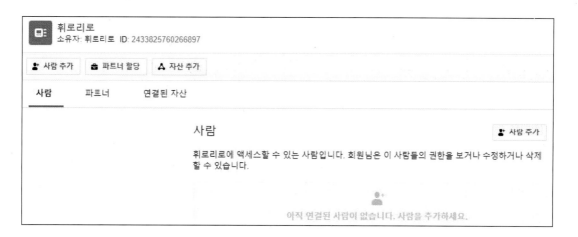

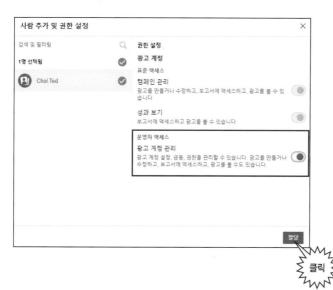

4. 처음에는 '비즈니스 관리자' 내에 '광고 관리자 계정'을 1개만 설정할 수 있다. 어느 정도 광고 정책을 준수하면서 광고를 3~7일 동안 하고 있을 시 광고 관리자 계정 생성 한도를 5개로 늘려준다. 이는 '비즈니스 정보' 메뉴에서 확인 가능하다.

한도가 5개로 늘어나면 미리 새로운 광고 계정들을 생성하길 바란다. 설령 필요가 없다 하더라도 말이다. 1개의 광고 계정이 광고 정책 위반으로 비활성화가 되면 더 이상 새로운 광고 계정을 생성할 수 없기 때문이다.

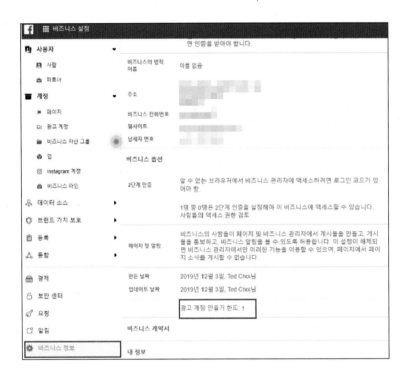

5 | 본인에게 권한이 있는 광고 계정 목록 보기

이제 페이스북 광고를 할 준비가 어느 정도 끝났다. 광고 관리자 주소창으로 접속해보자.
https://business.facebook.com/adsmanager

1. 광고 관리자 상단 부분에서 광고 관리자 계정 목록 버튼을 선택한다. 그러면 본인에게 권한이 부여된 모든 광고 계정들의 목록을 확인할 수 있다.

2. 다음과 같은 식으로 보일 것이다. '개인 계정'과 '비즈니스 관리자' 이름 밑에 있는 '비즈니스 광고 계정'들이 보인다. 개인 계정은 본인이 안 만들었다 하더라도 기본적으로 부여된다.

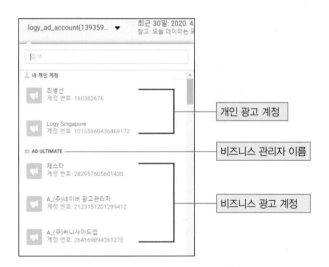

개인 계정은 제약이 너무 많다. '픽셀'도 공유가 안 되고 모든 광고 내역이나 데이터가 1개의 계정에만 묶여 있기에 불편함이 많다. 따라서 본격적으로 페이스북 광고를 시작할 것이라면 비즈니스 계정을 생성하여 이용하길 바란다. 본인 외엔 사용하는 사람이 없다 하더라도 말이다.

또한 사용하고자 하는 페이지와 광고 계정에 항상 '사람'을 추가하는 것도 잊지 말길 바란다.

03 페이스북과 인스타그램 광고에 대하여

1 페이스북 페이지와 인스타그램 계정 연동 및 비즈니스 프로필 전환하기

다음은 페이스북 페이지와 인스타그램 계정을 연동하는 방법이다. 인스타그램에서 광고를 하기 위해서는 '개인 프로필'에서 '프로페셔널 계정'으로 전환해야 한다. 세부적인 세팅을 위해서는 페이스북 페이지와 인스타그램 프로페셔널 계정이 연동이 되어 있는 것이 좋다.(권장사항)

1. 페이스북 메인화면 왼쪽의 메뉴에서 **더 보기**를 클릭한 후 **페이지**를 선택한다. 그러면 본인이 소유 및 관리하는 페이지 목록들이 전부 보인다. 인스타그램과 연동하고 싶은 페이지를 선택한다 .

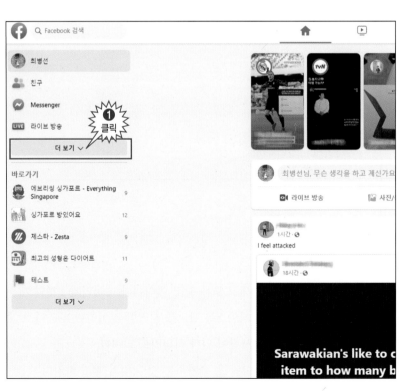

※ 구버전의 경우 연동하고자 하는 페이스북 메인화면에서 우측 상단에 있는 역삼각형(▼) 버튼을 클릭하여 인스타그램 계정과 연동하고 싶은 페이지를 선택한다.

2. 왼쪽 하단에 보이는 **페이지 설정**을 클릭한다.

※ 구버전의 경우 페이스북 페이지의 상단 메뉴에서 **설정**을 클릭한다.

3. 설정 메뉴에서 좌측의 Instagram을 클릭한다.

4. 계정 연결을 클릭하여 인스타그램 계정 정보를 입력하고 **로그인**을 클릭한다.

5. 연동이 되면 '비즈니스 프로필'을 설정하라고 뜬다. 이메일과 전화번호, 주소를 입력하면 된다. 그러면 군이 인스타그램에 로그인을 안 해도 페이스북에서 자동으로 설정이 가능하다. 비즈니스 프로필의 이점은 매우 많다. 인스타그램 프로필 내에 다양한 버튼이 생성되며, 커머스 같은 경우 쇼핑태그(사진 밑에 제품이 보여지는 형식) 기능 또한 사용할 수 있다.

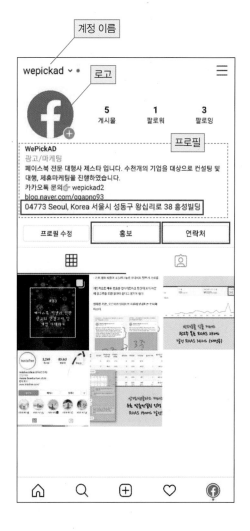

6. 비즈니스 프로필(프로페셔널 프로필)로 전환되었을 때의 모습이다. 기존에 없던 **홍보** 및 **연락처** 버튼과 **주소**가 생긴 것을 확인할 수 있다.

2 페이스북 페이지에 게시물 포스팅하기

인스타그램뿐만 아니라 페이스북 '페이지'를 키워보고 싶은 사람도 있을 것이다. 광고와는 별개로 팔로워도 늘리면서 말이다. 그러려면 먼저 내 '페이지'에 게시물을 많이 올려야 한다.

그럼 일단 키워보고 싶은 페이스북 페이지 화면으로 이동해보자.

1. 페이스북 페이지 화면에서 **게시물 만들기**를 클릭한다. 그러면 페이지 내에 게시물을 올릴 수 있는 팝업창이 뜬다. 여기서 텍스트, 이미지, 동영상 등 원하는 내용을 작성하고 **게시**를 클릭하면 게시물이 페이지에 포스팅된다.

2. 간단한 문구와 사진으로 게시물을 만들어 올렸다. 그러면 해당 게시물은 본인의 페이스북 페이지 팔로워들에게 유기적으로 노출된다. 하지만 페이지 팔로워가 1만 명이 있다 하더라도 1만 명 모두에게 노출되지는 않는다. 해당 게시물이 올라갈 때의 유저들의 접속률, 유저들의 선호도에 따라 노출이 되거나 안 되기도 한다. 또한 해당 팔로워들이 여러분의 페이지만 팔로우할 가능성도 매우 적다. 보통 유저들이 팔로우하는 페이지는 수십 개에 이른다. 이 중에서 어떤 페이지의 게시물이 우선 순위로 보여질까? 해당 게시물에 대한 파급력, 게시물 내용과 유저들의 선호도, 성향을 파악하고 이를 통해 노출 여부가 결정된다.

3. 이렇게 올린 게시물에는 **게시물 홍보하기**라는 버튼이 있다. 이것은 페이스북 페이지 내에서 간편하게 광고를 돌릴 수 있는 기능이다. 클릭하여 진행하면 매우 간단한 인터페이스와 함께 해당 게시물을 광고를 태워 더 많은 사람들에게 노출시킬 수 있다. 하지만 이 기능은 비추천한다. 해당 인터페이스는 간편성, 편리성을 위한 기능으로, 광고를 하는 목표와 타겟을 세부적으로 설정할 수 없기 때문이다. 페이스북 광고는 광고 '목표'를 수동으로 설정하는 단계가 매우 중요한데, 해당 기능이 매우 제한적이기 때문이다.

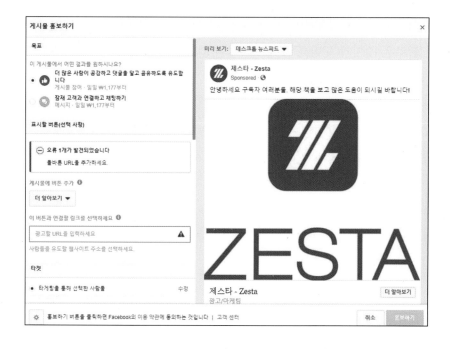

3 | 페이스북 페이지의 '좋아요'와 '팔로우'의 차이점

페이스북 페이지에 대하여 이야기를 나누다 보니 다음 단계로 가기 전에 많은 분들이 궁금해하는 부분에 대해 한 가지 언급하려고 한다. 페이스북 페이지 내에 있는 '좋아요'와 '팔로우'에 대한 차이점에 대한 것이다.

일단 해당 페이스북 페이지의 '좋아요'를 누르게 되면 '좋아요'와 '팔로우'가 동시에 된다.

'좋아요'는 해당 유저를 페이스북 페이지에 '팬'으로 등록이 되게끔 하는 기능이다. '팔로우'는 해당 유저에게 페이스북 페이지에 대한 소식을 업데이트 해주는 기능이다(페이지에 대한 팬은 아니다). 구독 개념과 동일하다고 보면 된다. 즉 페이지 게시물에 대한 노출은 팔로우를 한 사람에게 노출된다.

보통 페이스북 유저들은 본인의 자취를 해당 페이지에 남기는 것을 싫어하기에 이후에 '좋아요'는 취소하고 소식을 듣고 싶은 페이지라면 '팔로우'만 유지하는 경우가 많다. 때문에 대부분의 페이스북 페이지 수치들을 보면 '팔로우' 숫자가 '좋아요' 숫자보다 많은 경향이 있다. 둘 중에 어느 것이 더 중요한지에 대한 차이는 없다.

이것으로 페이스북 광고를 하기 위해서 갖춰야 할 기본 요소들은 모두 갖추었다. 이제 2장에서 책의 내용을 직접 따라 하면서 페이스북에서 광고를 집행하면 된다. 책을 보면서 실제로 컴퓨터로 페이스북 광고를 집행해봐야 한다. 이론만 보면 절대 성장할 수 없다.

이 책은 실제로 페이스북 광고를 따라 할 수 있도록 최대한 많은 실제 스크린샷을 보여주면서 다양한 원리와 개념을 설명하였다. 이 책을 따라 하고 나면 페이스북 광고는 정말 눈 감고도 쉽게 할 수 있을 정도가 될 것이다. 이것이 필자가 이 책을 쓴 목적이다.

페이스북 광고의
개념 이해하기

01 페이스북 '광고 관리자'란 무엇인가

　페이스북 '광고 관리자'(https://www.facebook.com/adsmanager)는 페이스북 광고를 만들고 관리할 수 있는 도구이다. 광고 관리자에서 페이스북의 모든 **'캠페인'**과 **'광고 세트'**, **'광고'**를 조회하고 변경하거나 결과를 확인할 수 있다.

　앞으로 우리는 이 광고 관리자에서 페이스북 광고에 관한 모든 것을 하게 될 것이다.

　광고 관리자에서는 다음과 같은 일을 할 수 있다.

- 광고 캠페인 만들기
- 여러 광고를 한 번에 관리하기
- 광고 성과 확인하기

 광고 관리자 모바일 앱

모바일 버전의 광고 관리자 앱도 다운로드할 수 있다. App Store / Google Play 스토어에서 '페이스북 광고 관리자'를 검색한 후 해당 아이콘 모양의 앱을 설치하면 된다.

■ 광고 관리자 VS 페이지 '게시물 홍보하기'

　"위와 같이 페이스북 페이지 내에서도 **게시물 홍보하기**로 광고를 태울 수 있는데 굳이 '광고 관리자'에서 할 필요가 있을까요?"

　처음 광고를 하는 사람들은 이런 생각을 많이 한다. 앞서 이야기한 것처럼 이 둘의 차이는 자동과 수동 목표 설정, 간편성에 있다. 광고 관리자에서는 광고 설정을 수동으로 100% 세팅할 수 있는 반면, 페이스북 페이지 내에서는 광고 관리자 기능의 일부만 세팅할 수 있다.

1 '광고 관리자' 메뉴 살펴보기

광고 관리자는 페이스북 홈에서 **만들기 → 광고** 메뉴를 클릭하면 된다.

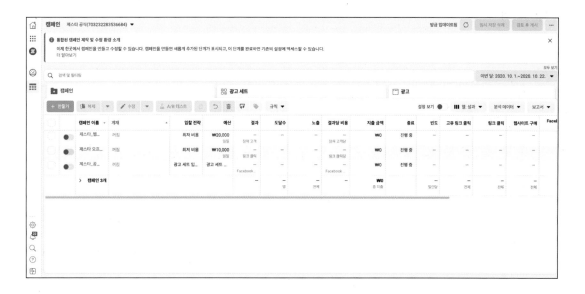

왼쪽 **비즈니스 도구** 버튼을 클릭하면 모든 메뉴들을 확인할 수 있다. 앞으로 이 메뉴들을 쓸 일이 많을 것이다.

02 페이스북 광고의 구조

광고를 진행하기 전에 먼저 페이스북 광고의 구조에 대한 개념부터 잡고 넘어가자. 페이스북 광고 관리자를 보면 **계정 개요, 캠페인, 광고 세트, 광고**라는 4가지 탭이 있다.

계정 개요는 광고 관리자 계정의 개요를 확인하는 곳이다. 한눈에 지표들을 확인할 수 있다.

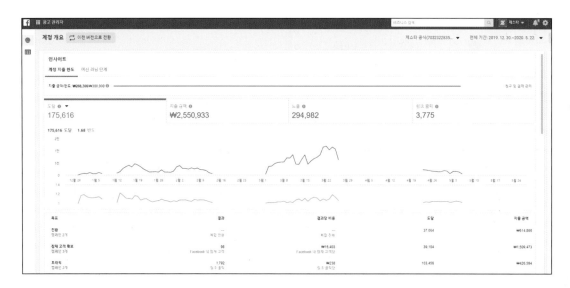

페이스북 광고를 이해하기 위해서는 '캠페인'과 '광고 세트', '광고'에 대한 개념을 알아야 한다. 원리는 간단하다.

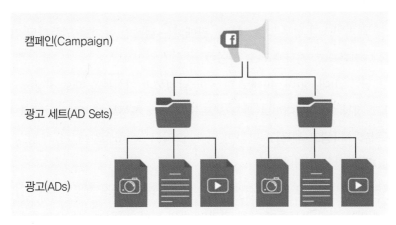

캠페인, 광고 세트, 광고 관계도

페이스북 광고는 **캠페인, 광고 세트, 광고** 이 3개가 같이 만들어져야 비로소 1개의 온전한 광고가 된다. 광고를 만드는 단계는 다음과 같은 순서로 진행된다.

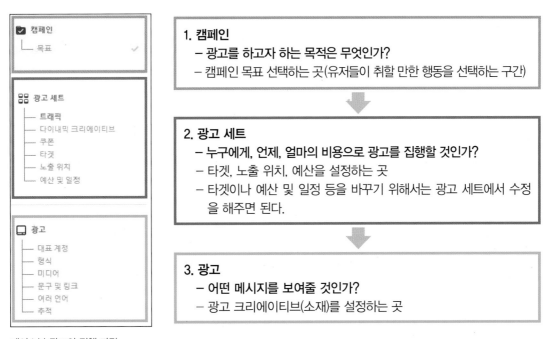

페이스북 광고의 진행 과정

한 개의 광고를 만드는 데 있어서 세팅하는 부분을 단계별(step by step)로 나누기 위해서 구분해놓은 것이라고 생각하면 된다. 이렇게 구분을 해놓으면 이후에 광고 요소를 수정하려고 할 때 광고 세트로 가서 수정할지, 광고로 가서 수정할지를 알기가 쉽다.

쉽게 말해 페이스북 광고는 **캠페인 → 광고세트 → 광고**를 상위부터 하위로 내려가는 컴퓨터의 폴더 개념으로 생각하면 된다. 개념이 잡히면 광고 세팅하는 게 매우 편해지고 정리 또한 깔끔하게 할 수 있을 것이다.

예를 들어 쇼핑몰 커머스인 경우 정장 제품을 판매하는 캠페인 한 개를 만든다고 가정해보자.

[캠페인 이름]은 '전환광고_정장'이라고 하였다.

그런데 타겟 그룹을 20대, 30대, 40대로 나누고, 남성복과 여성복을 따로 진행하고 싶다. 이런 경우에는 "전환광고_정장"에다 세대별로 광고 세트를 만들어 진행하면 된다. 이렇게 광고 대상과 일정, 예산 등을 구분하여 **[광고 세트]**를 만들면 된다. 그리고 그 아래로 여성용과 남성용 등으로 제품에 맞는 **[광고 소재]**를 만들면 된다.

이렇게 광고를 진행하면 광고 결과 지표를 보기가 깔끔하다. 정장 제품에 대한 결과를 보려면 해당 캠페인에 속해 있는 광고 세트들에 대한 결과만 보면 된다. 이렇게 일목요연하게 광고 결과를 분석하여 판매 전략을 세울 수 있다. 만일 결과가 안 좋은 광고 세트나 광고가 있으면 그것을 꺼버리면 된다.

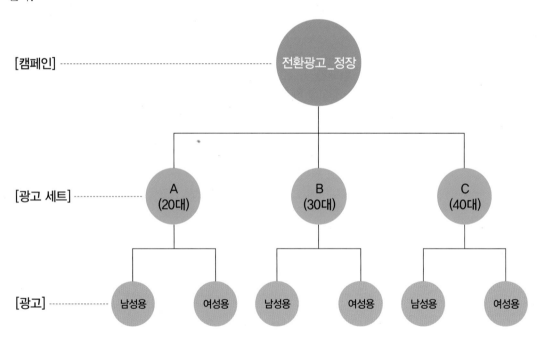

그렇다면 모든 광고를 이렇게 여러 개의 광고 세트나 소재로 운영해야 할까? 그것은 아니다. 모든 광고를 이렇게 운영할 수는 없다. 위처럼 광고를 하면 책정한 예산을 페이스북이 광고 세트별, 광고별로 균등하게 사용하는 것이 아니라 성과가 좋은 '광고 세트'와 '광고'에 더 많은 예산을 집행하여 최적화를 시킨다. 이 전략은 효율적으로 광고 소재들을 테스트하기 위한 전략 중의 하나이다. 이 전략에 대해서는 '6장, 06, 9) '캠페인 예산 최적화'를 활용하라(300쪽)'에서 자세하게 설명하도록 하겠다.

3장

실전!
페이스북 광고하기

01 페이스북 광고 진행하기

페이스북 광고를 진행해보자. 앞서 이야기한 것처럼 페이스북 광고는 **캠페인 → 광고 세트 → 광고**의 순으로 차례대로 따라하면 어렵지 않게 할 수 있다.

먼저 캠페인의 목표에 대해서 알아보자. 여러분이 광고를 하려는 이유가 있을 것이다. 광고를 통해 고객 유입, 브랜드 홍보, 제품 판매 등 광고의 목적은 여러 가지일 것이다.

1 광고 목표에 대한 정의

광고 관리자에서 **만들기** 버튼을 클릭하면 '캠페인 목표'를 선택하는 화면이 나온다.

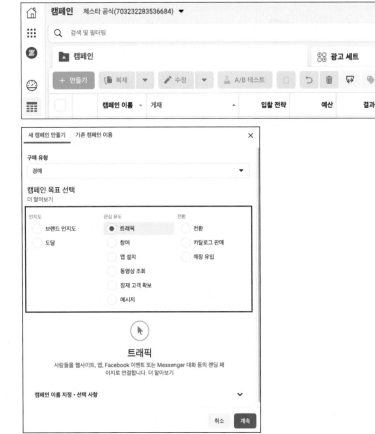

목표의 내용을 보면 **인지도, 관심 유도, 전환**으로 나누어져 있으며, 세부적으로 총 11가지의 목표가 있다.

페이스북을 이용하는 유저들의 유형은 제각각이다. 눈팅을 하는 사람, 동영상을 시청하는 사람, 게시물 좋아요, 댓글을 자주 다는 사람, 링크 클릭을 자주 하는 사람, 상품 구매를 하는 사람 등 자신의 관심사에 따라 행동 유형은 다르다.

최적의 광고 결괏값을 얻으려면 우리가 목표로 하는 행동을 취할 만한 유저들에게 광고가 노출되어야 한다. 예를 들어 웹사이트 유입량을 늘리는 것이 목표라면 '링크 클릭'을 할 만한 사람들에게 광고가 노출이 되어야 목표 달성이 유리하다. 즉, 1차적인 캠페인 목표가 '트래픽'으로 설정되어야 한다.

여기서 다음으로 생각해야 할 점은 해당 성향을 가진 사람들에 대한 규모(Pool)이다. 상식적으로 생각해보자. 아마 눈팅을 하는 사람들이 제일 많을 것이다. 그 다음으로는 동영상 시청이나 이미지 클릭을 해보는 사람이 많을 것이다. 링크 클릭을 하는 사람들은 상대적으로 더 적을 것이다. 실제로 광고를 보고 구매를 하는 사람들의 모수가 제일 적다.

이를 '마케팅 퍼널화'의 구조로 설명할 수 있다.

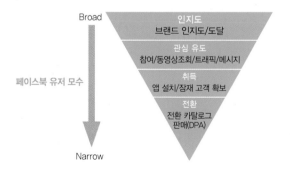

페이스북 유저들에게 특정한 액션을 취하게끔 요구함에 따라 액션을 취할 만한 유저들의 모수가 줄어드는 것을 확인할 수 있다.

그럼 이러한 사람도 있을 것이다. 앱 설치도 잘하고, 영상도 잘 보고, 댓글도 잘 다는 전환률이 좋은 유저! 이러한 유저들에게 광고가 도달한다면 높은 성과를 낼 수 있을 것이다. 그런데 이런 유저들의 모수는 확연히 줄어드는 것을 알 수 있다. 유저들이 취할 만한 액션의 난이도가 높을수록 모수는 줄어든다. 이를 벤다이어그램으로 나타내면 다음과 같다.

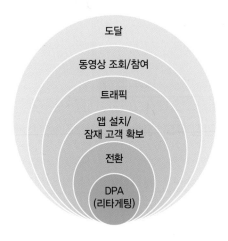

그럼 캠페인의 목표에 대해서 자세히 알아보자. 먼저 모수가 가장 많은 인지도부터 살펴보자.

1) 인지도

브랜드 인지도: 광고를 본 후 2일 이내에 광고에 대해 물었을 때 광고를 기억할 가능성이 높을 것으로 예상되는 사람들에게 광고를 노출하는 것이 목표일 때 사용한다.

도달: 광고가 노출되는 사람 수와 노출 빈도를 극대화하고자 할 때 사용한다. 즉, 설정한 타겟한테 도달과 노출 수를 최대화하도록 선택할 수 있다는 뜻이다.

- 광고의 목표(KPI, Key Performance Index)가 노출이라고 할 경우, '브랜드 인지도'와 '도달' 중 하나로 진행해보면 된다. 필자의 생각으론 광고 효율면에서 큰 차이는 없다고 본다. 둘 다 CPM(1,000회 노출당 비용)이 제일 저렴한 광고 목표이다. 필자는 '도달'에 한 표를 던지고 싶다. 도달 목표에는 재미있는 기능이 있기 때문이다.['3장, 02, 2. 도달'(63쪽) 참조]

2) 관심 유도

트래픽: 사람들을 광고자의 웹사이트 랜딩 페이지, 블로그 게시물, 앱 등 원하는 URL로 이동하도록 유도하는 것이 목표이다.

- KPI(광고 목표)가 **웹사이트 유입량 상승**일 경우에 유의하다. 주로 네이버 스마트스토어에 많이 쓰인다.

참여: 게시물에 참여할 가능성이 높은 사람들에게 광고가 도달하게 하는 것이 광고 목표이다. 참여에는 '좋아요', '댓글', '공유'가 포함되며, 광고자의 페이스북 페이지에서 발급한 쿠폰도 포함된다.

- KPI가 게시물에 대한 **참여도(좋아요, 댓글, 공유)**를 유도하고 싶은 경우에 쓰인다. 주로 맛집, 커뮤니티 페이지, 이벤트성 게시물일 때 광고를 태운다.

앱 설치: 광고자의 비즈니스의 앱을 다운로드할 수 있는 스토어로 사람들을 유도하고자 할 때 사용한다.

- KPI가 **앱 설치자 수**를 늘리는 것일 때 쓰인다.

동영상 조회: 비즈니스의 동영상을 시청할 가능성이 높은 사용자에게 광고가 도달하게 하는 것이 목표이다.

- KPI가 **동영상 조회수**를 올리고자 할 때 쓰인다.

잠재 고객 확보: 비즈니스에 맞는 잠재 고객을 확보하거나 뉴스레터 등록하기 등 광고 제품에 관심이 있는 사람들로부터 정보를 수집하고자 할 때 사용한다.

- KPI가 **고객 정보(DB) 수집 목적**일 경우에 쓰인다. 구글폼 대체로 많이 쓰인다.

메시지: 페이스북 메신저를 이용하는 사람들과 교류하고 잠재 고객 또는 기존 고객과 소통하여 고객이 광고자의 비즈니스에 관심을 갖도록 유도하는 것이 목표일 때 사용한다.

- KPI가 페이스북 메신저로 **더 많은 메시지 확보**일 때 쓰인다.

3) 전환

전환: 사람들이 광고자의 비즈니스 사이트에서 장바구니에 담기, 앱 다운로드, 사이트 가입 또는 구매 등의 특정 행동을 취하도록 유도하고자 할 때 사용한다.

- KPI가 **매출 전환**일 경우에 유의하다. 전환 광고를 쓰려면 '픽셀'이라는 스크립트 코드가 자사 홈페이지에 설치되어 있어야 한다.

카탈로그 판매(DPA): 전자상거래 매장 카탈로그의 제품을 표시하여 매출을 창출하고자 할 때 사용한다.

- KPI가 **매출 전환**일 경우와 **리타게팅** 전략을 구축하고 싶을 경우에 쓰인다. 마찬가지로 픽셀이 설치되어 있어야 하며, 카탈로그를 만들어야 진행이 가능하다.

매장 유입: 오프라인 비즈니스 위치를 근처 사람들에게 홍보하고자 할 때 사용한다.

- KPI가 오프라인 **매장 방문 수**를 늘리는 것일 때 쓰인다. 진행하기 위해 오프라인 위치를 등록해야 한다. 목표 설명만 보고 음식점을 운영하는 사람들은 이것이다 하실 수 있겠지만 이 캠페인은 비추천한다. 이유는 매장에 방문한 사람들에 대한 기록을 수동으로 입력해야 하기 때문이다. 매장이 바쁜데 이걸 수동으로 입력할 시간이 어디 있겠는가? 사실상 실현이 불가능하기에 비추천한다.

페이스북 광고 따라 하기

이제 광고를 만들어보자. 광고를 만드는 방법은 어렵지 않다. 화면에 나오는 대로 따라서 **캠페인 → 광고 세트 → 광고**의 순서로 설정해주면 된다.

1. 광고 관리자에서 **만들기** 버튼을 클릭한다.

2. [캠페인 목표 설정하기] '캠페인 목표'를 선택하고 **계속**을 클릭한다. 그리고 **캠페인 이름, 광고 세트 이름, 광고 이름**'을 입력한 뒤을 **계속**을 클릭한다. 캠페인 이름은 광고를 관리하는 본인에게만 보이는 것으로, 광고의 성격을 바로 알아볼 수 있는 이름으로 정해주면 된다. 추후에 수정이 가능한 항목이다.

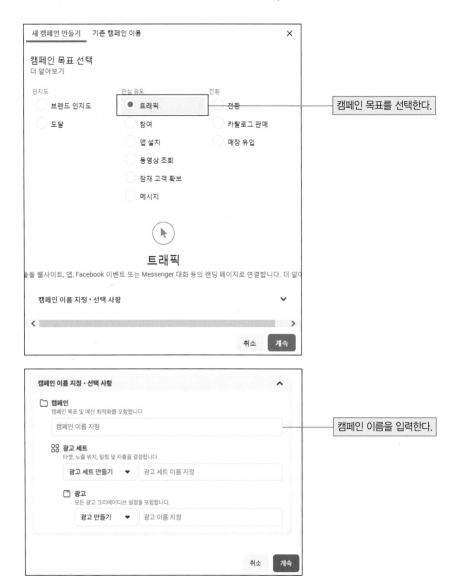

어떠한 광고 목표를 선택해도 광고를 세팅하는 방식은 비슷하다. 광고 목표에 따라서 광고 세트, 광고 영역에서 설정할 수 있는 옵션이 조금씩 다를 뿐이다. 여기서는 '트래픽'을 목표로 하여 진행하면서 모든 광고들의 공통적인 부분들에 대해서 설명하도록 하겠다.

'트래픽' 광고는 '링크 클릭'을 할 만한 사람들 위주로 나가게 된다. 광고의 '최적화 기준'이 링크 클릭이기 때문에 CPC(링크 클릭당 비용)가 제일 저렴한 광고이다.

픽셀 설치가 힘든(불가능 하지는 않다) 네이버 블로그, 스마트스토어, 아마존, 쿠팡 등의 오픈마켓에서 많이들 쓰이는 광고이다.

3. [광고 세트 설정하기] 왼쪽 슬라이드에 보이는 **새 광고 세트**를 클릭한다.(이름을 설정했다면 설정한 광고 세트 이름을 클릭한다.) 광고 세트를 설정하는 화면이다.

① **광고 세트 이름:** 광고 관리자 자신이 쉽게 알아볼 수 있는 이름으로 정하면 된다.

② **트래픽:** 트래픽을 유도할 위치를 선택한다. 어떤 랜딩 페이지로 유입시킬건지를 선택하는 것이다. 99.9%는 웹사이트를 선택한다. 랜딩 페이지 주소는 [광고 소재] 설정 단계에서 입력할 수 있다.(앱이나 페이스북 메신저로 유도할 경우에는 다른 목표로 하길 추천한다.)

③ **다이내믹 크리에이티브:** 여러 개의 이미지/동영상 혹은 기본 문구가 준비되어 있는 경우 페이스북이 알아서 효율이 제일 좋은 조합을 토대로 노출을 시킨다. 지금은 활용하지 않는 걸 권한다.

④ **쿠폰:** 페이스북 광고를 보고 사용할 수 있는 쿠폰을 발급할 수 있다. 트래픽 광고만 가능한 기능으로, 국내에서는 잘 안 쓰인다. 쿠폰을 발급받아도 웹사이트에 들어가서 수동으로 입력해야 하는 번거로움이 있기 때문이다.

[**예산 및 일정**]을 설정한다. 예산은 **일일 예산**과 **총 예산** 2가지가 있는데, '일일 예산'은 하루에 정해진 예산을 분배해서 노출시켜주고, '총 예산'은 주어진 기간 내에 예산을 분배해서 노출시켜준다. 광고 예산이 정해져 있는 경우에는 총 예산을, 그렇지 않은 경우에는 일일 예산을 추천한다.

  '**시작 날짜**'를 미래의 날짜로 설정하면 광고가 예약이 되어 설정한 시간대에 광고가 라이브가 된다.

[**타겟**]을 설정하는 항목이다. 기본적으로 위치, 연령, 성별, 언어, 상세 타게팅(관심사)을 설정할 수 있다. 광고를 노출시키고자 하는 타겟으로 세팅을 해주면 된다.

① **상세 타게팅 확장 옵션**은 상세 타게팅에서 설정한 관심사 외에도 해당 광고에 관련된 사람이 있는 경우 페이스북이 자동으로 노출을 시켜서 최적화를 시켜주겠다는 옵션이다. 선택 시에는 범위가 더 넓어진다.

② **연결 관계**는 본인의 페이스북 페이지나 앱에 연관된 사람들을 뜻한다. 설정하는 순간 범위가 좁아지기에 설정하지 않는 것을 권한다.

타겟을 설정하면 우측에 '타겟 규모'에 대한 추산치가 보인다. 이는 말그대로 단순 추산치이기 때문에 '타겟이 너무 넓게 설정되어 있다거나 좁게 설정되어 있다'는 말은 크게 신경쓰지 않아도 된다. 단 '최대 도달 범위'에서 설정한 광고 타겟의 모수가 어느 정도인지를 파악하기 바란다.(맞춤 타겟, 유사 타겟을 쓰는 경우 최대 도달 범위가 '알 수 없음'으로 나온다.)

'일일 추산 결과' 또한 믿음직하지 못한 수치이기에 신경쓰지 않아도 된다.

[노출 위치]를 설정한다.

> **노출 위치**
> 캠페인 타겟에게 도달할 위치를 선택하세요.
>
> ● **자동 노출 위치(권장)**
> 예산을 극대화하고 더 많은 사람에게 광고를 게재하려면 자동 노출 위치를 사용하세요. Facebook의 게재 시스템은 광고 세트의 성과가 가장 좋을 것으로 예상되는 노출 위치에 광고 세트의 예산을 할당합니다. 더 알아보기
>
> ○ **수동 노출 위치**
> 광고를 표시할 위치를 직접 선택하세요. 노출 위치를 많이 선택할수록 타겟에 도달하고 비즈니스 목표를 달성할 기회가 많아집니다. 더 알아보기

페이스북이 지향하는 노출 위치는 페이스북, 인스타그램, 오디언스 네트워크(Audience Network), 페이스북 메신저, 이렇게 4군데이다. 오디언스 네트워크는 페이스북과 제휴를 맺은 타 웹사이트 혹은 타 앱에 나타나는 광고를 말한다.

자동 노출 위치를 지정하면 해당 4가지 노출 위치 중에서 효율이 제일 잘 나올 만한 노출 위치에 광고를 노출시켜준다. 일부 캠페인 목표에 따라 특정 노출 위치가 제한되는 경우도 있다. 이는 **수동 노출 위치**를 클릭해보면 확인할 수 있다. 해당 광고 목표가 어느 노출 위치에 노출이 되는지 파악할 수 있다. '수동 노출 위치'를 클릭해서 본인의 광고가 페이스북에만 노출이 되길 희망한다면 페이스북에만 체크를 해주면 된다. 초보자들에게는 '자동 노출 위치'를 추천한다. 모바일 유저들 혹은 안드로이드, 아이폰 유저들에게만 타게팅도 가능하다.

[**최적화 및 게재**] 트래픽 목표 같은 경우 '**광고 게재 최적화 기준**'에 '링크 클릭'과 '랜딩 페이지 조회' 등이 있는데 '랜딩페이지 조회'는 픽셀이 설치된 경우에만 조회가 가능하다. 때문에 픽셀이 있으면 '랜딩 페이지 조회', 없으면 '링크 클릭'으로 선택하는 걸 권장한다.

최적화 및 게재

광고 게재 최적화 기준

링크 클릭 ▼

> **랜딩 페이지 조회**
> 광고의 링크를 클릭하고 웹사이트 또는 인스턴트 경험을 읽어들일 가능성이 높은 타겟에게 광고를 게재합니다.
>
> **링크 클릭**
> 광고를 클릭할 가능성이 높은 사람에게 광고를 게재합니다.
>
> **일일 고유 도달**
> 타겟에게 최대 하루에 한 번 광고를 표시합니다.
>
> **노출**
> 타겟에게 광고를 최대한 여러 번 표시합니다.

비용 관리(선택 사항)

₩X.XX   KRW

Facebook이 최저 비용 입찰 전략을 사용하여 전체 예산을 지출하고 링크 클릭을(를) 극대화하는 데 중점을 둡니다. 비용 관리 옵션을 설정하려면 금액을 입력하세요.

입찰 전략 더 보기 ▾

옵션 더 보기 ▾

- - -

옵션 숨기기 ▴

❶ **청구 기준**

노출   ▼

❷ **게재 유형**
일반 게재

옵션 더 보기를 클릭하면 청구 기준과 게재 유형을 설정할 수 있다.

① **청구 기준:** 페이스북은 기본적으로 과금 방식이 '노출'이다. 광고가 노출되었을 때 비용을 책정하여 과금된다. 하지만 '트래픽'은 '링크 클릭(CPC)'으로, '페이지 좋아요'는 '페이지 좋아요'로, '동영상 조회'는 'Thruplay(동영상 시청)', '카탈로그 판매'는 '링크 클릭(CPC)'으로 청구 기준을 변경할 수 있다. 이 4개의 목표를 제외한 나머지 7개의 목표에서는 청구 기준이 기본적으로 '노출'이다.

② **게재 유형:** '일반 게재'와 '빠른 게재'가 있다. 일반 게재는 기본적으로 페이스북이 정해진 시간 내에 예산을 유동적으로 사용하여 노출해주고, 빠른 게재는 효율이 좋은 시간대에 하루 예산을 거의 다 소진하여 노출해준다. 빠른 게재 설정 시 광고가 3시간 안에 소진되는 현상도 목격할 수 있다. 이 방식은 수동 입찰 전략을 이용할 때에만 이용 가능한데, 필자는 추천하지 않는 방식이다.

4. [광고 설정하기] 이제 마지막으로 광고 소재를 설정하는 부분이다.

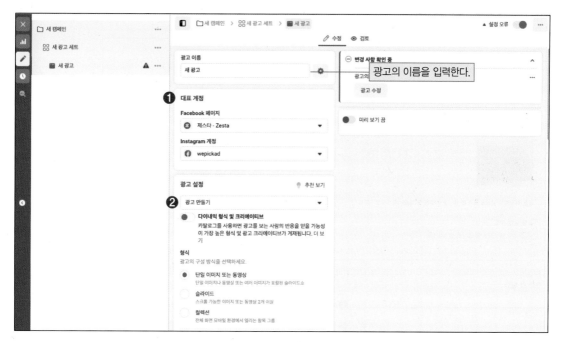

① **대표 계정:** 해당 광고가 노출될 때 사용하게 될 페이스북 페이지와 인스타그램을 설정할 수 있다.

(페이지와 인스타그램을 연동하려면 페이스북 페이지 → 설정 → 인스타그램에서 진행할 수 있다.)

② **광고 만들기:** 지금 게시물을 만들면서 광고를 하는 것이다. 콤보박스를 눌러 '기존 게시물 사용'을 선택하면 기존에 만들어 놓은 게시물을 선택하여 광고를 태울 수 있다

5. '형식'에서 원하는 광고 형식을 선택하고, '광고 크리에이티브' 항목에서 노출시키고자 하는 이미지/동영상을 업로드한다. '미디어'의 **미디어 추가**를 클릭한 후 서브 메뉴에서 '이미지 추가' 혹은 '동영상 추가' 버튼을 선택한다.

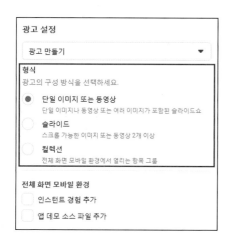

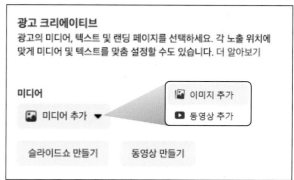

6. 이미지를 추가하게 되면 아래와 같이 보이게 되며, 광고에 같이 나갈 '기본 문구'와 '제목', '설명', '웹사이트 URL'을 넣을 수 있다.

7. [언어]는 다른 언어의 버전으로 현지인들에게 광고를 할 경우에 유용하게 사용할 수 있다.

8. [추적] 항목을 설정한다.

① **FACEBOOK 픽셀:** 픽셀이 있으면 활성화가 무조건 되어야 한다.

② **오프라인 이벤트:** 무시하도록 하자.

③ **URL 매개변수:** 웹사이트의 URL 뒤에 변숫값을 추가하여 방문자의 유입 소스를 추적할 수 있다. 예를 들어 A라는 광고를 페이스북, 구글, 네이버 등에서 하고 있다면, 모든 광고의 성과를 분석할 때 어디에서 유입되었는지 알기가 어렵다. 이럴 때 URL 매개변수를 부여해 놓으면 이 사람은 페이스북에서 A 광고를 보고 유입되었구나를 파악할 수 있다. 고객 유입 추적 용도이다.

9. 모든 설정이 끝났으면 **동의**를 클릭하면 광고가 완성된다.

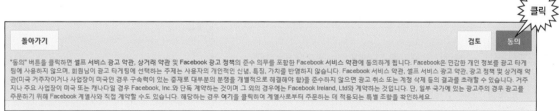

02 페이스북 광고의 목표별 특징

앞서 캠페인 목표를 '트래픽'으로 하는 광고 만들기에 대해서 설명하였다. 여기서는 트래픽 목표를 제외한 각 캠페인 목표별 특징과 옵션에 대해서 알아보기로 하자.

1 브랜드 인지도

1. 광고 관리자에서 **만들기**를 클릭한 후, 캠페인 목표에서 **브랜드 인지도**를 선택하고 **계속**을 클릭하여 진행하면 된다. 전반적으로 트래픽 광고를 만들 때와 특정하게 다른 점은 없다.

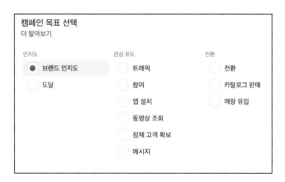

 브랜드 인지도 광고는 어떨 때 하는가?

- 어느 정도 브랜드가 있는 업체인데 최소한의 비용으로 최대한 많은 사람들에게 노출을 원하는 경우
- CPM(1,000회 노출당 비용)을 최소한으로 낮추고 싶은 경우.(참여는 필요 없다. 노출만 많이 되면 좋다!)

2. [광고 세트 설정]의 **예산 및 일정** 항목에서 **광고 게재 최적화 기준**은 '광고 상기도 성과 증대'이다. 이는 광고를 기억할 만한 사람들에게 광고를 내보낸다는 뜻이다.

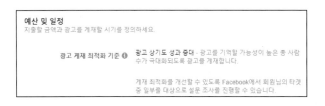

"며칠 전 ○○ 브랜드의 광고를 본 적이 있는데 기억하는가?"

광고를 보다가 가끔 이런 설문조사를 본 적이 있을 것이다. 이런 설문조사의 결과들로 브랜드 인지도 광고의 성과를 파악한다. 단 이 설문조사는 어느 정도 광고 예산이 큰 경우에만 적용된다.

2 도달

도달 광고는 앞서 언급했지만 브랜드 인지도 광고와 비슷하다. 단, 도달 광고는 도달 광고만의 특징이 있다.

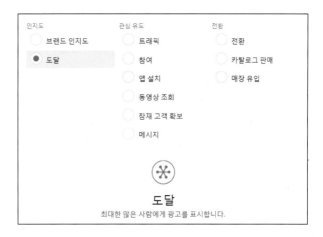

 Tip 도달 광고는 어떨 때 하는가?

- 최대한 많은 사람들에게 저렴하게 노출시키는 게 목적일 때. CPM이 제일 저렴한 광고이다.
- 노출의 빈도(한 사람이 광고를 본 횟수)를 어느 정도 컨트롤하고 싶을 때.

■ 도달 광고의 특징

① 빈도 한도를 컨트롤할 수 있다.

이 말은 한 사람이 해당 광고를 볼 수 있는 횟수를 정할 수 있다는 뜻이다. 기본적으로 7일마다 노출 1회로 되어 있는데, 이 뜻은 한 사람이 1주일에 광고를 딱 한 번만 볼 수 있다는 뜻이다. 빈도를 최대한 낮추기 위해 사용할 수 있는 방법이다. 즉 최대한 많은 사람들에게 한 번씩만 노출을 원한다면 일 수를 높이고 노출 수를 1회로 하면 된다. 반대로 같은 사람에게 반복적으로 노출을 원하면 일 수를 줄이고 노출수를 높이면 된다.

진행 과정 중에서 [광고 세트 설정]의 **최적화 및 게재** 항목에서 **옵션 더 보기**를 클릭하면 **빈도 한도**를 설정할 수 있다.

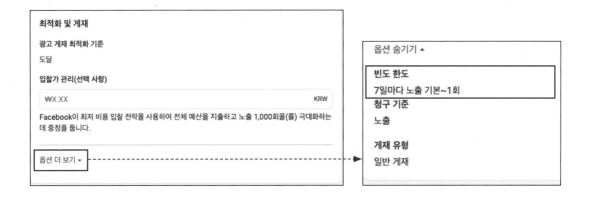

② 오프라인 매장으로 전화 걸기 기능이 있다.

1. 진행 과정 중에서 [광고 설정]의 **광고 만들기** 항목에서 **문구 및 링크**의 **웹사이트 URL 추가**를 클릭한다.

2. 웹사이트 URL을 입력하고 **행동 유도**의 콤보박스를 클릭하여, **지금 전화**를 선택한다.

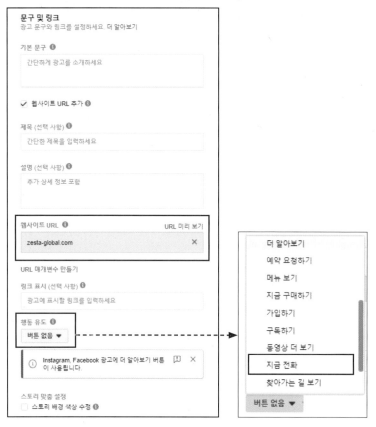

3. 페이스북 페이지 내에 연락처가 입력되어 있으면 전화번호가 자동으로 뜬다. 만일 연락처가 입력이 안 되어 있으면 수동으로 입력해준다. 연락처 제일 앞 부분에 대한민국 국가번호 82를 추가하고 입력하면 된다.

4. 이렇게 하여 완성한 광고는 아래 그림처럼 **지금 전화**라는 버튼이 생긴다. 그러면 유저들은 이 버튼을 클릭하여 자동으로 해당 연락처로 전화를 할 수 있다. 모바일 유저에게만 해당이 된다.

3 참여

'참여' 광고는 '게시물 참여', '페이지 좋아요', '이벤트 응답' 3가지로 나뉜다. 참여는 슬라이드 광고 형식은 불가능하다.

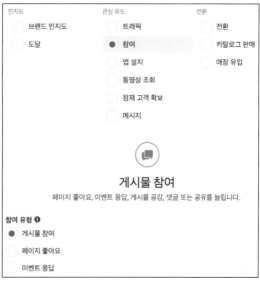

① **게시물 참여:** 게시물 참여(이미지 클릭, 영상 조회, 좋아요, 댓글, 공유 등)를 자주 하는 사람들 위주로 노출된다.

② **페이지 좋아요:** '페이지 좋아요'를 할 만한 사람들 위주로 노출된다. 페이지 팔로워를 확보하는 데 적합한 광고이다.

③ **이벤트 응답:** 페이스북 이벤트에 응답을 할 만한 사람들 위주로 노출된다. 이 기능은 페이스북 페이지 내에 이벤트를 생성해야만 적용이 가능하다.

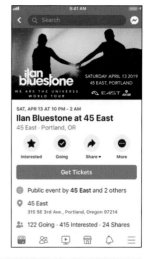

 Tip 참여 광고는 어떨 때 하는가?

• 커뮤니티, 맛집, 정보성 제공 페이지에서 좋아요, 댓글, 공유를 쌓는 작업 및 팔로워를 확보하기 위해 진행한다.

4 앱 설치

'앱 설치'를 주로 하는 사람들 위주로 광고를 내보낸다. 앱을 론칭하고 신규 설치자 수를 확보하기에 최적화된 광고 목표이다. 해당 광고를 진행하기 위해서는 SDK(Software Development Kit, 소프트웨어 개발용 소스와 도구 패키지)가 설치되어야 한다.

- iOS: https://developers.facebook.com/docs/ios?locale=ko_KR
- Android: https://developers.facebook.com/docs/android/getting-started?locale=ko_KRSDK
- **개발자 지원센터:** https://developers.facebook.com/support/

- 광고 관리자 결과에 앱 설치 집계는 '설치 + 실행'이 되어야만 앱 설치로 집계가 된다.
- 광고 세팅은 안드로이드, iOS용 따로 진행해야 한다.
- 만약에 안 뜬다는 것은 SDK가 잘못 설치되었다는 뜻이다.

5 동영상 조회

동영상 조회는 영상을 시청할 만한 사람들 위주로 노출된다. 영상 게시물에 대한 조회수를 늘리기에 적합하다. CPM이 매우 저렴한 광고 중의 하나이다.

동영상 조회 광고에서 눈여겨볼 것은 **광고 게재 최적화 기준**이다.

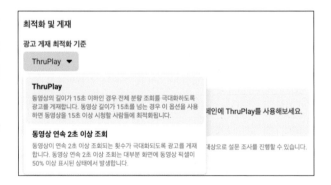

① ThruPlay: 영상의 길이에 따라 유동적으로 시청할 만한 사람들에게 노출된다. 영상이 15초 이하이면 짧은 영상을 시청할 사람들에게, 15초 이상이면 어느 정도(15초 이상) 영상을 시청할 만한 사람들에게 노출된다.

② **동영상 연속 2초 이상 조회:** 동영상을 2초 이상 조회할 만한 사람들에게 노출된다.

- ThruPlay가 단가가 조금 더 비싼 경향이 있지만 영상 평균 조회률이 더 높다.
- 페이스북 내에서 보여지는 조회수는 동영상을 3초 이상 조회했을 때 집계된다.

조회 8,303,337회

6 | 잠재 고객 확보

초보자라면 이 목표에 대해서 모르는 사람이 많을 것이다. 해당 목표는 DB를 제출하는 사람들 위주로 노출된다.

잠재 고객 확보 광고를 모르는 사람들은 아마 '구글폼'으로 유도하는 트래픽 광고를 많이 진행하는데, 이것은 웹사이트

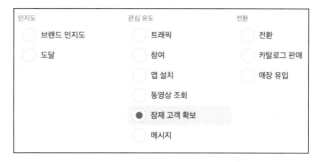

로딩 시간, 직접 입력 등의 이유로 이탈률이 많이 발생한다.

잠재 고객 확보 광고는 페이스북 in-App 내에서 DB를 제출할 수 있기에 이탈률이 많이 줄어든다.

- 1차적으로 보여지는 광고 세팅은 똑같다.

'단일이미지'나 '슬라이드 광고'로 세팅을 한다. 여기에서 '더 알아보기'나 '가입하기' 등의 행동 유도 버튼을 클릭했을 때 2차적으로 양식을 제출할 수 있는 창이 뜬다.

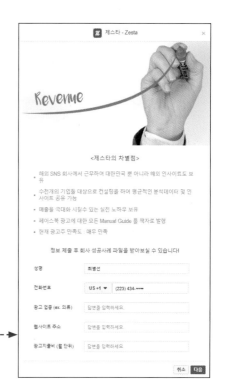

해당 광고에서 '가입하기'를 클릭하면 답변을 제출할 수 있는 화면이 뜬다.

1) 잠재 고객 확보 양식 만들기

1. [광고 세트 설정]의 **페이지** 항목에서 **약관 보기**를 클릭하여 동의를 해준다.

2. [광고 설정]의 **형식** 항목에서 **단일 이미지 또는 동영상**을 선택하고, **미디어 추가**를 클릭하여 광고 이미지를 지정한다. **문구 및 링크**에서 기본 문구를 지정한다.

3. **인스턴트 양식**에서 **양식 만들기**를 클릭한다.

4. **양식 만들기** 팝업창이 열리면 **설정** 탭을 선택하고 언어 설정을 **한국어**로 바꿔준다.

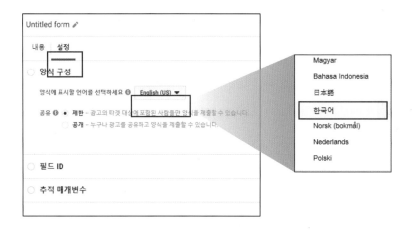

5. 내용 탭을 선택하고 **양식 유형**은 **더 많은 제출 수**를 선택한다.

- '더 확실한 의향'을 선택하면 정보를 제출하기 전 '확인'을 한 번 더 하는 창이 보인다.

6. 소개는 선택 사항이다. 제목, 이미지, 레이아웃은 1차 광고 형식을 보고 클릭했을 때 보여지는 양식 창에 보여진다. 추가적인 정보를 제공하는 데 효과적이다.

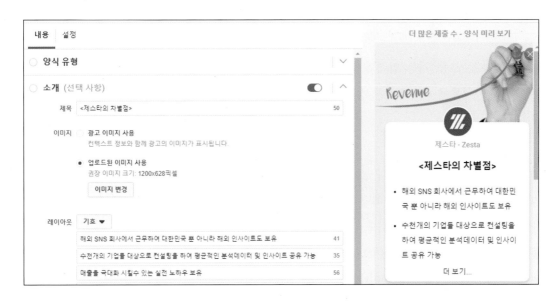

7. 어떠한 질문을 원하는지 직접 세팅할 수 있다. 왼쪽 영역에서 설정한 내용을 오른쪽에서 미리보기로 보여진다. **+ 질문 추가**를 클릭하여 원하는 질문지를 작성한다.

핸드폰 번호는 보통 '자동 입력'으로 진행하는데 유저들의 번호(페이스북과 연동된)가 바뀐 번호일 가능성도 있기 때문에 허수 DB를 방지하려면 자동 입력이 아닌 '단답형 질문'으로 물어보는 것이 좋다.

8. 개인정보처리방침은 중요하다. 유저들의 정보를 얻는 것이기에 회사의 개인정보처리방침 링크를 넣어야 한다. 웹사이트 내에 해당 고지 사항 페이지가 있으면 링크 URL에 입력해준다. 없다면 웹사이트 홈페이지 주소만 넣어줘도 된다. 필수 입력 사항이다.

홈페이지 주소가 없는 경우 페이스북 페이지 주소를 넣어줘도 승인은 나지만, 이것은 정책을 위반하는 사항이다. 선택은 본인의 몫이다.

9. 감사 인사를 작성한다. 유저들이 DB를 제출하고 보여지는 마지막 페이지이다. 여기에서 추가로 웹사이트 링크, 팸플릿 다운로드, 비즈니스에 전화를 걸 수 있는 옵션을 부여할 수 있다. 보통은 '웹사이트 보기'로 웹사이트 링크를 건다. 여기서 특정 행동(웹사이트 방문, 비즈니스에 전화 걸기)에 대한 큰 기대는 하지 말자. 이미 본인들의 DB를 제출한 사람들이다.

10. 우측 상단의 **저장**을 클릭한 후 **완료**를 클릭하면 양식이 완성된다. 광고를 태워주면 된다.

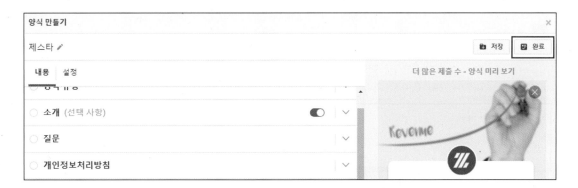

2) 잠재 고객 확보 후 수집된 DB 다운로드하기

광고를 태웠다면 받은 DB를 확인해야 한다. DB를 확인하는 방법은 3가지가 있다. ①, ② 방식은 알람이 오지 않기 때문에 DB가 왔는지 수시로 확인해야 한다.

　① 광고 관리자 내에서 다운로드
　② 페이스북 페이지 내에서 다운로드
　③ CRM 연동 후 자동으로 DB 수집하기

① 광고 관리자 내에서 다운로드

광고 관리자 광고 레벨에서 엑셀 파일(CSV 혹은 XLS 파일)로 다운로드할 수 있다.

1. 광고 관리자에서 **광고**를 클릭한다.

2. 결과 항목에 있는 데이터를 클릭한다.

3. 잠재 고객 데이터 다운로드 창에서 다운로드를 클릭하면 다운로드할 수 있다.

② 페이스북 페이지 내에서 다운로드

1. 페이스북 페이지에서 **더보기 → 게시 도구**를 클릭한다.

2. 왼쪽 메뉴 목록에서 **양식 라이브러리**를 클릭한다. 한 번 양식을 다운받고 다시 다운로드하는 경우 처음에 다운받았던 양식들은 제외하고 다운로드가 된다. 편하기 때문에 필자는 이 방식을 추천한다.

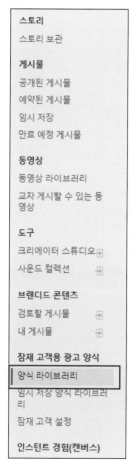

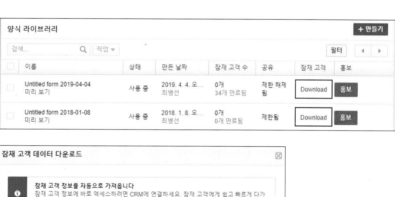

③ CRM 연동 후 자동으로 DB 수집하기

이 방식의 장점은 수시로 확인을 안 해도 알람 설정이 된다는 것과 굳이 페이스북 광고 관리자나 페이지로 오지 않아도 다른 플랫폼에서 DB를 확인할 수 있다는 점이다.

1. 페이스북 페이지에서 **더보기 → 게시 도구 → 양식 라이브러리**를 클릭하면 아래와 같은 화면이 보인다. **CRM을 연결하세요**를 클릭한다.

2. **1단계: CRM 찾기**를 클릭한다.

3. 여기서 플랫폼을 선택한다. Gmail을 검색하면 이렇게 뜬다.

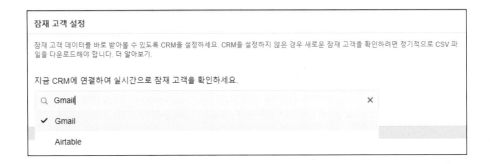

4. Connect를 클릭하면 아래 이미지와 같이 보일 것이다. 페이스북 아이디로 실행을 해주자.

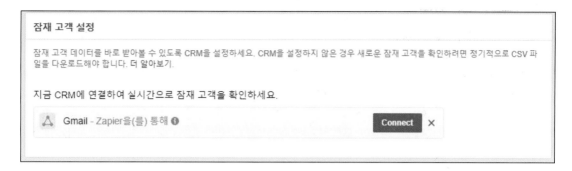

참고로 Zapier는 부분 유료이다. 여러 종류의 DB들을 다운받으려면 계정을 업그레이드해야 한다. 월 USD $19(한화 약 22,000원)이다.

5. Zapier.com에 로그인을 하면 다음과 같이 보인다.

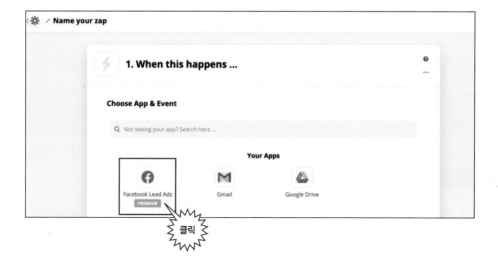

6. 이후 아래 화면에서 Facebook Lead Ads를 클릭한다.

7. 그리고 Continue를 누른다

8. 'Choose Account'에서 선택하는 'Facebook Lead Ads Account'는 연동시킬 DB들을 보관해둘 폴더라고 생각하면 된다. Continue를 클릭한다.

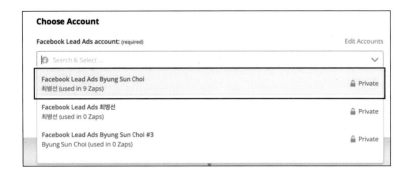

9. 그리고 'Page'에서 DB 양식이 연동되어 있는 페이스북 페이지를 선택해준다. 'Form'에서는 해당 페이지에 연동된 DB 양식을 선택한다.(양식 폼 A, B, C 3가지가 있을 경우 실시간으로 DB를 받고 싶은 양식 폼을 선택해주면 된다.) 이와 같이 세팅하고 Conitune를 클릭한다.

10. Test & Continue를 선택한다.

혹은 'Test & Review'를 선택하고 해당 양식 폼의 질문들이 다 추출이 되었는지를 확인한다. 정상적으로 되었다면 다음 단계로 넘어가자.

11. 그리고 Gmail을 선택한다.

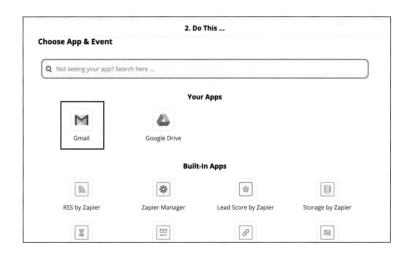

12. 'Choose Action Event'에서 **Send Email**을 선택한다.

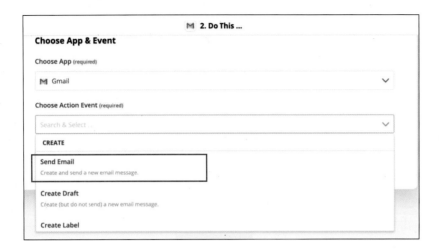

13. Continue를 선택한 뒤 Gmail account를 선택한다. 선택 후 다시 Continue를 선택한다.

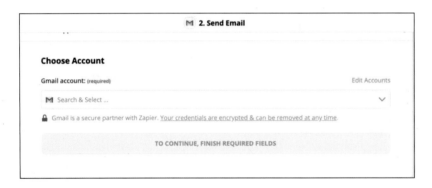

14. 실시간으로 이메일을 받아 보고 싶은 주소를 넣어준다.(예시, zesta.agency@gmail.com)

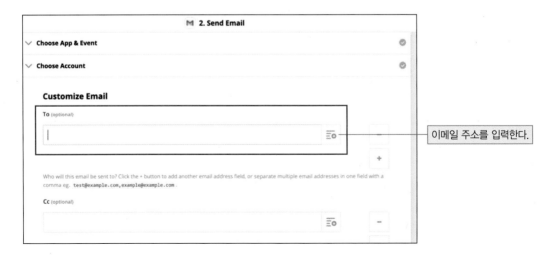

이메일 주소를 입력한다.

15. Cc, Bcc 등 (optional)로 보이는 건 전부 Skip한다. 만약 실시간 DB를 공유해야 할 파트너가 있다면 cc에 이메일을 추가하면 된다.

이제 제일 중요한 2가지를 보자. 이메일의 제목(Subject)과 본문(Body)을 작성해줘야 한다.

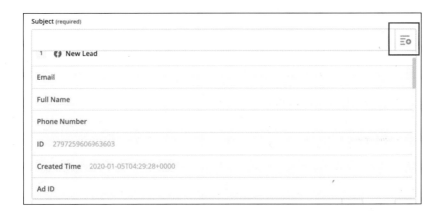

16. 'Subject'에서 + 부분을 눌러주면 아래와 같이 보인다. 제목을 자동화하는 작업이다. Email을 선택하게 되면 DB를 신청한 유저들의 email이 제목으로 보여진다. 필자는 보통 Created Time 즉 DB가 실시간 들어오는 시간으로 넣거나 수동으로 '입력폼 A' 이런 식으로 쓴다.

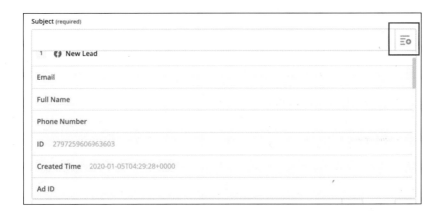

17. 이제 제일 중요한 'Body(본문)'이다. '+'를 눌러서 필요한 내역들을 다 추출해온다. 만약 입력폼 신청자들의 이름, 핸드폰 번호, 회사명을 끌어오고 싶으면 DB 양식 폼에 작성된 이름, 전화번호, 회사명을 선택해주면 된다. 한국어로 된 질문이면 한국어로 똑같이 보인다. 이 부분은 무조건 '+'를 선택해서 자동화로 구축해야 된다.

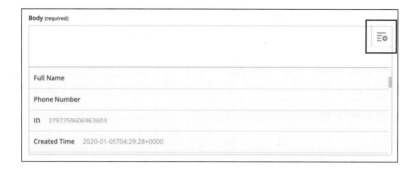

18. 이런 식으로 선택되었다. 이메일에서 공백을 이용해서 깔끔하게 보이길 원하면 공백을 넣어서 아래와 같이 세팅해주면 된다.

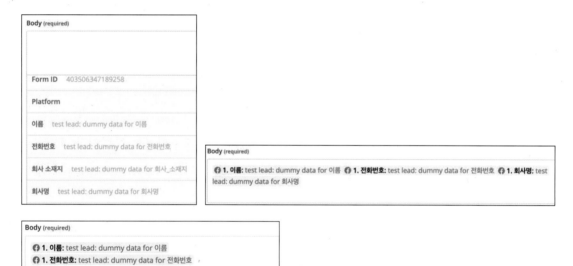

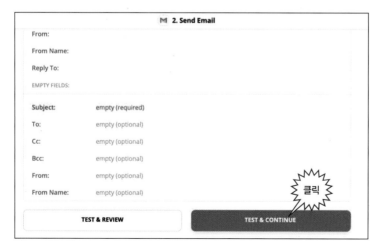

19. 마지막으로 Continue를 누르고 Test & Continue를 클릭한다.

20. 본인 Gmail에 테스트 DB가 넘어왔는지 확인한다. 넘어오면 다음과 같이 진행한다.

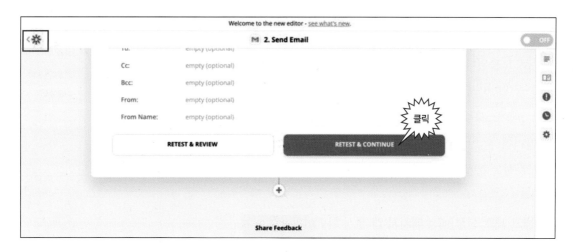

21. 아래와 같이 Zap 리스트가 보인다. Name your Zap을 클릭한다.

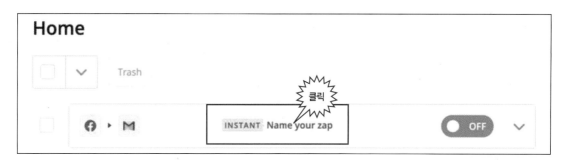

22. 'Name your zap' 부분에 이름을 작성해주고, 현재 OFF로 되어 있는데 클릭해서 ON으로 활성화시켜준다. 그러면 실시간으로 연동이 되었다.

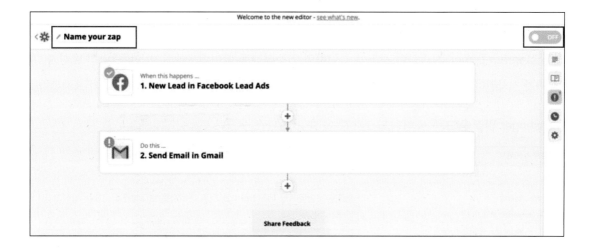

페이스북 메시지를 자주 보내는 사람들 위주로 노출된다. 페이스북 메시지의 활용도를 극대화하려고자 하는 사람들에게 추천한다. 페이스북 메신저는 국내 사용률이 높지 않기에 잘 안 쓰인다. 동남아 국가를 타겟으로 하는 분들에게 추천한다.

1. [광고 세트 설정]에서 **메시지 앱** 설정 화면이다.

① **Messenger:** 페이스북 메신저를 뜻한다. 광고를 보는 사람을 비즈니스와의 메신저 대화로 연결한다. 페이스북 메신저를 열 가능성이 높은 사람들에게 광고가 노출된다.

② **WhatsApp Business:** WhatsApp 앱을 뜻한다. 외국에서 많이 쓰이는 카카오톡 같은 앱이다.

③ **Instagram Direct:** 사람들이 광고를 클릭하면 인스타그램 다이렉트에서 비즈니스와의 메시지 대화가 시작된다. 인스타그램 다이렉트에서 메시지를 보낼 가능성이 높은 사람에게 광고가 표시된다.

Messenger **연결 광고**를 클릭하면 2가지 옵션이 뜬다.

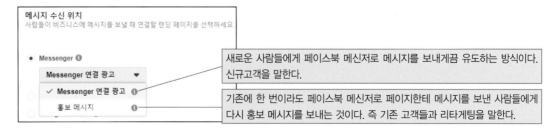

2. 광고 형식을 지정하고 **계속** 진행하여 [광고 설정]에 가면 메시지 템플릿에 '대화 시작'의 **수정** 버튼을 클릭하면 메신저를 직접 설정할 수 있다. 메신저 봇이 유저들에게 자동으로 답변을 하게끔 설정을 해주는 곳이다. '새로 만들기'와 '기존 템플릿 사용' 탭 2가지 옵션이 있다. 테스트를 해본 뒤 'Messenger에서 미리 보기'로 User Testing 까지 완료를 하길 추천한다.

8 | **전환**

웹사이트나 앱, Messenger 내에서 전환을 할 만한 사람들 위주로 광고가 나가게 된다. 즉 구매력이 있는 사람들 위주로 나가게 된다. 커머스 업계에서 거의 90% 이상 집중하는 광고 목표라고 보면 된다.

전환 광고를 진행하기 위해서는 페이스북 픽셀 (웹사이트) 설치가 우선적으로 되어 있어야 한다.

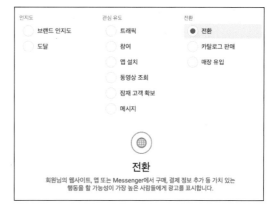

제일 중요한 광고 목표이기에 뒤에서 픽셀 설치하는 법부터 활용하는 방법까지 상세하게 다루었다. 여기서는 일단 전환 광고의 중요한 키포인트만 설명하겠다.

1. 전환 광고에서 제일 중요한 부분이다. [광고 세트 설정]의 **전환** 항목에서 이벤트를 설정할 수 있다. 전환 이벤트를 어떤 걸로 설정하느냐에 따라 결괏값이 갈린다. 해당 전환 이벤트를 선택한다는 뜻은 그에 해당하는 전환 이벤트를 할 만한 사람들 위주로 광고를 노출시켜준다는 뜻이다.

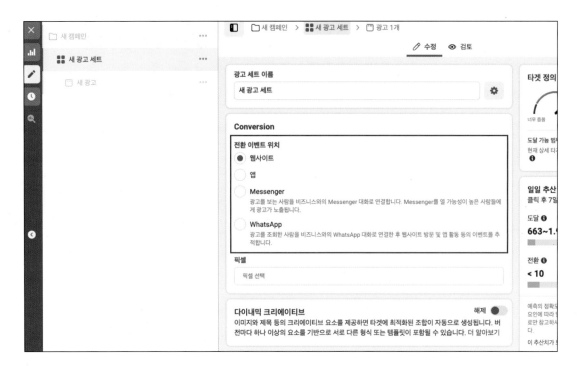

2. '구매'를 선택하면 자사 홈페이지 내에 구매한 사람들의 구매 데이터를 기반으로 이와 유사하게 구매를 할 만한 새로운 사람들 위주로 광고가 나간다고 보

면 된다. 마찬가지로 '장바구니에 담기'를 선택하면 장바구니에 담기를 할 만한 새로운 사람들에게 광고가 나간다고 보면 된다.

그렇다면 타겟의 질은 상식적으로 '구매'로 했을 때가 가장 구매력이 좋고 높지 않겠는가? 하지만 전환 광고는 자사 홈페이지에 쌓여 있는 최근 1주일의 데이터의 모수와 질이 가장 중요하다. 최근 1주일을 기반으로 구매가 보통 20건 이상 정도이면 전환 이벤트를 '구매'로 잡고 진행해도 상관은 없다.

전환 광고의 최적화는 광고 세트별로 전환이 50건이 발생해야 진행된다. 픽셀을 설치한 지 얼마 안 되었고 최근 1주일 구매 데이터의 모수가 매우 저조하면 구매보다 한 단계 윗단계인 '결제 시작'이나 '장바구니에 담기'로 진행을 해봐도 된다. (페이스북 전환 가이드 입문 ~고급 가이드 참조: http://bit.ly/2TghlWG)

■ 전환기간

'전환 기간'은 '최적화 및 게재' 항목에서 **'옵션 더 보기'**를 클릭하면 확인할 수 있다. 전환 기간은 유저가 페이스북 광고를 보고(조회) 클릭한 시점(클릭)부터 전환을 집계한다는 뜻이다. 예시로 전환 기간을 '클릭 후 7일 또는 조회 후 1일'로 잡았다고 가정해보자. A라는 제품광고를 보고 클릭을 하다가 이탈을 하고 3일 뒤에 네이버 검색을 통해 다시 웹사이트로 넘어와서 구매를 했다. 그러면 이 구매건수는 A라는 광고 구매결과에 누적이 된다.

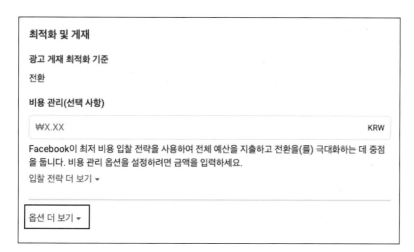

하지만 전환 기간을 '클릭 후 1일' 혹은 '클릭 또는 조회 후 1일'로 잡을 경우 위와 같은 케이스는 집계가 안 된다.

전환 광고 세트의 최적화는 전환이 50건이 되어야 진행이 된다. 이 뜻은 데이터가 많이 잡히면 좋지 않겠는가? 때문에 페이스북에서도 기본 설정값으로 '클릭 후 7일 또는 조회 후 1일'로 잡는 듯하다. 하지만 경험상 보면 웬만해서는 유저들은 클릭 후 1일 안에 전환을 한다.

9 │ 카탈로그 판매

카탈로그 판매는 흔히 DPA(Dynamic Product Ads) 혹은 DA(Dynamic Ads)로 많이 알려져 있다. 이는 효율적인 리타게팅 전략을 위해 쓰이지만 광범위한 타게팅을 활용하여 진행할 수도 있다. 리타게팅 전략으로 구축했을때 ROAS가 제일 높게 나오는 전략 중의 하나이다.

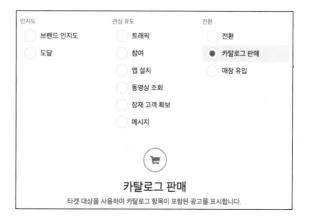

해당 카탈로그 판매를 진행하기 위해서는 기본으로 '픽셀'이 설치되어 있어야 하며, 추가로 '카탈로그'도 설치되어 있어야 한다. 카탈로그는 쉽게 풀이하면 웹사이트에 올라간 제품들이라고 생각하면 된다.[5장. 08 다이내믹 프로덕트 광고(DPA) 세팅하는 법 – 카탈로그 만들기'(239쪽)에서 자세하게 다룬다.]

카탈로그의 가장 큰 장점은 웹사이트에 올라간 제품들이 관련된 사람들에게 유동적으로 보여진다는 것이다.

- 리타게팅: A라는 제품을 본 사람들이 구매를 안 하고 이탈할 경우 해당 사람들에게 A라는 제품을 다시 자동으로 보여지게끔 하는 방식.
- 광범위 타게팅: 비즈니스의 제품(또는 이와 유사한 제품)에 관심을 보일 만한 사람들에게 도달됨. 카탈로그의 제품 중에서 타겟과 관련성이 높은 제품이 자동으로 노출되는 방식.

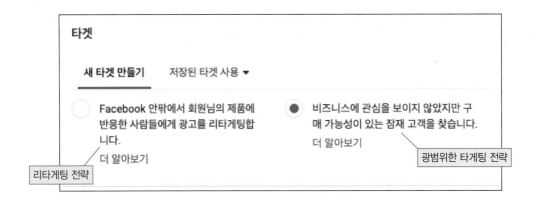

■ 카탈로그 판매 기간 설정

리타게팅할 때에 가장 많이 쓰이는 방식이다. 기간은 최대 180일 전까지 입력할 수 있다.

기간을 좁히면 좁힐수록 타겟 규모가 작아진다. 규모가 작아지면 CPM이 비싸질 것이다. 하지만 ROAS 측면에서는 잘 나올 가능성이 있다. 브랜드에 대해 기억을 할 가능성이 높기 때문이다.

기간을 넓히면 당연히 규모가 커진다. 즉 CPM이 살짝 저렴해질 것이다. 하지만 생각해보자. 180일 전에 웹사이트에 들어온 사람이 과연 해당 상품에 대해 기억할 가능성이 얼마나 되겠는가?

그래서 필자는 기간을 좁혀서 ROAS를 극대화하는 전략을 선호한다.

기간을 좁히는 것에 대해 조금 더 알아보자.

지난 7일 동안 조회하거나 장바구니에 담았으나 구매를 하지 않은 사람이라고 가정해보자. 이에 대한 규모가 약 1천 명 정도가 된다. 이 1천 명은 구매 가능성이 매우 높은 질 좋은 타겟이다. 이럴 때는 규모가 작은 만큼 광고하는 기간을 넉넉히 줘야 한다. 최소 1주일 이상은 줘야 한다. 광고 기간을 2~3일로만 잡고 광고를 할 경우 이 사람들이 해당 기간대에 페이스북 접속을 안 할 수도 있고, 접속을 하더라도 이 사람들에게 광고를 노출시키고자 하는 타 업체들도 어마어마하게 많기 때문이다.

다음으로 알아두어야 할 지표는 CPM이다.

규모가 적기 때문에 CPM(1,000회 노출당 비용)이 매우 비쌀 것이다. 4~6만 원 정도가 될 수도 있다. CPM이 매우 비싼 타겟들이기에 낮은 예산으로는 노출조차 안 될 것이다. 적어도 일 2만 원을 투자해서 성과를 5~7일 정도는 지켜보자. 일 2만 원을 투자한다 한들 노출량이 많지 않아서 하루에 2만 원이 다 소진이 안 될 가능성도 있다.

결론은 일자를 넓혀서 더 큰 범위의 모수를 확보하는 것과 일자를 줄여서 정교하지만 좁은 모수를 확보하는 것, 둘 다 테스트를 직접 해봐야 한다.

테스트를 진행 시 단순한 CPC, CPM으로만 결과를 보지 말고 CPS(Cost Per Sale, 판매당 비용)와 ROAS로 확인하길 바란다. 필자는 7~14일의 기간 설정이 ROAS 측면에선 제일 좋다고 본다.

■ 전환 이벤트 설정

DPA는 '광고 게재 최적화 기준'의 기본값이 '링크 클릭'으로 되어 있다. 항상 '전환 이벤트'를 선택해준다. '링크 클릭'을 잘하는 사람보다 '전환'을 잘하는 사람이 더 좋다.

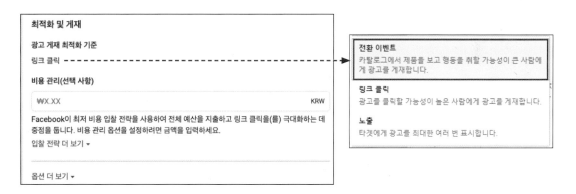

■ 카탈로그 판매 광고 형식

DPA에서는 보통 '슬라이드' 형식이 제일 많이 쓰인다. 한 사람이 웹사이트 내에서 보통 2개 이상의 제품을 보다가 떠났기 때문에 더욱 많은 제품을 보여주기 위해서 그런 것 같다.

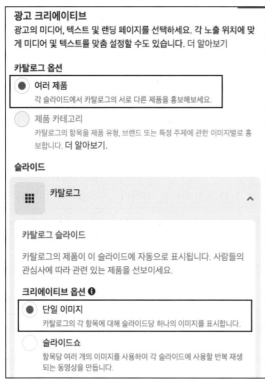

한번에 여러 제품이 보여지게끔 하는 '**여러 제품**' 을 권장한다.

슬라이드에 유동적으로 2~10장의 제품 이미지가 나가는데, 맨 뒷장에 페이스북 페이지 프로필 로고가 같이 나가는 것을 희망하면 '카탈로그' + '프로필'을 선택하면 된다. 필자는 보통 프로필 로고는 삭제하고 카탈로그만 내보낸다. '+'를 누르면 소개 슬라이드를 별도로 내보낼 수 있다.

단일 이미지는 각 제품에 대한 대표 이미지 한 장이 나가게 된다는 뜻이다. 각 제품마다 이미지가 2장 이상일 경우 슬라이드쇼를 선택하면 각 항목이 동영상 형식으로 노출된다.

크리에이티브 수정은 각 제품 항목에 대한 할인율이나 무료배송 부분을 강조해서 넣을 수 있다. 클릭하면 다음과 같은 화면이 나온다. 오른쪽 미리보기에서 어떻게 적용되는지 볼 수 있다. 무료배송이나 할인상품이 있다면 써볼 만하다.

※ 만약 위와 같은 창이 보이지 않는다면 '다이내믹 형식 및 크리에이티브'를 비활성화하면 된다.

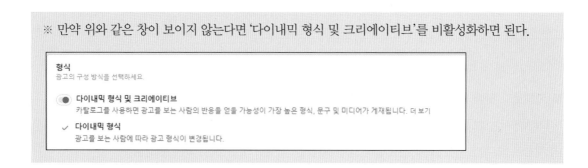

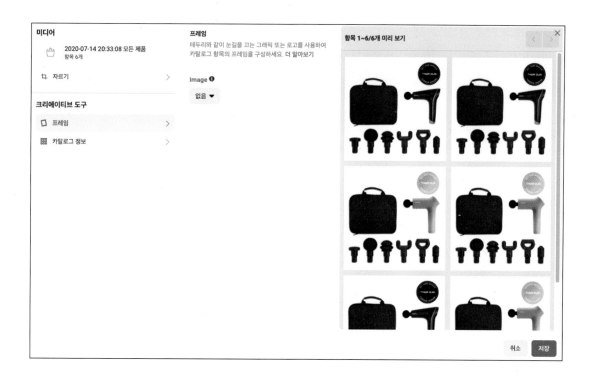

카탈로그를 설정하면 제일 큰 장점은 광고 크리에이티브를 손쉽게 세팅할 수 있다는 것이다. 모든 항목마다 수동으로 제목, 설명을 넣을 필요는 없다. '+'를 클릭하여 카탈로그에 이미 설정해두었던 정보들로 세팅할 수 있다.

보통 '제목'에는 '이름', '뉴스피드 링크 설명'에는 '가격'을 넣는다.(카페24, 고도몰 등의 자동화 데이터 피드를 쓰는 경우 할인된 가격이 '가격'으로 나온다.)

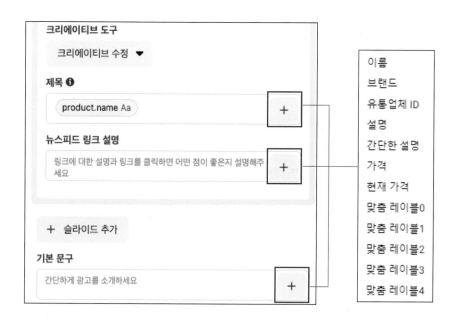

■ 카탈로그 판매 딥 링크 기능

'웹사이트 딥 링크'는 쓸 필요가 없다. 이미 특정 항목별로 상세페이지 URL이 다르게 부여되었기 때문이다. '모바일 앱'이나 '앱 링크 랜딩 페이지'는 앱 광고를 진행하는 유저용이다.

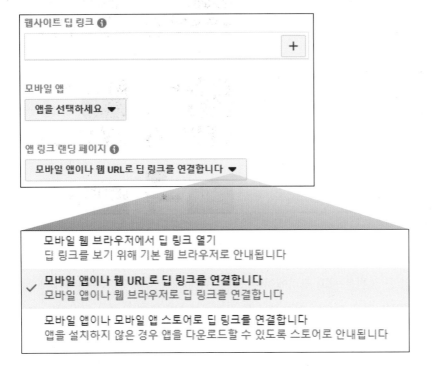

'앱 링크 랜딩 페이지'에는 3가지 옵션이 있다. 모든 사항은 카탈로그 광고를 클릭을 했을 때 발생하는 현상이다.

- **모바일 웹 브라우저에서 딥 링크 열기**: 앱이 설치되지 않은 사람들에게 앱이 아닌 웹사이트 URL로 유도한다.
- **모바일 앱이나 웹 URL로 딥 링크를 연결합니다**: 앱이 설치된 사람들은 앱으로 이동시키고 없는 사람들에게는 웹사이트 URL로 유도를 한다는 뜻이다.
- **모바일 앱이나 모바일 앱 스토어로 딥 링크를 연결합니다**: 카탈로그 광고를 보고 클릭을 하면 설치된 앱으로 넘어가서 In-App 구매를 유도한다. 앱이 설치가 안 되었다면 설치를 할 수 있는 스토어로 안내된다.

10 | 매장 유입

'매장 유입'은 근처에 있는 사람들에게 광고를 하여 오프라인 매장 방문을 유도하는 광고 목표이다. 오프라인 매점을 광고하는 사람들 입장에서는 얼마나 좋은 목표이겠는가? 하지만 앞에서 말했다시피 실현이 거의 불가능이다. 오죽하면 페이스북 본사에서도 비추천한다고 하겠는가.

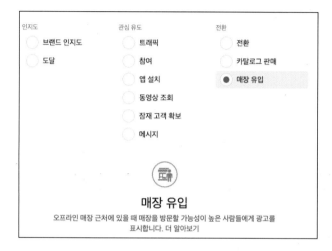

■ 매장 유입 광고 설정 방법

1. 세팅을 하기 위해서는 먼저 '매장 위치'를 추가해야 한다. **광고 관리자 → 비즈니스 관리 → 매장 위치**를 클릭한다.

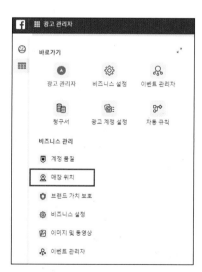

2. **시작하기**를 클릭한 후 **매장 추가**를 클릭한다.

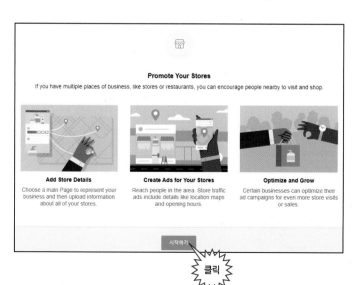

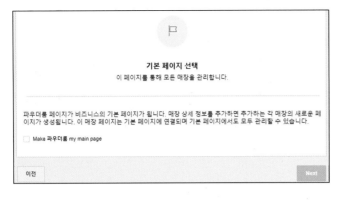

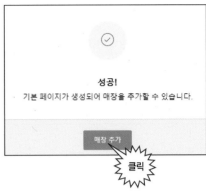

3. Add Stores 클릭하고 **다음**을 클릭하여 4가지 옵션 중에 '수동으로 추가'를 선택한다.('여러 매장 추가'는 엑셀 파일을 이용하여 여러 매장 정보를 올리는 방식이고, 'API를 통해 연결'은 API 연동을 통해 매장 정보 추가, '페이지 연결'은 기존에 설정한 매장 페이지 정보를 끌어오는 것이다.)

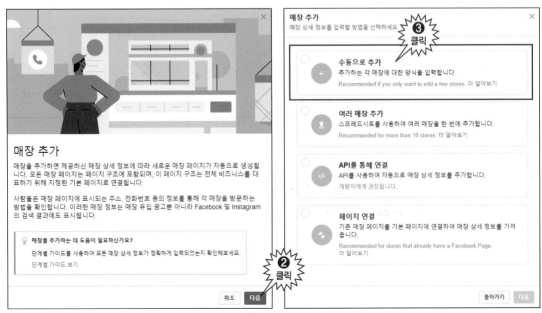

4. 이런 식으로 매장 위치의 주소를 수동으로 입력해주면 된다.

이렇게 세팅을 하면 매장방문 목표로 지정한 장소의 근방에 있는 사람들에게 노출시킬 수 있다.

별도의 방식으로는 원하는 광고 목표를 설정하고 타겟(광고 세트)에서 '핀 설정'을 통해 오프라인 지점 근방에 있는 사람들 위주로 광고를 진행할 수 있다.

03 광고를 폴더별로 깔끔하게 정리하는 방법

광고를 폴더별로 세팅하는 방법은 2가지가 있다. 2가지 방식 다 일단은 광고를 진행하는 방식처럼 1 캠페인 - 1 광고 세트 - 1 광고 형식을 만들어준다. 예를 들어 **전환광고_상의제품_0812** - **10대 타겟** - Defailt name-**전환** 광고를 만들었다고 하자.

[방법 1]

1. 해당 캠페인 이름 '전환광고_상의제품_0812'를 클릭해서 광고 세트 레벨로 들어간다.

2. 해당 광고 세트 이름 위에 마우스 커서를 가져 가면 4가지 옵션이 보인다. **복사**를 클릭한다.

3. 광고 세트를 총 3개를 만들고 싶다면 2개의 광고 세트가 더 필요하다. 사본 수를 2로 잡고 복제를 클릭한다.

4. 그러면 2개의 사본이 생성된다. 임시 저장된 광고 세트에서 타겟과 이름을 수정한 뒤 동의하고 게시를 해준다.

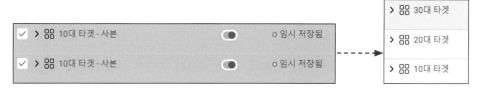

5. 그러면 1개의 캠페인 안에 총 3개의 광고 세트가 만들어졌다. 광고 세트를 복제하면 광고 세트안에 있는 크리에이티브(소재)까지 복사가 되기에 광고 세트별로 크리에이티브(소재)까지 수정하고 싶으면 광고 레벨에서 개별적으로 수정하면 된다.

[방법 2]

두 번째 방법은 첫 번째 방법보다 조금 귀찮기 때문에 필자는 첫 번째 방식을 선호한다.

1. 마찬가지로 **1 캠페인 – 1 광고 세트 – 1 광고** 형식을 만들어준다. 그리고 광고 관리자에서 **+ 만들기** 버튼을 클릭한 후 **기존 캠페인 사용**을 선택한다.

2. 캠페인을 선택하고 **계속**을 클릭한다.

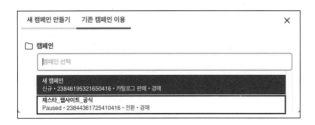

3. 이후 광고 세트를 만드는 방식처럼 세팅해주면 된다. 광고 세트와 광고를 각각 다르게 세팅해서 진행하면 된다.

04 '경매'와 '도달 및 빈도'의 차이점

캠페인 목표를 설정할 때 다음 그림처럼 '경매', '도달 및 빈도' 2가지 옵션이 보이는 계정들이 있다. 모든 계정이 보이는 것은 아니다. 이 옵션이 안 보이면 자동으로 경매 방식으로 진행된다는 뜻이다. 앞서 설명한 '실시간 경매 시스템'으로 말이다.

이 기능이 안 보인다고 서러워할 필요는 없다. 거의 쓰이지도 않고 필자도 항상 경매 방식만 이용한다. 해당 기능

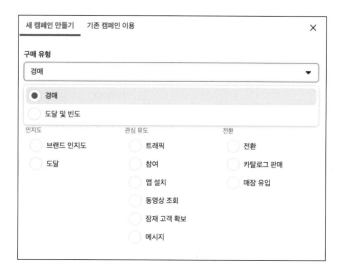

은 자격이 있는 광고주에게만 배포된다고 한다.

'도달 및 빈도'는 경매 진행하는 방식이 아닌 지정된 CPM 금액으로 진행하는 방식이다. 경매와는 다르게 '도달 및 빈도'에서는 7개의 목표밖에 안 보인다.

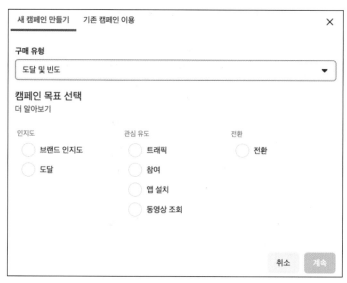

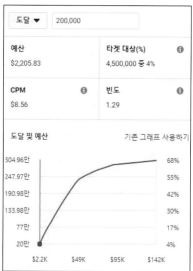

■ 도달 및 빈도의 특징

• 6개월 전에 최대 90일의 캠페인을 예약할 수 있다.

• 고정 CPM 방식을 선택할 수 있다.

• 도달 범위 및 노출수를 비교적 정확하게 예측할 수 있다. (100%는 아니지만 추산 도달 범위보다 정확하다.)

• 빈도 한도를 직접 설정할 수 있다.

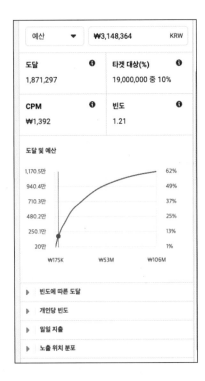

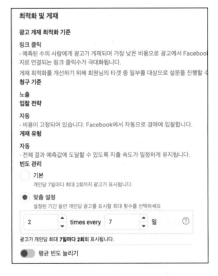

이런 사람에게 페이스북 '도달 및 빈도' 구매 옵션을 권장한다.

• 20만 명을 초과하는 타겟에게 도달

• 주변 지역이 아니라 전국을 타게팅

• 광고 도달 범위의 예측 가능성 증대

• 사람들이 광고를 보는 횟수 제어

• 캠페인을 미리 계획하고 예약

필자의 경험을 바탕으로 '경매'와 '도달 및 빈도' 전략을 써보았을 때의 결론은 다음과 같다.

	경매	도달 및 빈도
CPM	경매 > 도달 및 빈도 (평균적으로 도달 및 빈도가 더 저렴)	
CPA(구매당 비용)	경매 < 도달 및 빈도 (평균적으로 경매가 더 저렴)	
예산	일일 예산 1천 원부터 가능	최소 50만~60만 원 투자 필요
빈도 설정	'도달' 목표만 가능, 나머지 불가능	모든 목표 가능

브랜드 인지도를 높이고자 하는 업체 혹은 최대한 많은 사람들에게 저렴하게 노출을 원하는 경우 '도달 및 빈도'를 추천하지만 나머지 전환을 목표로 하는 업체에게는 '경매'를 적극적으로 추천한다.

05 광고 목표마다 공통적인 기능

1 A/B 테스트

광고 관리자에서 '목표'를 선택하고 캠페인 이름 설정 후 캠페인 화면에서 **A/B 테스트** 항목이 있다. 이것은 캠페인을 서로 비교하여 어떤 것이 성과가 가장 좋은지 테스트하는 기능이다. 즉 같은 변숫값 내에서 다른 값을 두고 어느 값이 효율이 더 좋은지를 테스트하는 것이다.

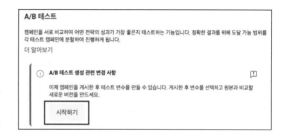

■ A/B 테스트 응용하는 방법

1. A/B 테스트 **시작하기**를 선택하고 기존과 동일하게 캠페인을 생성한다. 광고 소재까지 설정을 마치고 **동의하고 게시**를 클릭하면 아래와 같은 창이 뜨는데, 테스트를 하고 싶은 변수를 설정해서 또 다른 세팅 값으로 광고를 만들어주면 된다. 혹은 캠페인 간에도 A/B 테스트가 가능하다.

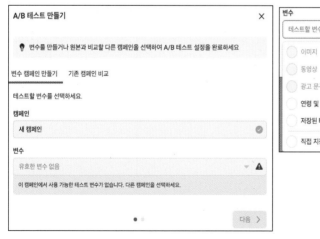

• "광고 세트를 2개 따로 만들어서 각각 다른 타겟으로 테스트를 해보는 것과 차이가 없지 않은가?"라는 의문을 품을 수도 있는데, 이것과는 차이가 있다. 'A/B 테스트' 만들기를 진행하면 진행되는 2개의 광고 세트의 타겟이 겹치지 않고 공정하게 테스트가 된다. 즉, 타겟 중복이 없다.

2. 테스트를 원하는 변수를 선택한다. 사용 가능한 변숫값을 선택한다.

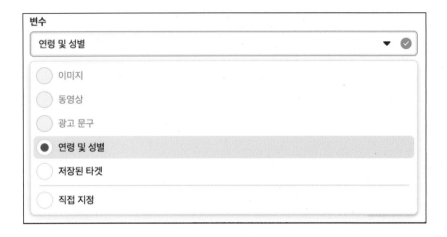

3. '예산'은 2개로 균등하게 나누어져서 진행된다. 4만 원이면 각 광고 세트당 2만 원씩 분배가 된다. 테스트 '기간'은 페이스북은 4일을 권장한다. 이상적인 기간은 목표와 비즈니스 업종에 따라 다를 수 있다. 예를 들어, 일반적인 고객이 광고를 본 후 전환하는 데 4일 이상이 걸리는 경우, 기대하는 일반적인 전환이 이루어질 시간을 충분히 주기 위해 테스트를 더 오랫동안(예: 10일) 진행하는 것이 좋다.

2 캠페인 예산 최적화(Campaign Budget Optimization)

캠페인 '목표'를 선택하고 나면 그 아래 **캠페인 예산 최적화**가 있다. 이것은 '광고 세트'에서 예산을 설정하는 것과 무엇이 다른가?

보통 '광고 세트' 내에서 예산을 설정하는데, 왜 굳이 '캠페인' 레벨에서 예산을 설정해야 할까?

'캠페인 예산 최적화' 기능을 이해하려면 '캠페인', '광고 세트', '광고'에 대한 개념부터 알아야 한다.

■ 광고 세트와 광고의 원리

'광고 세트' 안에 일일 예산을 $20을 넣었다고 가정하자. 그리고 광고 세트 안에 '광고 소재'를 총 3개를 넣었다면 아래 그림처럼 광고가 돌아갈 것이다.

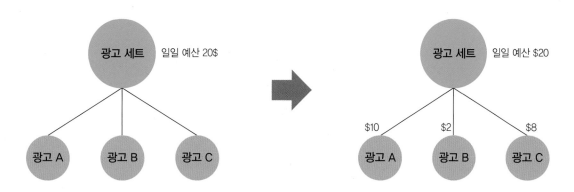

그런데 $20가 1/3로 균등하게 $6.67씩 나가는 것이 아니라 3개 중에 반응이 제일 좋은 소재 위주로 노출을 더 많이 해준다. 반응이 좋다라는 뜻은 CPM이 저렴한 광고 소재 위주로 노출을 시키는 것과 같다. 한 개의 상품에 대한 광고 소재가 여러 개 있는 경우 테스트하기 좋은 방식이다.

여기서 '캠페인 예산 최적화'는 '광고 세트'에서 한 단계 위로 올라간 '캠페인'이라고 생각하면 된다. 한 개의 캠페인 안에 2개 이상의 광고 세트가 있으면 효율 좋은 광고 세트(타겟) 위주로 노출을 더 많이 해줘라는 뜻으로 이해하면 된다.

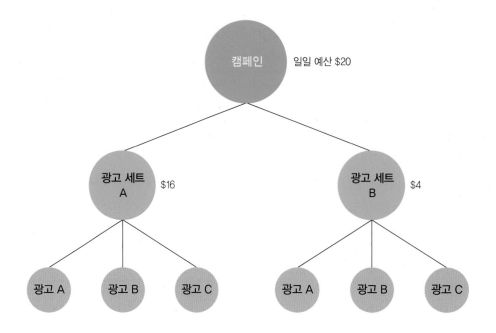

보통은 '캠페인 예산 최적화' 기능을 잘 모르기 때문에 아래 그림처럼 광고 세팅을 많이 한다. 이런 식으로 세팅할 경우는 '캠페인 예산 최적화'를 활성화하는 게 의미가 없다. 어차피 1개의 광고 세트와 1개의 광고이니 효율이 더 좋을 만한 타겟이나 소재가 없기 때문이다.

결론적으로 '캠페인 예산 최적화' 기능은 광고 세트가 2개 이상일 때 유동적으로 효율이 더 좋은 광고 세트에 더 많은 예산을 투자해서 운영하고자 할 때 이용된다.

광고 세트를 2개 이상 운영할 시에는 세트 간의 모수가 최대한 비슷한 걸로 설정하는 게 좋다. 광고 세트 A의 타겟 범위가 30만 명이라고 한다면 광고 세트 B의 타겟 범위도 30만 명이 되게끔 말이다.

06 페이스북 알고리즘 집중 분석

1 광고 게재 최적화 기준

[광고 세트]의 '최적화 및 게재' 부분에서 **'광고 게재 최적화 기준'** 항목이 있다. 이것은 광고를 돌리는 데 있어서 제일 중요한 핵심(Core) 요소이다. 이걸 어떤 걸로 설정하느냐에 따라 광고 결과가 달라진다.

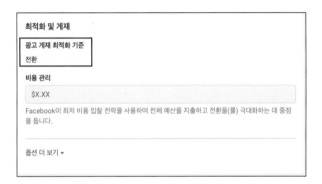

일단 '광고 게재 최적화 기준'은 1차적으로 '캠페인 목표'를 어떤 걸로 선택하느냐에 따라서 달라진다. 기준을 충족할 만한 사람들에게 노출이 된다는 뜻이다.

■ 캠페인 목표: 트래픽

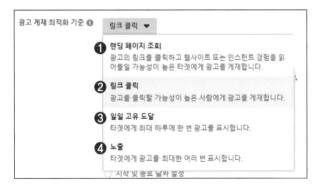

① **랜딩 페이지 조회**: 페이스북 픽셀이 있는 사람만 가능하다. 픽셀이 없거나 뭔지도 모르는데 랜딩 페이지 조회로 되어 있다면 링크 클릭으로 바꾸어라. 결과 집계도 안 되고 최적화도 안 된다. 링

크 클릭을 하고 웹사이트 내에 픽셀이 로딩되기까지 있을 만한 사람들 위주로 노출된다. 즉 링크 클릭 + 페이지 조회할 만한 사람들이다.

② **링크 클릭:** 웹사이트 링크 클릭을 할 만한 사람들 위주로 노출된다. 외부 링크를 클릭한 순간 링크 클릭 1개로 집계된다. 사람들이 클릭을 하고 정말 웹사이트로 넘어가서 조회했는지는 모른다.

③ **일일 고유 도달:** 타겟에게 최대 하루에 한 번 광고가 노출된다. 최대한 많은 새로운 사람들에게 광고를 보여주고 싶을 때 용이하다.

④ **노출:** 타겟에게 동일한 광고를 최대한 많이 노출시키는 게 목적이다.

'일일 고유 도달'과 '노출'은 다른 캠페인 목표에도 공통적으로 있다. '일일 고유 도달'과 '노출'은 최적화 기준이 '링크 클릭'이 아닌 도달과 노출이기에 만약 목표가 트래픽(웹사이트 유입량) 증가라면 사용하지 말아야 한다. 돈만 날린다.

■ 캠페인 목표: 참여

캠페인 목표를 '참여'를 선택한 근본적인 이유는 게시물 좋아요, 댓글, 공유를 자주하는 사람들 위주로 광고를 내보내서 어느 정도의 '좋댓공(좋아요, 댓글, 공유)'을 쌓으려는 데 있다.

그럼 무조건 게재 최적화 기준은 '게시물 참여'로 선택해야 한다.

'일일 고유 도달'과 '노출'로 하면 참여도가 높은 사람들 위주로 나가는 게 아니라 눈팅을 자주 하는 사람들 위주로 나가게 되니 '좋댓공'의 효율이 매우 저조할 수밖에 없다.

'게시물 참여'로 되어 있는데도 '좋댓공'이 매우 저조하다면 80%는 콘텐츠, 20%는 타겟 문제이다.

■ 캠페인 목표: 동영상 조회

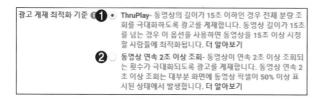

'동영상 조회'는 조금 특별하다. 일단 '일일 고유 도달'과 '노출'이 없다. 정말 어떻게 보면 영상을

시청할 만한 사람들 위주로 내보내 준다.

① **ThruPlay**: 동영상 길이에 따라 유동적으로 시청할 만한 사람들에게 노출된다. 동영상 길이가 15초 이하이면 영상을 15초 정도로 시청하는 사람들에게 노출되고, 길이가 15초 이상이면 영상을 오래 시청하는 사람들에게 노출된다.

② **동영상 연속 2초 이상 조회**: 동영상을 2초 이상 조회할 만한 사람들 위주로 노출을 시켜, 영상을 시청할 만한 사람들의 규모를 최대한 넓힌다는 뜻이다.

조회당 비용 (단가)	타겟의 질 (Quality)
ThruPlay > 동영상 연속 2초 이상 조회	ThruPlay > 동영상 연속 2초 이상 조회

필자는 ThruPlay를 추천한다.

■ 캠페인 목표: 앱 설치

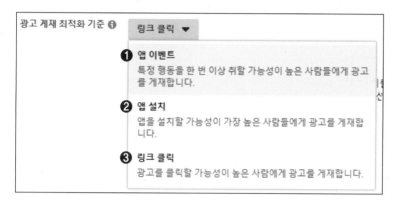

① **앱 이벤트**: in-App 내에 있는 전환 이벤트(ex. 구매, 결제 시작, 콘텐츠 조회)를 할 만한 사람들에게 노출된다. 구매로 잡고 진행한다는 것은 보통 앱 내에서 구매를 자주 하는 사람들 위주로 나간다는 뜻이다. 신규 유저라면 먼저 설치부터 해야 한다.

② **앱 설치**: 앱을 설치할 만한 사람들 위주로 노출된다. 앱 설치는 설치를 하고 실행까지 해야 앱 설치 1개로 집계된다.

③ **링크 클릭**: 링크 클릭을 할 만한 사람들에게 노출된다. 링크 클릭이라면 'Play스토어'나 'AppStore' 링크 클릭을 할 만한 사람들을 말한다.

신규 설치자 수를 확보하려면 '앱 설치'를, 설치+전환을 유도하려면 '앱 이벤트'로 진행할 것을 추천한다.

■ 캠페인 목표: 전환

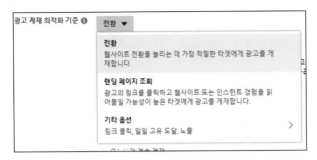

'전환' 광고는 총 5개로 나누어진다. '전환'을 제외한 나머지 '랜딩 페이지 조회', '링크 클릭'은 위에 설명한 것과 같은 개념이다.

'전환'은 웹사이트 전환을 할 만한 사람들에게 노출된다. 어떠한 전환을 뜻하는지는 첫 번째로 세팅하는 '전환이벤트'에 있다.

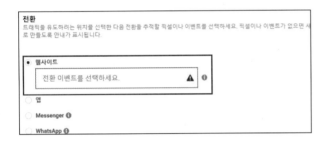

전환 이벤트에 따라 해당 이벤트에 따른 전환을 할 만한 사람들 위주로 노출이 된다.

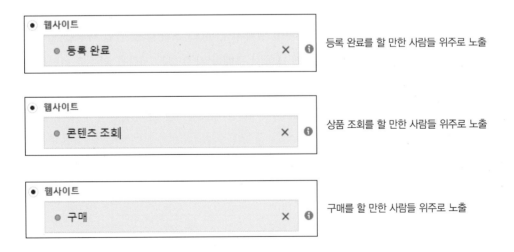

'게재 최적화 기준'을 '전환'으로 하면 '전환 이벤트'를 어떤 걸로 설정하는가에 따라 결과가 달라진다.

■ 캠페인 목표: 카탈로그 판매

'전환' 광고에서 게재 최적화 기준에 대해서 어느 정도 이해를 하였다면 '카탈로그 판매' 목표는 복습이다.

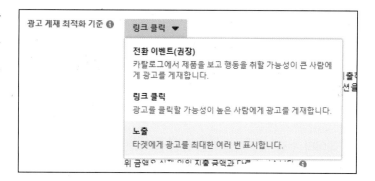

'카탈로그 판매' 목표는 '전환 이벤트', '링크 클릭', '노출' 총 3가지가 있다. 기본 설정값은 '링크 클릭'으로 되어 있다. '전환 이벤트'를 항상 설정해주고 원하는 전환 이벤트를 선택해준다.

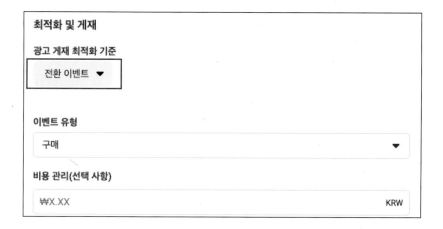

2 │ 광고의 진행 과정

지금까지 '최적화(Optimization)'라는 말을 많이 들어보았을 것이다. 최적화는 어느 정도 광고가 안정화되었다는 뜻이다. 그럼 '초기 머신 러닝(Machine Learning)'이라는 건 무엇일까?

광고의 최적화 여부는 캠페인, 광고 세트, 광고 탭 중에서 '광고 세트'에서 확인할 수 있다. 아래 설명하는 부분은 전부 '광고 세트'에서 보여지는 상태 표시이다.

광고를 진행하면 다음의 과정을 거친다.

■ 검토 중

광고가 본격적으로 라이브(노출) 되기 전 페이스북한테 검토를 받는 것이다. 검토는 인공지능(AI) 혹은 페이스북 정책부서에 의해서 진행된다. 검토 최대 시간은 24시간이며 만약 24시간이 지나고도

'검토 중'으로 뜰 경우 해당 링크(http://bit.ly/33rjrHT)로 재검토 요청을 할 수 있다. 혹은 새로 광고를 다시 만들어 보길 바란다. 필자는 후자를 추천한다.

이름	↑↓	⚠ 게재	↑
> 器	⚫	○ 검토 중	

■ 데이터 수집 중 / 머신 러닝 진행 중

　광고 '검토'가 완료되고 나타나는 단계이다. 페이스북 인공지능이 광고를 최적화하기 위해(효율적으로 돌리기 위해) 어느 정도 학습이 필요할 것이며, 학습을 하려면 데이터들이 필요할 것이다. 이를 '데이터 수집 중'이라고 표현한다.

　예를 들어 타겟을 20대 여성으로 잡았다고 가정하자. 20대 여성들 중에서도 해당 광고를 보고 반응을 보이는 그룹들이 있을 것이다. 예를 들어 공통적으로 드레스에 대해서 관심을 가진 사람들이 해당 광고에 참여를 많이 했다라고 하면 페이스북은 학습을 통해 드레스에 관심을 가진 여자들이 해당 광고에 반응이 좋구나, 이와 유사한 사람들 위주로 노출시켜야겠다고 인식한다. 이 학습 기간을 '데이터 수집 중'이라고 말한다.

■ 초기 머신 러닝 완료

　어느 정도의 데이터가 다 쌓이고 페이스북 알고리즘이 학습을 다 한 경우를 뜻한다. 광고 용어로는 '최적화가 되었다'고 표현한다. 광고 세트별로 1주일에 결과가 50개 이상 잡혔을 시 학습이 된다.

　위의 20대 여성을 예시로 들면 "20대 여성들 중에서도 드레스에 관심을 가지는 사람들에게 노출을 시켜야 효율이 좋구나"라는 것을 알 것이다. 즉 최적화가 되면 어느 정도 광고 효율이 안정화되었다는 뜻이다.

보통 '초기 머신 러닝'은 지출 금액과 결괏값에 따라 갈린다. 예산이 적고 결과가 적으면 그만큼 최적화가 되기까지 시간이 길어지고, 예산이 많고 결괏값이 많으면 짧은 시간 내에도 광고의 최적화가 이루어진다. 이론상으로는 각 광고 세트의 결과(전환)가 50개 발생한 경우 최적화가 이루어진다고 한다. 트래픽일 경우는 링크 클릭이 50개, 앱 설치 경우는 앱 설치가 50개, 전환 같은 경우는 전환이 벤트에 따라 50개가 발생했을 때 최적화가 이루어진다.

■ 제한된 머신 러닝

새로운 인터페이스의 광고 관리자에서 보여지는 활성화 상태 표시이다. 앞서 말한 것처럼 이론상으로 1주일에 광고 세트당 전환이 50건 이상 발생해야 최적화가 이루어지는데, 해당 세트는 1주일에 전환이 50건이 안 되어서 해당 문구가 뜨는 것이다. 머신 러닝이 완전히 끝난 단계는 아니지만 최적화가 어느 정도 이루어진 단계라고 볼 수 있다.

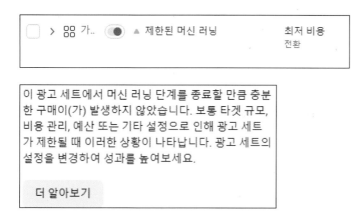

■ 활동 중

새로운 인터페이스의 광고 관리자에서 보여지는 활성화 상태 표시이다. 광고 세트에서 최적화가 완벽하게 이루어졌다는 뜻이다. 단, 세트 내 혹은 광고에서 수정이 발생한 경우 초기화가 되니 조심하도록 하자.

3 ┃ 입찰 전략

'최저 비용'과 '비용 한도', '입찰가 한도', '목표 비용'에 대해서 알아보자.

캠페인의 예산 최적화에 관해서는 다음과 같이 확인할 수 있다.

먼저 '캠페인 예산 최적화'를 OFF로 설정했을 때 입찰 전략은 광고 세트 전환 이벤트를 설정하는 '비용 관리'에서 확인 가능하며, '추가 입찰 전략 표시'를 선택하면 다양한 입찰 전략을 선택할 수 있다.

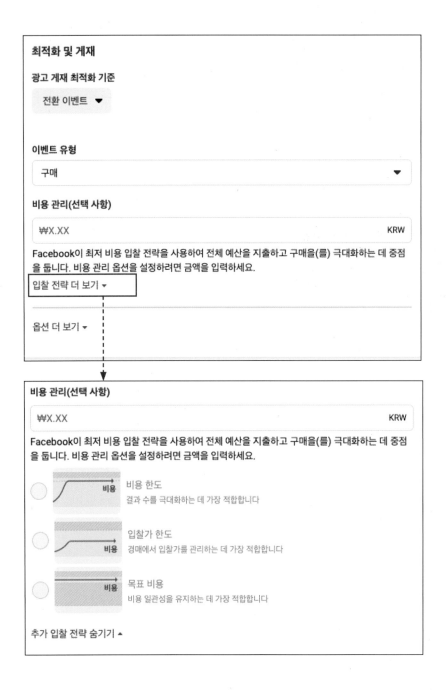

그리고 '캠페인 예산 최적화'를 ON으로 설정했을 때는 '캠페인 이름' 밑에서 확인 가능하다.

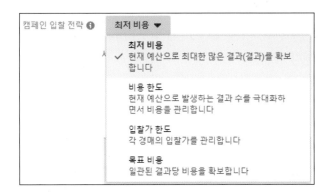

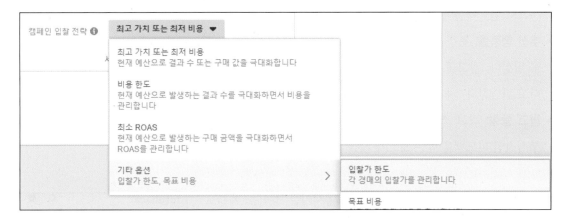

이 부분에 대해서 세세하게 알아보도록 하자. 먼저 이것만을 기억하자.

- **최저 비용**: 페이스북 자동 입찰 금액
- **비용 한도, 입찰가 한도, 목표 비용**: 페이스북 수동 입찰 금액

1) 페이스북 광고 알고리즘

먼저 페이스북 광고가 태워지는 원리에 대해서 알아보자.

페이스북에 접속해 있는 유저들을 인벤토리(Inventory)라고 칭하자. 페이스북 광고는 실시간 경매 시스템(Real-time bidding)을 통해 경쟁을 하게 된다.

누군가에게 광고를 노출할 기회가 생기면 그 사람이 속한 타겟 대상(인벤토리)을 가진 광고는 경매에 참여할 수 있다. 경매의 승자는 총가치가 가장 높은 광고로 결정된다. 총가치의 3가지 주요 요인은 '입찰가', '추산 행동률', '광고 품질'이다.

- **입찰가:** 광고주가 해당 광고에 설정한 입찰가. 설정하지 않았을 때는 광고 예산에서 페이스북이 자동으로 입찰가를 설정한다.
- **추산 행동률:** 특정 사람이 특정 광고에 반응을 보이거나 특정 광고로부터 전환되는 행동의 추정치를 말한다. 광고를 진행했을 시 참여율도 좋고 반응이 좋은 과거 기록이 있을 시 추산 행동률이 높다고 판단한다. 과거 기록이 없을 시에는 페이스북의 평균 데이터로 진행된다.
- **광고 품질:** 광고 소재를 보는 사람들의 반응을 뜻한다. 광고를 보고 광고 신고하기, 숨기기 등의 부정적인 피드백을 받은 광고가 많을 시는 해당 품질 지수가 떨어진다.

경매를 통해 인벤토리에게 광고를 노출시키는 방식을 예시로 알아보자.

내가 페이스북에 접속하는 순간 페이스북은 나에게 광고를 보이고자 하는 광고주들을 대상으로 실시간으로 경매를 진행한다. 내가 만약 최근에 게임에 관심이 많다고 페이스북이 판단하면 게임에 관련된 광고들이 나에게 노출되고자 할 것이다.

페이스북이 판단하는 나의 관심사는 다음 링크에서 확인해볼 수 있다.

https://www.facebook.com/ads/preferences/?entry_product=ad_settings_screen

이것이 기본적인 페이스북의 광고 알고리즘이다.

어느 정도 원리에 대해서 이해를 했다면 '최저 비용', '비용 한도', '입찰가 한도', '목표 비용'에 대해서 알아보자.

■ 최저 비용

단순히 '일일 예산' 혹은 '총예산'을 설정한 경우 페이스북이 실시간 경매 시스템에 참가를 했을 때 최저 비용의 입찰가로 경매에서 이기겠다는 뜻이다. 즉, 페이스북이 알아서 최소한의 비용으로 노출을 시켜주겠다는 뜻이다.

최저 비용 전략은 기본 세팅값으로, 페이스북 광고가 미숙한 사람들에게 권장한다. 어느 정도 광고의 평균 CPA(Cost Per Action, 결과당 비용)를 알게 되면 수동 입찰 전략을 테스트해보길 바란다. 필자는 광고에 대해 잘 아는 분들에게도 '최저 비용'을 추천한다.

■ 비용 한도

비용 한도는 비용을 관리하는 동시에 전환 수를 최대화하는 데 도움이 된다. 여기서 비용이란 최적화 이벤트당 평균 비용을 뜻한다. 한도를 건다는 뜻은 CPA에 대한 한도를 건다는 뜻이다.

- 평균적으로 구매당 비용이 1만 원이 나온다고 가정하자. 그럼 비용 한도는 약 1.2배~2배를 건다. 구매당 비용이 1만 원이니 비용 한도는 1.2만 원으로 걸어본다. 이론상으로는 한도를 1.2만 원으로 걸었으니 최대한 이 CPA 비용 한도에 맞춰서 저렴하게 구매를 할 만한 사람에게 노출된다. 그럼 전부 이걸로 걸면 되지 않겠느냐라고 생각하면 오산이다. CPA의 평균 비용을 찾기가 매우 까다롭기 때문이다. 약 2주간의 평균 CPA 단가를 파악한 뒤 그것보다 조금 높은 금액으로 비용 한도를 설정해서 테스트해보자. '일일 예산'은 '비용 한도가'의 최소 5배 이상으로 잡는다. 필자는 10배 이상을 추천한다.

■ 입찰가 한도

실시간 경매 시스템과 경매에서 지출할 수 있는 금액의 최대치를 뜻한다. 실제로 지출한 결과당 비용(비용 한도)이 아니다. 그럼 어떻게 입찰가 한도를 매길 것인가? 경매에서 실제로 얼마의 입찰 금액 (Bidding)이 지불되는지 알 수가 없기에 힘들다. 때문에 결과에 대한 비용으로 낼 수 있는 최대치를 입력하면 된다.

그리고 '일일 예산'은 '입찰가 한도'의 최소 5배는 진행하길 바란다. 최소 5배~30배 정도 금액을 추천한다. '입찰가 한도'가 있기에 '일일 예산'은 최소 5배를 잡아도 다 소진이 안 될 가능성이 있다.

타 업체들의 평균 입찰 금액을 알 수가 없기에 평균보다 입찰가 한도를 적게 걸었을 경우 광고가 노출이 안 되는 현상이 발생한다. 너무 높아도 CPA 금액이 너무 비싸질 수 있다.

예를 들어 전환 광고에 대한 목표가 CPA 2만 원이라고 가정하자. 업종상 2만 원을 넘기는 순간 적자이기 때문에 2만 원이 마지노선이다. 그럼 입찰가 한도를 2만 원으로 적는다. '일일 예산'은 최소 10만 원으로 잡으면 된다.

- CPA 단가를 컨트롤하고 싶을 때 쓰길 바란다. 나는 하루에 몇 개가 팔리던 상관없이 CPA가 1만 원 이하로만 나왔으면 한다면, '입찰가 한도'를 1만 원으로 잡고 '일일 예산' 최소 5만 원~10만 원 정도 잡고 진행하면 된다. 노출이 거의 안 될 가능성이 있지만 단가를 낮추기 위해서는 효과적이다. 보통 잠재 고객 확보를 진행하는 분들이 많이 쓴다.

■ 목표 비용

　평균 CPA 비용을 최대한 맞추어주는 전략이다. 예를 들어 평균 CPA가 $10인 경우 '목표 비용'을 $10로 넣으면 최대한 결과당 비용을 평균 $10로 최적화시킨다는 뜻이다.

- 최저 비용으로 평균 CPA를 파악한 후 해당 평균 CPA를 '목표 비용'으로 입력한다. 말했다시피 수동 입찰 금액을 세팅한다는 뜻은 광고가 노출이 잘 안 될 수도 있다. '목표 비용'을 쓸 경우도 마찬가지이다. 때문에 꾸준하게 광고가 게재되고 전체 예산을 지출할 수 있는 최저 금액을 찾을 때까지 조정하는 것이 좋다.

　'최저 비용', '비용 한도', '입찰가 한도', '목표 비용' 총 4가지의 대해서 알아보았는데, 아직까지 이해가 잘 안 되는 부분도 있을 것이다. 이를 그래프화하여 좀 더 알아보자.

　아래와 같은 그림을 봤을 것이다. 화살표의 모양이 전부 다 다르다는 걸 알 수 있다.

최저 비용: 실시간 경매 시스템에 참가해서 페이스북이 자동으로 최저 비용으로 액션을 취할 만한 인벤토리에 노출시켜 준다. 최저 비용으로 효율적으로 광고를 돌려준다는 얘기다.

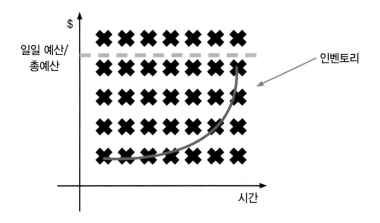

비용 한도: 설정한 평균 결과당 비용을 넘지 않기 위해 노출을 시킨다. 최저 비용과 비슷하게 최소한의 비용으로 인벤토리에게 노출을 시키려고 하지만 정해진 평균 결과당 비용가를 넘지 않기 위해 광고가 노출된다. 광고비와 ROAS를 극대화시킬 때 쓰이는 전략 중의 하나이다.

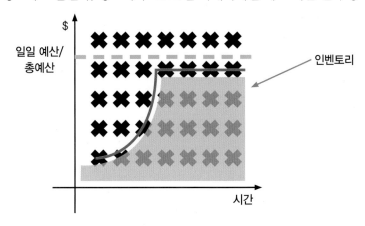

입찰가 한도: 결과에 직접 관여하는 것이 아닌 실시간 경매 시스템 입찰 금액에 직접적인 수동 입찰 금액을 입력하는 것이다. 설정한 입찰 금액이 평균 입찰 금액보다 낮을 경우 광고가 노출이 안 되는 현상이 발생하고, 평균 입찰 금액보다 높을 경우 CPA가 엄청 높아지는 현상이 발생한다. '입찰가 한도'는 단가를 컨트롤하고 싶은 사람들이 자주 쓴다.

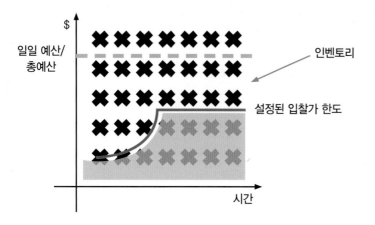

목표 비용: 설정된 목표 비용에서 ±10% 내외에서 적합한 인벤토리를 찾아서 광고가 노출된다. 단점이라면 조금 더 저렴한 인벤토리에서 전환이 발생할 수 있는데 '목표 비용'을 세웠기 때문에 '목표 비용'에 근접한 비용의 인벤토리를 찾아서 광고가 노출되기에 CPA를 더 낮추기에는 어려울 수 있다는 것이다. 장점은 CPA를 꽤 안정적으로 운영할 수 있다는 것이다.

테스팅을 많이 해봐야 한다. '최저 비용'으로 평균 비용을 먼저 깨달은 다음에 진행해보길 권장한다.

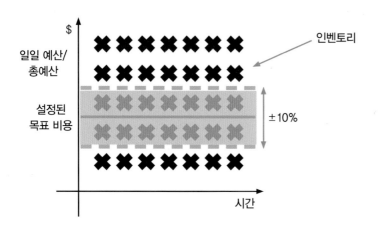

여기서 아마 이런 생각이 들 것이다. 인벤토리별로 단가가 다른 것인가? 필자는 그렇다고 본다. 광고를 보고 구매를 잘 하는 사람일수록 당연히 누구나가 광고를 노출시키고 싶어하는 퀄리티(Quality) 좋은 타겟이 아니겠는가? 이런 인벤토리의 단가는 높다는 생각이 든다.

그러면 여기에서 또 한 가지를 생각이 들 것이다. 그럼 '입찰가 한도'나 '목표 비용'을 높게 잡아서 퀄리티 좋은 타겟층들에게만 노출시키면 더 좋아지지 않을까?

그것은 아니다. 상품이 좋고, 콘텐츠가 좋고, 알맞은 타겟에게 광고를 보여주면 단가가 저렴한 인벤토리들도 구매 욕구가 생기고 구매를 할 가능성이 있다. 이를 페이스북 알고리즘이 최적화를 시키면서 노출시키는 듯하다. 또한 앞서 말한 것처럼 수동 입찰가나 비용은 잘못 설정했다가는 오히려 CPA가 올라가는 현상이 생길 수 있기 때문이다.

때문에 결론은 최저 비용으로 테스트를 하고 본인의 광고 결과 지표에 대해서 정말 잘 알 때 수동 입찰 전략을 테스트하는 것을 추천한다.

입찰가 전략에 대해서 이론적으로 더 알아보려면 다음 링크를 참고하라.

https://www.facebook.com/business/m/one-sheeters/facebook-bid-strategy-guide

07 고급 타겟 전략 사용하기

1 맞춤 타겟

광고 만들기 진행 과정 중 [광고 세트] 설정의 '타겟' 항목에 보면 '맞춤 타겟'이라는 것이 있다. 이 부분을 사람들은 보통 넘기고 지나가는 경우가 많다.

맞춤 타겟은 페이지 및 웹사이트에 대해 이미 알고 있는 기존 고객을 뜻한다. 맞춤 타겟은 주로 리타게팅 전략에 많이 쓰인다. 예를 들어 장바구니에 상품을 담았지만 구매는 안 하고 떠난 사람들을 타게팅으로 한다든지, 기존 구매자들을 대상으로 신상품을 광고할 경우 등에 사용된다.

1) 맞춤 타겟 만들기 및 응용 방법

1. 광고 관리자를 클릭한 후 스크롤바를 내려 '광고 관리자' 항목에 있는 **타겟** 메뉴를 클릭한다.

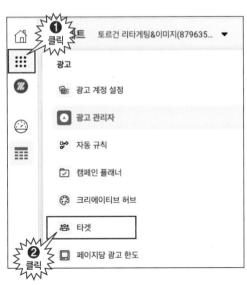

2. 다음 화면에서 **맞춤 타겟 만들기** 혹은 **타겟 만들기 → 맞춤 타겟**을 선택한다.

3. 여러 가지 옵션이 보인다. 이 중에서 주로 많이 쓰이는 **웹사이트 트래픽**을 클릭한다.

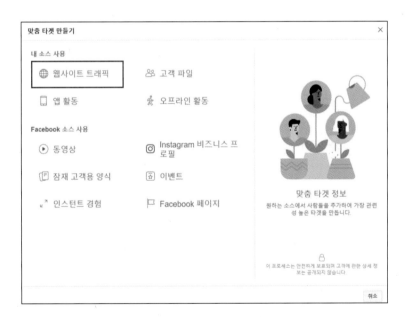

4. 해당 기능은 Facebook 픽셀이 설치된 사람에 한해서만 설정이 가능하다. 보유한 자사 웹사이트에 대한 맞춤 타겟만 생성이 가능하며, 자신이 보유하지 않는 타 사이트의 데이터는 이용할 수 없다. 생성은 가능하지만 이용이 불가능하다. 최대 180일 전 방문자까지만 잡을 수 있다.
'웹사이트 트래픽'은 리타게팅 전략 중에서 가장 많이 쓰이는 소스이다.

5. 단순 방문자뿐만 아니라 웹사이트 내에 설치된 전환 이벤트에 잡힌 유저들, 예를 들어 구매한 사람들, 장바구니 담기를 한 사람들을 맞춤 타겟으로 생성할 수 있다. 주로 장바구니에 담았던 사람들 최근 7~30일(구매자들 제외)을 맞춤 타겟으로 생성해서 리타게팅으로 응용을 많이 하는 편이다.

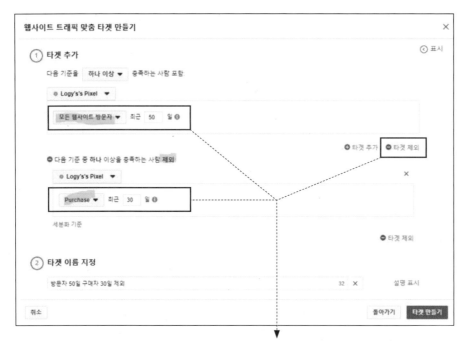

• 위 설정은 지난 50일간 모든 웹사이트 방문자를 타겟으로 잡았는데, 이 중 지난 30일간의 구매자들은 제외한다는 뜻이다.

2) 맞춤 타겟 고급 옵션

'유사 타겟'으로 쓸 때 퀄리티가 좋은 맞춤 타겟을 생성할 수 있는 방법이다.

■ 상품을 자주 보았던 사람들을 맞춤 타겟으로 만드는 방법

1. A라는 상품페이지 URL 주소에 '233'이 들어 있다고 가정하자. 그러면 **특정 웹페이지를 방문한 사람**을 선택하고 URL에 사용된 값인 233을 입력한다.

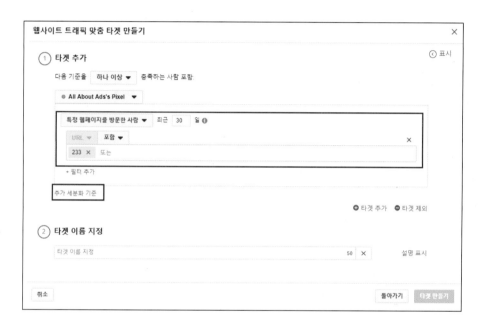

2. 추가 세분화 기준을 클릭하여 **빈도**를 선택한다. 옵션에서 **다음보다 크거나 같은 경우**를 선택하고 숫자를 입력하면 설정한 숫자 이상으로 웹페이지를 방문한 사람들을 맞춤 타겟으로 잡을 수 있다.

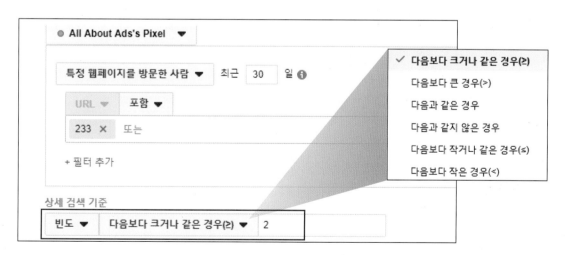

■ 이용 시간대가 높은 방문자 맞춤 타겟

　웹페이지 이용 시간대가 높은 이용자들 위주로 맞춤 타겟을 잡을 수 있다. 메뉴에서 **이용 시간별 방문자**를 선택하고 상위 백분위를 지정하면 된다.

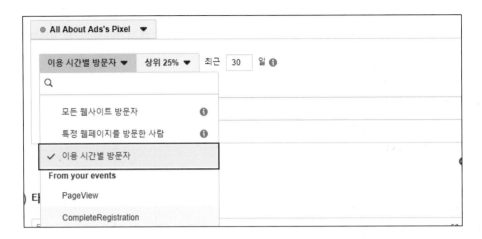

3) 맞춤 타겟을 만들고 광고에 적용하기

1. 타겟 메뉴에서 타겟을 생성했으니 이제 광고에 적용해보자. 광고 관리자에서 광고를 만들면서 '타겟' 설정에서 '맞춤 타겟'의 빈 칸을 클릭한다.

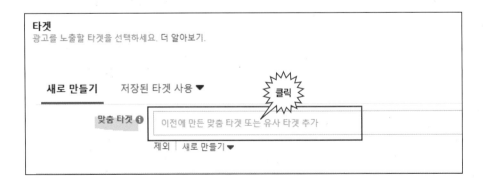

2. 생성한 타겟이 보인다. 클릭하면 끝이다. 이 사람들은 웹사이트에 대해 어느 정도 아는 분들이기에 연령대나 관심사 세팅은 추가로 할 필요가 없다.

아래 설정과 같이 맞춤 타겟으로 '최근 구매자들 30일'을 잡고, 연령대도 '23~57세'로 좁히고, '관심사'도 넣었다고 가정해보자.

이 모든 것은 교집합으로 적용된다. 합집합이 아니다. 즉 최근 30일 구매자들 중에서, 23세~57세 사람들이고, 온라인 쇼핑이나 구매하기 버튼을 클릭한 사람에게만 좁혀서 광고가 나간다는 뜻이다.

타겟을 좁힌다는 것은 퀄리티가 정교해질 수는 있지만 CPM 비용이 올라간다는 뜻이다.

맞춤 타겟 소스의 퀄리티가 좋다고 판단되면 굳이 추가로 연령대나 관심사를 넣어서 좁힐 필요는 없다.

4) 맞춤 타겟 – 고객 리스트

이번에는 기존 구매자 고객들의 연락처 혹은 이메일이 있는 경우 이 데이터를 이용하여 타게팅을 설정하는 방법에 대해 알아보자. 네이버 키워드 DB를 뽑아서 쓰는 사람들도 있는데, 이것은 효율이 크게 좋지 않다.

1. **맞춤 타겟 만들기** 메뉴에서 **고객 리스트**를 클릭한다.

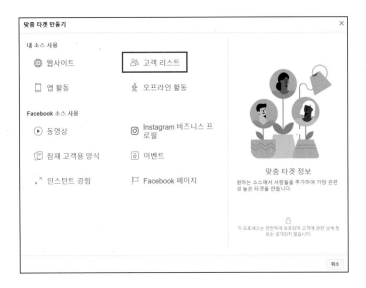

2. **다음**을 클릭한다.

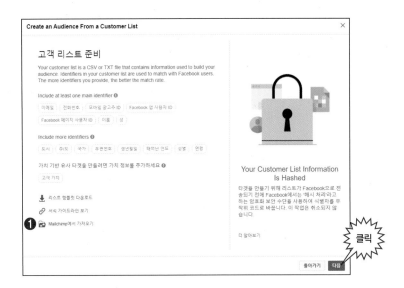

① **Mailchimp에서 가져오기**: Mailchimp는 외국에서 많이 쓰이는 이메일 플랫폼이다. 이메일 플랫폼의 고객들 DB를 가져온다는 얘기이다. 국내에서는 거의 안 쓰인다.

3. 템플릿 내에 '고객 가치' 열의 포함 유무에 따라 '예', '아니오'를 선택한다. 한 고객이 구매한 값어치를 템플릿 내 'value' 열에 입력해주면 된다.

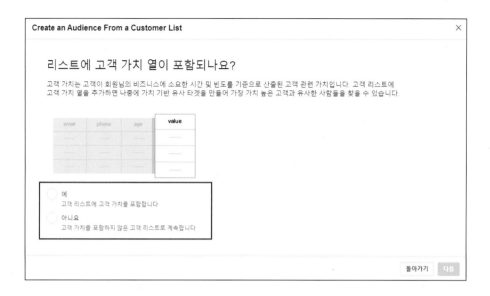

4. 동의를 클릭한다.

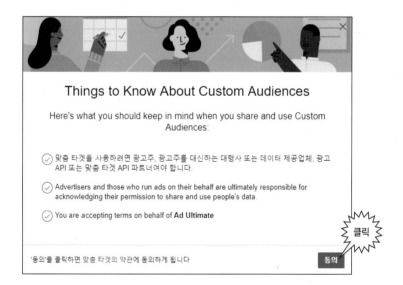

5. 리스트 템플릿 다운로드를 클릭하여 엑셀 파일을 다운받는다.

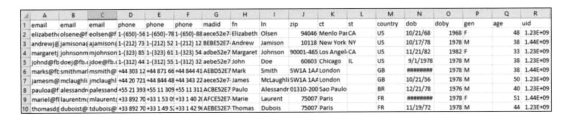

Create an Audience From a Customer List ✕

① **고객 리스트 추가**
리스트를 업로드하기 전에 올바른 형식의 식별자가 충분한지 확인하세요. 리스트는 CSV 또는 TXT 형식이어야 합니다.

⬇ 리스트 템플릿 다운로드(.csv)

⦿ CSV 또는 TXT 형식의 리스트를 추가하세요

파일을 여기로 끌어오거나 또는 [파일 업로드]

○ 복사하여 붙여넣기

② **타겟 이름 지정**

타겟 이름 지정 50 ✕ 설명 추가

취소 뒤로 다음

팁 표시하기 ⓘ

6. 엑셀 파일을 열고 1행 헤더를 제외한 나머지는 전부 다 지운다. 많은 헤더들이 있지만 이메일, 전화번호 둘 중 하나만 있어도 생성이 가능하다. 이메일, 핸드폰 열이 여러 개 있는데 1개 열만 채워주면 된다. 핸드폰 번호 입력할 때에 국가번호를 꼭 넣어줘야 한다. 한국의 국가번호는 82이다.

	A	B	C	D	E	F	G	H	I	J	K	L	M	N	O	P	Q	R
1	email	email	email	phone	phone	phone	madid	fn	ln	zip	ct	st	country	dob	doby	gen	age	uid
2	elizabeth	olsene@f	eolsen@f	1-(650)-56	1-(650)-78	1-(650)-88	aece52e7	Elizabeth	Olsen	94046	Menlo Pat	CA	US	10/21/68	1968	F	48	1.23E+09
3	andrewj@	jamisona	ajamison	1-(212) 73	1-(212) 52	1-(212) 12	BEBE52E7	Andrew	Jamison	10118	New York	NY	US	10/17/78	1978	M	38	1.44E+09
4	margaretj	johnsonm	mjohnson	1-(323) 85	1-(323) 61	1-(323) 54	adbe52e7	Margaret	Johnson	90001-465	Los Angel	CA	US	11/21/82	1982	F	33	1.23E+09
5	johnd@ft	doej@fb.c	jdoe@fb.c	1-(312) 44	1-(312) 55	1-(312) 32	aebe52e7	John	Doe	60603	Chicago	IL	US	9/1/1978	1978	M	38	1.23E+09
6	marks@ft	smithmar	msmith@	+44 303 12	+44 871 66	+44 844 41	AEBD52E7	Mark	Smith	SW1A 1A/	London		GB	########	1978	M	38	1.44E+09
7	jamesm@	mclaughli	jmclaughl	+44 20 721	+44 844 48	+44 343 22	aece52e7	James	McLaughli	SW1A 1A/	London		GB	10/21/56	1978	M	50	1.23E+09
8	pauloa@f	alessandr	palessand	+55 21 393	+55 11 309	+55 11 311	ACBE52E7	Paulo	Alessandr	01310-200	Sao Paulo		BR	12/21/78	1976	M	40	1.23E+09
9	mariel@fl	laurentm	mlaurent	+33 892 70	+33 1 53 0!	+33 1 40 2(	AFCE52E7	Marie	Laurent	75007	Paris		FR	########	1978	F	51	1.44E+09
10	thomasd@	duboist@	tdubois@	+33 892 70	+33 1 49 5;	+33 1 42 9(	AEBE52E7	Thomas	Dubois	75007	Paris		FR	11/19/72	1978	M	44	1.23E+09

	A	B	C	D	E	F	G	H	I	J	K	L	M	N	O	P	Q	R
1	email	email	email	phone	phone	phone	madid	fn	ln	zip	ct	st	country	dob	doby	gen	age	uid
2																		
3																		
4																		
5																		
6																		
7																		
8																		
9																		
10																		

7. 아마 010-1234-1234 이런 식으로 핸드폰 번호가 있을 것이다. 전부 다 'phone' 열에 붙여넣기를 해준다.

email	email	email	phone	phone
			010-2625-1325	
			010-1234-1234	
			010-2625-1325	
			010-1234-1234	
			010-2625-1325	
			010-1234-1234	
			010-2625-1325	

8. 그리고 전화번호 앞에 국가번호를 입력해준다. **Ctrl + f**를 누른 후 **Replace** 탭을 선택하고 아래와 같이 입력하고 **Replace All**을 클릭하면 국가번호가 추가된다.

hail	email	email	phone	phone
			8210-2625-1325	
			8210-1234-1234	
			8210-2625-1325	
			8210-1234-1234	
			8210-2625-1325	
			8210-1234-1234	
			8210-2625-1325	
			8210-1234-1234	
			8210-2625-1325	

이메일 주소만 있는 경우는 'email' 열에 넣어주면 된다. 두 개 다 있을 경우 다 넣어주면 된다. 입력을 완료했으면 파일을 저장한다.

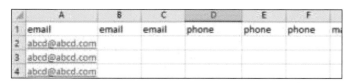

9. '타겟 이름'을 지정하고 **다음**을 클릭하면 데이터가 페이스북 사용자들과 매핑이 진행되며 일치하는 유저들의 숫자들이 나오게 된다. **업로드 및 만들기**를 클릭하면 완료된다. 만든 타겟을 광고에 적용하는 방법은 앞의 '3) 맞춤 타겟을 만들고 광고에 적용하기(122쪽)'를 참고하면 된다.

Tip 고객 리스트의 수와 매핑된 모수의 수

고객 리스트는 총 10,000명이라면 매핑 후 확인된 모수는 6,000명 정도밖에 안 되는 경우가 많다. 그것은 고객 리스트 정보와 페이스북 유저들의 정보를 일치시키는 작업에서 약 60%만 일치가 되기 때문이다. 그 이유는 네이버와 페이스북에 가입되어 있는 전화번호가 서로 달라서 그런 것이다.

5) 맞춤 타겟 – 동영상

동영상을 시청했던 사람들을 맞춤 타겟으로 만드는 법이다. 동영상 콘텐츠를 많이 썼던 사람들이 유용하게 쓸 수 있는 전략이다.

1개의 제품을 소개하는 3개의 동영상 콘텐츠 A, B, C를 1개월간 진행했다고 가정하자. 이후에 새로운 D의 동영상으로 A, B, C 동영상을 시청한 사람들에게 광고를 보여서 구매전환률을 높일 수 있다.

1. 맞춤 타겟 만들기 메뉴에서 **통영상**을 클릭한다.

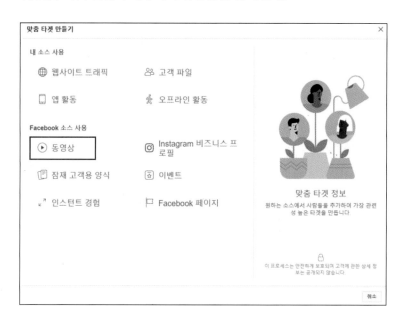

2. 찾아보기를 클릭하여 서브 메뉴에서 맞춤 타겟으로 묶고 싶은 부류의 시청자를 선택한다. 25%, 50%, 75%, 95%는 동영상의 길이 %를 뜻한다. 3분짜리 동영상이라고 가정하면 25% 지점을 시청한 사람을 선택하면 45초 이상을 시청한 사람이고, 50% 지점을 시청한 사람을 선택하면 1분 30초 이상을 시청한 사람들이다.

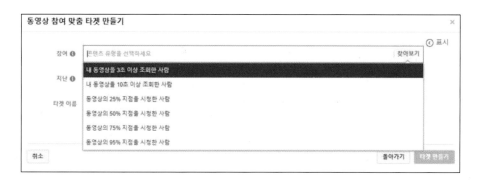

당연히 95% 지점을 시청한 사람들일수록 상품/서비스에 대한 기억이 강할 것이다. 즉 퀄리티가 높을 것이다. 하지만 95%까지 시청한 사람들의 모수는 매우 적을 것이다.

대략적으로 모수를 확인하는 방법을 다음과 같다.

① 광고 관리자 메인화면으로 들어간다.

② 조회하고자 하는 일정을 선택을 하고, **열:성과** 혹은 **열:사용자 지정**을 클릭한 후 **동영상 참여**를 선택한다.

③ 그러면 동영상을 조회했던 사람들의 모수를 전부 파악할 수 있다. 아래 화면에서 보면 25% 조회한 사람들과 95% 조회한 사람들의 모수가 별반 차이가 없다. 동영상 길이가 크게 차이가 나지 않아서일 듯하다. 때문에 이런 경우는 95%로 잡는 게 더 낫다.

동영상 3초 이상 조회당 비용	동영상 10초 이상 조회	동영상 10초 이상 조회당 비용	ThruPlay	ThruPlay당 비용	도달	지출 금액
₩21	2,717	₩24	2,717	₩24	4,350	₩66,407
₩78	173	₩142	170	₩145	883	₩24,650

동영상 25% 조회	동영상 50% 조회	동영상 75% 조회	동영상 95% 조회	동영상 100% 조회	동영상 재생
3,581	3,134	2,867	2,748	2,737	4,410
221	177	169	161	160	526

3. 맞춤 타겟을 선택하고 **동영상 선택**을 클릭한다.

4. 'Facebook 페이지'를 선택한 후 조회한 사람들을 잡고 싶은 동영상 게시물들을 선택한다. 복수 선택도 가능하다. 선택 후 **확인**을 누른다.

5. 기간을 설정하고(최대 365일 전에 시청한 사람들까지 잡을 수 있다.) 이름을 지정해준 다음 **타겟 만들기**를 클릭하면 타겟 맞춤이 완료된다. 이후 광고 만들기에서 광고에 적용하면 된다.

6) 맞춤 타겟 – Facebook 페이지

Facebook 페이지에 연관된 모든 사람들을 타게팅하는 방법이다.

1. 맞춤 타겟 만들기 메뉴에서 **Facebook 페이지**를 클릭한다.

2. '페이지에 참여한 모든 사람'을 클릭하여 서브 메뉴를 선택한다.

① **페이지에 참여한 모든 사람:** 밑에 있는 5개의 카테고리에 다 포함된 사람이다.

② **페이지를 방문한 모든 사람:** 페이지를 방문한 모든 사람이다.

③ **게시물이나 광고에 참여한 사람:** 페이스북 게시물을 보고 유기적으로 도달한 사람(팔로워) 혹은 광고를 보고 참여를 한 사람이다.

- 여기서 참여는 이미지 클릭, 페이지명 클릭, 링크 클릭, 동영상 플레이, 좋아요, 댓글, 공유, 게시물 저장, 페이지 좋아요 등이 다 합산된 수치이다.

④ **행동 유도 버튼을 클릭한 사람:** 이미지나 동영상 밑에 달리는 '더 알아보기', '지금 구매하기' 등의 버튼을 클릭한 사람이다.

⑤ **페이지로 메시지를 보낸 사람:** 페이지로 메시지를 보낸 사람이다.

⑥ **페이지 또는 게시물을 저장한 사람:** 위의 게시물이나 광고에 참여한 사람들 중에서도 한 단계 더 좁혀지는 것. 게시물을 저장한 사람들만 뜻한다.

'페이지에 참여한 모든 사람'(모든 참여자들 타겟) 혹은 '게시물이나 광고에 참여한 사람'을 제외한 다른 옵션은 추천하지 않는다. 모수가 상당히 적을 뿐더러 집계가 제대로 안 되기 때문이다.

3. 선택 후 '기간' 및 타겟 '이름'을 지정하고 **타겟 만들기**를 클릭하면 끝이다.

7) 맞춤 타겟 – 앱 활동

앱에서 활동한 사람들을 맞춤 타겟으로 만드는 것이다. 이 기능은 SDK가 정상적으로 설치된 사람들만 이용이 가능하다.

1. 맞춤 타겟 만들기 메뉴에서 **앱 활동**을 클릭한다.

2. '동의합니다'에 체크하고 **타겟 만들기**를 클릭한다.

3. 다양한 카테고리별로 맞춤 타겟을 생성할 수 있다. 앱 활동은 최대 180일 전까지만 가능하다.

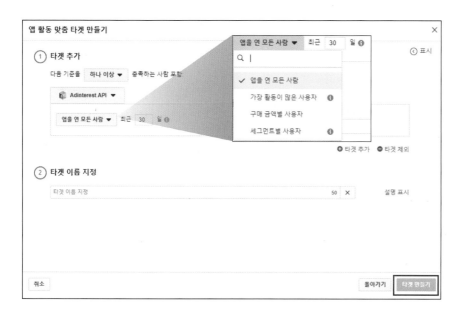

2 맞춤 타겟을 효율적으로 활용하는 방법

맞춤 타겟을 효율적으로 활용하는 방법은 총 3가지가 있다.

- 리타게팅 전략
- 제외 전략
- 유사 타겟 전략

맞춤 타겟을 이용할 때 가장 주의해야 할 점은 타겟 세팅이 교집합이라는 점이다.

1) 리타게팅 전략

아래와 같은 세팅값은 교집합으로 형성되어 조건을 모두 만족하는 사람에게만 노출된다. 즉, 범위가 훨씬 좁아진다.

타겟 그룹
(최근 30일 동안 콘텐츠를 조회한 사람 중에서 연령대가 18~65+이고 축구에 관심이 있는 사람)

최근 30일 동안 콘텐츠를 조회한 사람들

18~65+ 연령대에서 축구에 관심 있어 하는 사람들

즉 맞춤 타겟을 리타게팅 전략으로 활용할 때에는 이 타겟이 퀄리티가 좋은 타겟인지(퀄리티는 전환율을 뜻한다)를 살펴보고, 좋은 타겟이면 맞춤 타겟을 포함으로 넣고, 연령대를 광범위하게 하고 관심사를 넣지 말고 진행하는 것이 좋다. 만약 타겟 퀄리티가 별로이다 싶으면 구매를 할 만한 연령대와 관심사 키워드를 이용해 좁히는 것도 하나의 방법이다. 하지만 규모가 좁아진다는 점을 참고하기 바란다.

■ 리타게팅 전략 응용법

구매를 자주 하는 사람들 위주로 광고를 내보낼 수 있는 건 전환 광고이다. 맞춤 타겟을 쓴다는 건 퀄리티가 높고 범위가 좁기 때문에 CPM이 보통 높아진다. 여기서 CPM이 높은 전환 광고까지 쓰면 CPM이 더욱 더 올라갈 것이다. 물론 CPM이 올라가도 구매만 나오다면 괜찮겠지만….

그럼 맞춤 타겟을 CPM이 대체적으로 저렴한 광고에 적용해보면 어떨까?

맞춤 타겟은 어느 정도 브랜드에 대해 알고 있는 퀄리티 좋은 타겟층이기 때문에 CPM이 낮은 광고들로 최대한 저렴한 비용으로 많은 맞춤 타겟층에게 노출시키면 효율 또한 올라오는 경우가 있다.

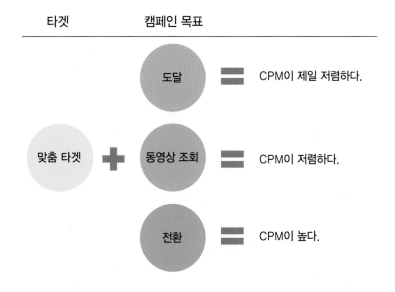

2) 맞춤 타겟 제외 전략

제외 전략은 말 그대로 맞춤 타겟을 제외로 활용하는 것이다.

맞춤 타겟으로 A라는 동영상 광고를 3개월 내내 진행하고 있다고 생각해보자. 빈도가 엄청 올라갈 것이다. 같은 사람들이 계속 본다는 뜻이다. 이럴 때 맞춤 타겟으로 A 동영상을 시청한 사람들을 만들어서 이를 제외 전략으로 활용하는 방법이 있다.

1. 새 타겟 만들기에서 **제외**를 클릭한다.

2. 다음 중 하나 이상에 포함된 사람들 제외의 빈칸을 클릭하여 제외하고자 하는 맞춤 타겟을 선택해주면 된다.

> 대한민국 20~30세 남자, 여자들 중에서, 지금까지 웹사이트 내에서 구매를 한 사람을 제외를 하고 한 번도 구매를 안 한 사람들에게 광고가 노출된다는 뜻이다.

3) 맞춤 타겟을 유사 타겟으로 응용하는 법

유사 타겟은 말 그대로 유사한 타겟이다. 맞춤 타겟과 유사하다는 뜻이다.

유사 타겟은 '페이스북 페이지 팔로워', '픽셀 가치 기반', '맞춤 타겟' 중 한 개의 소스를 선택해서 만들 수 있다.

유사 타겟을 맞춤 타겟으로 만든다는 것은 해당 맞춤 타겟과 유사한 사람들로 만들어진다는 것이다. 맞춤 타겟은 쉽게 생각하면 기존 고객이고 유사 타겟은 기존 고객과 유사한 신규고객이다.

유사하다는 것은 맞춤 타겟과 연령대, 관심사, 특성, 성향 등이 유사하다는 것을 뜻한다. 이것은 페이스북이 빅데이터를 통해 정하게 된다.

예를 들어 동영상을 10초 이상 조회한 사람들 위주로 맞춤 타겟을 잡고 이를 이용해 유사 타겟을 만든다고 해보자. 이럴 때 맞춤 타겟의 대다수가 20대이고, 관심사가 영화라고 한다면 유사 타겟 또한 20대와 영화에 관심이 있는 사람들 위주로 잡히게 된다.

유사 타겟을 만드는 방식과 개념에 대해서 조금 더 자세하게 알아보자.

3 │ 유사 타겟

1) 유사 타겟 만들기

1. 광고 관리자를 클릭한 후 스크롤바를 내려 '광고 관리자' 항목에서 **타겟** 메뉴를 클릭한다. 그리고 **타겟 만들기 → 유사 타겟**을 선택한다.

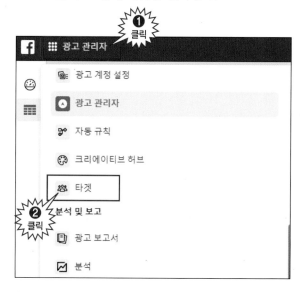

2. 유사 소스, 타겟 위치, 타겟 크기를 지정하고 **타겟 만들기**를 클릭하면 된다.

① **유사 소스 선택:** 맞춤 타겟, 페이지, 픽
셀 중에서 선택할 수 있다. 맞춤 타겟
혹은 페이지 팔로워를 선택하려면 '기
타 소스' 탭을 선택한다.

② **타겟 위치 선택:** 기반이 되는 소스와 유사한 타겟들을 잡을 위치를 뜻한다. 국내는 대한민국으로
해주면 되고, 해당 소스를 이용해 일본에 타게팅하고 싶다면 위치를 일본으로 잡아주면 된다.

③ **타겟 크기 선택:** 유사 타겟의 규모를 지정하는 것이다. 아래 그림을 보자.

기반이 되는 소스의 맞춤 타겟과 대한민국 2,000만 명의 페이스북 유저의 데이터를 비교해보았을
때 유사성이 높은 상위 퍼센티지를 말하는 것이다. 즉 크기를 1%로 한다는 것은 유사성이 제일 높은
상위 1%를 뜻한다. 크기가 커지면 커질수록 유사성은 떨어지지만 범위는 넓어진다.

유사 타겟의 크기는 국가의 전체 유저와 비교를 하기 때문에 고정적이다.

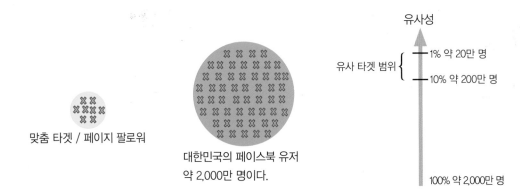

2) 유사 타겟 적용 방법

유사 타겟 적용 방법은 맞춤 타겟과 동일하다. '광고 관리자'의 '타겟' 부분에서 '맞춤 타겟'을 클릭하면 맞춤 타겟과 유사 타겟의 목록이 뜬다. 원하는 유사 타겟을 선택하면 된다.

맞춤 타겟 ❶	이전에 만든 맞춤 타겟 또는 유사 타겟 추가	
	전체 유사 타겟 맞춤 타겟	
	유사 타겟 (AU, 1% to 4%) - 구매자	유사 타겟
	유사 타겟 (CA, 1% to 4%) - 구매자	유사 타겟
	유사 타겟 (GB, 1% to 4%) - 구매자	유사 타겟
	유사 타겟 (GB, 1% to 10%) - 구매자	유사 타겟
	유사 타겟 (AU, 1% to 10%) - 구매자	유사 타겟
	유사 타겟 (CA, 1% to 10%) - 구매자	유사 타겟
	유사 타겟 (NZ, 1% to 10%) - 구매자	유사 타겟
	유사 타겟 (US, 1% to 10%) - 구매자	유사 타겟
	유사 타겟 (NZ, 1%) - 구매자	유사 타겟

유사 타겟은 이미 유사성이 어느 정도 있기에 CPM이 대체적으로 높다. 또한 연령대와 관심사 또한 페이스북이 자동으로 어떤 부류의 사람들 위주로 노출해야 하는지도 안다. 때문에 추가로 연령대나 관심사를 넣어서 타겟을 좁힐 필요는 없다.

 Tip 필자가 추천하는 좋은 맞춤 타겟 소스

다음은 각 계정마다 필자가 추천하는 맞춤 타겟 소스이다.

- 95% 동영상 시청자들 최근 30일
- 75% 동영상 시청자들 최근 30일
- 구매자들 30일
- 장바구니에 담기 30일
- 콘텐츠 조회 30일
- 상위 25% 웹사이트 이용자들 30일

4 │ 맞춤 타겟과 유사 타겟 Q&A

Q 리타게팅을 구축하려고 하는데 기간을 며칠로 잡아야 될 지 모르겠어요. 추천해주세요.

A 광고 관리자 지표를 통해 모수가 몇 명이 쌓여 있는지 확인한
다. 적어도 모수가 1,000명이 있을 때 사용하길 바란다.

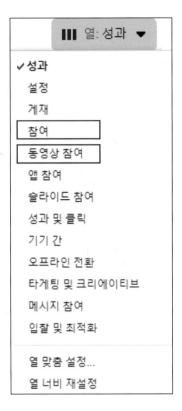

- 동영상: 동영상 참여 지표
- 웹사이트 트래픽: 픽셀 방문자 지표
- Facebook 페이지: 게시물 참여 지표

Q 맞춤 타겟, 유사 타겟은 자동으로 업데이트가 되나요?

A 해당 타겟을 광고로 지속적으로 이용하면 몇 시간 단위로 업
데이트가 된다.

Q 유사 타겟을 만들 때 적정 맞춤 타겟, 팔로워 모수는 몇 명일까요?

A 1,000명~50,000명 사이가 이상적이다. 하지만 100명의 최상
급 맞춤 타겟이 있다면 이를 유사 타겟으로 응용해봐도 된다.

Q 언제 맞춤 타겟, 유사 타겟을 쓰는 게 이상적인가요?

A 리타게팅 광고를 구축할 때 맞춤 타겟을 사용한다. 현재 관심사 타겟이나 오픈타겟으로 광고를
했을 때 효율이 안 좋다면 유사 타겟을 차선책으로 사용한다.

Q 웹사이트 픽셀을 리타게팅으로 구축할 건데 모수는 충분합니다. 기간을 추천해주세요.

A 모든 웹사이트 방문자 최근 7일 + 타겟 제외 Purchase 최근 7일을 추천한다.

08 페이스북 광고 소재 어떻게 세팅할까

1 광고 소재(크리에이티브)

광고를 세팅하려면 이미지가 되었건 동영상이 되었건 무조건 광고 소재(크리에이티브, Creative)가 필요하다. 페이스북 광고 내에서 쓰일 수 있는 광고 소재 형식은 다양하다. 광고 노출 위치별로도 이미지, 동영상의 규격 및 사이즈가 달라진다.

이번 세션에서는 광고 소재 형식에 대해서 주의할 점을 알아보자. 단일 이미지와 동영상 광고는 특별한 점이 없기에 따로 설명하지 않는다.

페이스북 광고 이미지 및 동영상에 대한 규격 및 사이즈는 Facebook 광고 가이드 페이지(https://www.facebook.com/business/ads-guide)에서 세부적으로 확인할 수 있다.

1) 슬라이드

슬라이드는 화면을 오른쪽으로 넘기면서 더 많은 이미지 혹은 영상을 보여주는 광고 형식이다.

1. 광고를 진행하는 과정 중 [광고 소재]를 설정하는 단계에서 **광고 만들기** 항목이 나온다. 여기서 어떤 **형식**의 광고 소재를 만들 것인지를 선택한다. **슬라이드**를 선택한다.

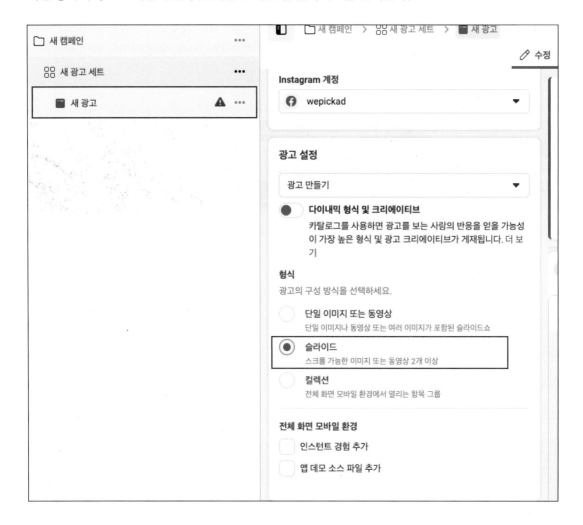

2. 광고 크리에이티브에서 슬라이드를 설정해준다.

① 이미지를 직접 올리느냐 카탈로그에서 이미지를 불러오느냐에 대한 차이이다. **이미지, 동영상, 링크 직접 선택하기**를 선택하고 진행하자.

② 총 10장의 이미지/동영상을 올릴 수 있다. 각 장을 카드라고도 부른다.

③ **제목, 설명, 웹사이트 URL**은 각 카드별로 지정되는 값이다. 선택사항으로 나와 있지만 제목, 설명은 매우 중요한 부분이다. 꼭 입력을 하자.

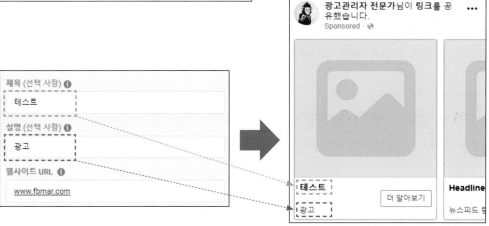

④URL 매개변수 만들기란 말 그대로 카드에 변숫값을 만드는 것이다.

페이스북 광고를 여러 개 하고 있을 때 유입되는 사람들의 정확한 유입 경로를 파악하고 싶을 때 이용할 수 있다. 예를 들어 첫 번째 카드에 매개변수를 'firstcard'로 넣게 되면 유입 경로에서 /firstcard라는 URL이 보이면 첫 번째 카드를 보고 넘어왔다고 알 수 있다. 두 번째 카드에는 secondcard, 이런 식으로 넣어서 확인할 수 있다. 매개변수를 이용하게 되면 각 광고별로의 유입 경로를 파악하기 위해 '구글 애널리틱스'와 같은 분석 도구를 이용해야 한다.

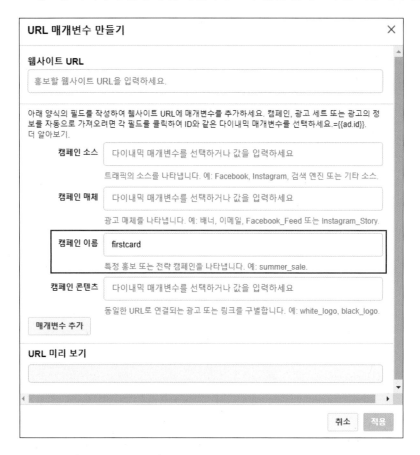

이전 광고에서 슬라이드 선택은 이전에 슬라이드 광고를 진행했던 것을 그대로 가지고 오는 것이다. 하지만 이 기능은 오류가 많으니 수동으로 세팅하는 게 낫다.

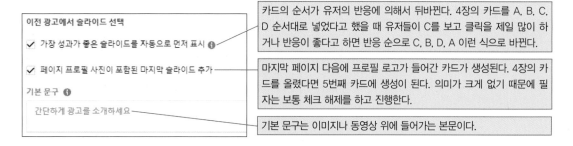

URL 더 보기는 '페이지 프로필 사진이 포함된 마지막 슬라이드 추가'를 체크 선택했을 경우에만 적용된다. 해당 프로필 사진을 클릭할 경우 넘어가는 URL이다. 옵션을 체크 해제하면 의미는 없지만 일단 필수로 URL을 넣어야 되기 때문에 메인 홈페이지 URL을 하나 넣어주자.

표시 링크 더 보기는 위의 'URL 더 보기'에서 표시되는 링크를 바꾸고 싶을 때 쓰인다.

행동 유도는 말 그대로 행동을 유도하는 버튼이다. 쇼핑몰일 경우 '더 알아보기', DB업체일 경우 '지금 신청하기' 혹은 '더 알아보기'를 추천한다.

2) 인스턴트 경험

광고 형식을 '슬라이드'나 '단일 이미지'를 선택한 경우 '인스턴트 경험 추가'라는 옵션이 있다. 이것은 이미지/동영상이나 슬라이드 이미지/동영상을 클릭했을 때 전체 화면으로 바뀌는 형식을 말한다. 흔히 쓰이는 기능은 아니지만 이해를 하고 잘 이용한다면 효과가 좋은 형식 중의 하나이다.

인스턴트 경험은 모바일에만 노출이 된다. B2B 서비스업을 하는 사람은 주의 깊게 보길 바란다.

1. 인스턴트 경험 추가에 체크를 하면 아래로 '새로 만들기' 메뉴가 나온다. 기본적인 3가지 템플릿과 맞춤 설정을 할 수 있는 옵션이 있다.

2. 원하는 템플릿을 선택하거나 '맞춤 인스턴트 경험'을 클릭하여 수동으로 만들 수 있다.

'인스턴트 경험 추가'를 하면 해당 광고가 유저들에게 어떻게 보이는지에 대해서 알아보자.
아래 예시와 같이 메인 문구와 배너 이미지/동영상이 보여지고, 이미지/동영상을 클릭했을 때 유저의 모바일에 전체 화면으로 바뀌면서 지정했던 템플릿 내용이 보이게 된다.

메인 이미지

설정한 템플릿 이미지

① 1차적으로 광고로 보여지는 이미지/동영상은 템플릿 내에서 설정한 이미지/동영상이 아닌 메인 이미지/동영상에서 설정된 것이 보여진다.

② 메인 광고 이미지/동영상을 클릭하면 보여지는 콘텐츠는 템플릿에서 설정하는 '커버 이미지 또는 동영상'이다.

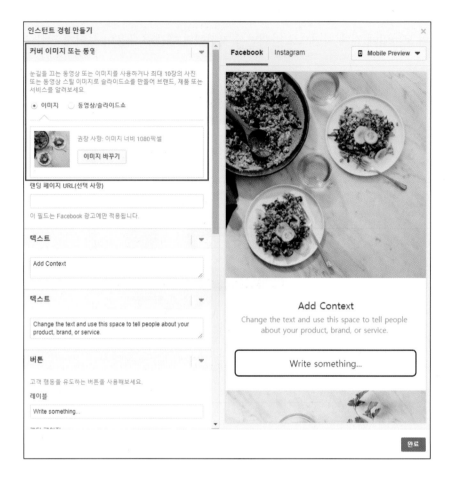

인스턴트 경험은 이런 분들에게 매우 유용하다.

• 단일 이미지나 슬라이드로는 제품이나 서비스 내용을 유저들에게 전달하기 어려운 경우
• B2B 대상의 디지털 서비스에서 브랜드 인지도 상승 + 전환을 목표로 하는 경우

어떤 형식을 써서 효율이 좋아진다기보다는 형식을 어떻게 활용하느냐에 따라 효율이 달라지기 때문에 위와 같은 분들은 시도를 해볼 만하다.

3가지 지정된 템플릿 중에서는 '스토어 템플릿'이 제일 무난하다. B2C 쇼핑몰 광고주한테는 비추천한다.

3) 컬렉션

컬렉션은 '인스턴트 경험'과 거의 동일한데, 카탈로그 세팅이 필수이다.

컬렉션은 메인 이미지/동영상 아래에 추가로 4개의 서브 이미지/동영상 연출할 수 있다. 많이들 본 적이 있을 것이다. 인스턴트 경험과 매우 비슷하니 컬렉션은 중요 포인트만 알아보도록 하자.

컬렉션을 클릭해보면 메인 이미지/동영상을 선택하는 부분이 없다. 즉 템플릿에 쓰이는 커버 이미지/동영상이 곧 광고에 노출되는 메인 이미지/동영상이다.

광고 설정

광고 만들기 ▼

● **다이내믹 형식 및 크리에이티브**
카탈로그를 사용하면 광고를 보는 사람의 반응을 얻을 가능성이 가장 높은 형식 및 광고 크리에이티브가 게재됩니다. 더 보기

형식
광고의 구성 방식을 선택하세요.

○ **단일 이미지 또는 동영상**
단일 이미지나 동영상 또는 여러 이미지가 포함된 슬라이드쇼

○ **슬라이드**
스크롤 가능한 이미지 또는 동영상 2개 이상

⦿ **컬렉션**
전체 화면 모바일 환경에서 열리는 항목 그룹

인스턴트 경험 맞춤 설정
컬렉션 광고에는 빠르게 열리는 모바일에 최적화된 환경이 포함되어 있어 광고와 상호작용하는 사람들의 관심을 즉시 사로잡을 수 있습니다. 더 알아보기

템플릿 선택 ▼

기존 인스턴트 경험을 검색해보세요 ▼

설정과 구현되는 화면은 아래 그림과 같다.

① **동적으로 선택된:** 페이스북이 유저들에게 맞게 자동으로 제품을 보여준다는 것이다.

표시할 제품을 최대 4개까지 선택은 내가 보여주고자 하는 제품 4개를 수동으로 선택하는 것이다.

② **제목:** 메인이미지/동영상과 밑에 보여지는 한 줄짜리 제목이다. 할인 정보나 한 줄의 USP를 적어보도록 하자.

③ **웹사이트 딥 링크:** 유저들을 웹페이지나 앱상의 특정 페이지로 연결할 수 있다. 하지만 필자는 잘 쓰지 않는데, 페이스북에서도 사용을 권장하지도 않는다. 그것은 측정이 힘들기 때문이다.

광고 형식별로 성공 사례 보는 방법

광고 형식별 성공 사례를 보는 방법은 2가지가 있다.

첫 번째는 구글에서 '페이스북 성공 사례'라고 치면 다양한 성공 사례들과 크리에이티브를 확인할 수 있다.

두 번째 방식은 광고 관리자에서 확인할 수 있다.

1. 광고 관리자에서 '크리에이티브 허브' 메뉴를 클릭한다. 모든 크리에이티브에 대한 성공 사례들을 확인할 수 있다. 아이디어를 얻기에 유용한 곳이다.

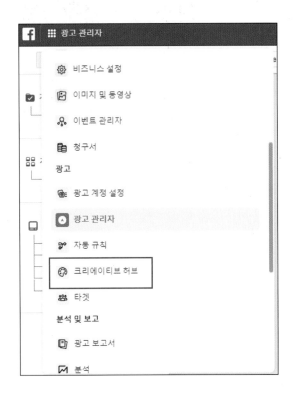

2. **아이디어 얻기**를 클릭한다. 그러면 각각의 형식별로 성공 사례를 확인할 수 있다.

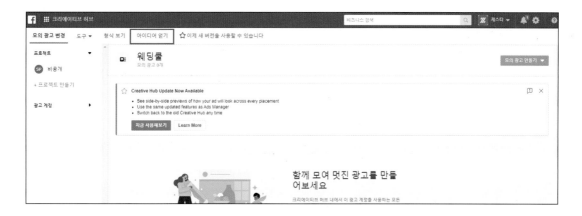

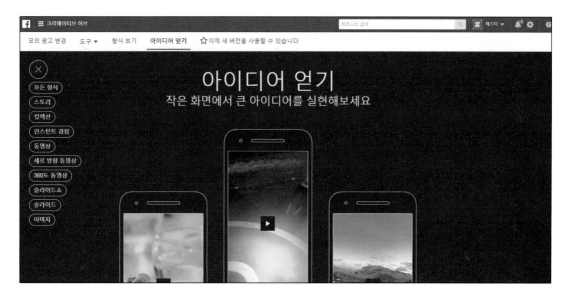

3 | 노출 위치별로 다른 크리에이티브를 노출하는 방법

마케터라면 필수로 알아둬야 할 사항이다. 페이스북과 인스타그램은 기본적인 이미지나 동영상 권장 크기가 다르다. 또한 플랫폼별 특징도 다르다.[노출 위치별 이미지, 동영상 최적화 사이즈에 대해서는 Facebook 광고 가이드 페이지(https://www.facebook.com/business/ads-guide)를 참조하기 바란다.]

페이스북은 스크롤바를 내리면 '문구 → 이미지' 순으로 보이고, 인스타그램은 '이미지 → 문구' 순으로 보인다. 즉 인스타그램은 이미지에 대한 임팩트가 페이스북보다 강하다고 할 수 있다. 그리고 인스타그램은 2줄의 문구만 보여지기 때문에 이미지에 광고의 임팩트를 실어줘야 한다.

그럼 각 플랫폼별로 다른 크리에이티브를 넣는 방식에 대해 알아보자. 해당 방식은 오로지 '단일 이미지 또는 동영상' 옵션에서만 선택할 수 있다.

1. 광고 형식에서 **단일 이미지 또는 동영상**을 선택하고, **미디어 추가**를 클릭하여 이미지를 넣는다.

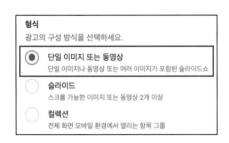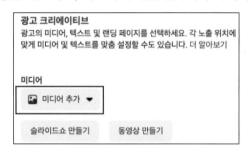

2. 맞춤 설정할 노출 위치를 선택하세요의 서브 메뉴를 클릭한다. 본인이 광고를 노출시키고자 하는 노출 위치별로 다른 콘텐츠가 준비된 경우라면 (ex. 페이스북 광고를 위해 A라는 콘텐츠 이미지가 준비되어 있고 인스타그램 광고를 위해 B라는 콘텐츠 이미지가 준비되어 있는 경우) 그룹별 혹은 개별적 노출 위치를 선택하여 노출 위치별로 준비된 다양한 컨텐츠를 다르게 업로드할 수 있다.

■ 노출 위치별로 다르게 광고를 해야 하는가

그러면 "각 노출 위치별로 콘텐츠를 맞춤화시켜서 캠페인을 다르게 운영해야 하는가?"라는 생각이 들 것이다. 답은 '필수사항이 아닌 선택사항'이라고 말하고 싶다. 노출 위치별로 캠페인을 따로 운영하는 경우 광고를 보는 타겟들이 중첩될 가능성이 있다. 때문에 여러 플랫폼에 동시 노출되는 캠페인을 운영을 하는 게 타겟 중복없이 효율적으로 나가며, 결과당 비용도 저렴하다.

그럼 또 다른 생각이 들 것이다. "그럼 노출 위치별로 콘텐츠를 맞게 제작할 필요가 없지 않은가?" 여기에 대한 대답은 '아니다'이다.

필자가 추천하는 '노출 위치'는 다음과 같다.

- 웬만하면 '자동 노출 위치'를 추천한다.
- 인스타그램에서 브랜딩이 부족한 경우, 인스타그램 피드와 스토리 규격에 맞는 콘텐츠(이미지, 동영상)를 만들어 따로 인스타그램 피드와 스토리만을 노출 위치로 잡고 광고 캠페인으로 운영하는 것을 추천한다.
- 9:16 세로 형식의 콘텐츠가 있는 경우에는 따로 페이스북 스토리와 인스타그램 스토리 노출 위치만을 잡아서 별도의 광고 캠페인을 운영하는 것을 추천한다. 9:16 세로 형식의 콘텐츠를 페이스북 스토리, 인스타그램 스토리를 제외한 노출 위치에 노출시키면 위 아래로 콘텐츠가 잘려나가기 때문이다.

4 기존 게시물을 사용하는 방법
- '게시물 선택'에서 게시물이 안 보이는 경우 끌어오는 방법

광고 소재 설정에서 **기존 게시물 사용**을 했을 때의 장점이 있다. 한 번 게시물로 만들어 놓았으니 광고로 태울 때 끌고 오기만 하면 된다. 유기적으로 받은 좋아요, 댓글, 공유까지 끌고 와지니 광고로 태웠을 때 처음 보는 사람들한테는 어느 정도 이목을 더 끌 수 있는 시너지 효과가 있다.

아마 게시물을 선택할 때 원하는 게시물이 안 보이는 경우가 있을 것이다. 이런 경우 어떻게 해당 게시물을 광고로 태울 수 있는지에 대해 알아보자.

1. 게시물 선택을 클릭한다. 카드뉴스의 형태로 올린 게시물이 안 보이는 경우가 많다.(국내에서 제일 많이 쓰이는 것이 카드뉴스 게시물인데 이걸 광고로 못 태우면 억울하다.)

2. 'Facebook 페이지'와 'Instagram'은 있는데, 내가 올렸던 카드뉴스가 안 보인다.

3. 이럴 때 카드뉴스를 찾아서 불러와 광고를 태울 수 있는 방법이다.

■ 게시물 ID를 찾는 방법 – 1

첫 번째 방법은 게시물 ID를 찾아서 카드뉴스를 불러오는 것이다.

① 페이스북 페이지로 들어가서 해당 게시물을 찾는다.

② 첫 번째 이미지를 클릭한다.

③ 주소창을 확인한다.

④ pcb. 다음의 숫자를 확인한다. 이 번호가 해당 게시물 ID이다.

⑤ 해당 게시물 번호를 복사한다.

⑥ 게시물 선택 밑에 있는 '**게시물 ID 입력**'을 클릭한 후 ID 번호를 붙여넣기 하고 '**제출**'을 클릭한다.

⑦ 광고 미리보기에서 해당 게시물이 불려온 것을 볼 수 있다.

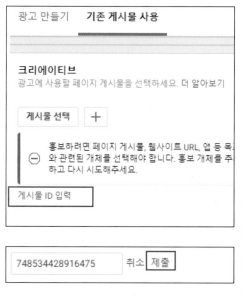

■ 게시물 ID를 찾는 방법 – 2

① 광고 관리자에서 메뉴바를 클릭한 후 '페이지 게시물'
메뉴를 클릭한다.

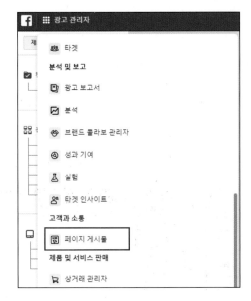

② 해당 페이스북 페이지를 선택하고 '공개된 게시물'을 클릭한다.

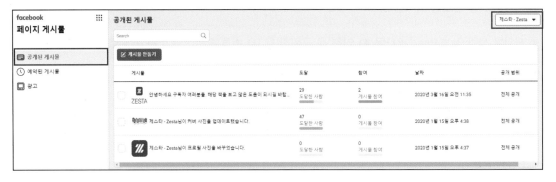

③ 게시물 ID를 찾고자 하는 게시물의 이름을 클릭한다.

④ 그러면 오른쪽의 '게시물 상세 정보'에서 게시물 ID번호를 확인할 수 있다. 복사한 다음에 게시물 ID 입
력창에 붙여넣기를 하면 된다.

5 | 광고 게시물을 페이스북 페이지에 게시하기

'광고 만들기'로 작성한 광고 콘텐츠는 '기존 게시물 사용'으로 올린 게시물(기존 게시물을 사용하면 페이스북 페이지 혹은 인스타그램 프로필 내에 게시물 잔상이 항상 남아 있다)과 달리 광고가 종료되면 광고 관리자 내에서만 광고 내역을 확인할 수 있다. 즉, 본인이 사용한 광고 관리자 계정에 속해 있는 사람들을 제외한 다른 사람들은 해당 광고 게시물을 볼 수가 없게 된다. 이럴 때 광고 게시물을 페이스북 페이지에 게시하여 보관할 수 있다.

앞에서 설명한 '기존 게시물'을 이용하여 광고를 태우면 '좋댓공'이 다 유지된다. 그럼 반대로 광고로 태운 게시물을 페이지에 올리면 어떻게 될까? 이 경우도 마찬가지로 '좋댓공'이 유지된다.

광고로 태운 게시물이 '좋댓공'이 많이 쌓인 경우 페이지에 남겨 놓으면, 이후에 이 광고를 다시 태울 때에는 '기존 게시물 사용'으로 간편하게 끌고 와서 광고를 진행할 수 있다.

1. 광고 관리자에서 **페이지 게시물**을 클릭한 후 **광고 게시물**을 클릭한다.

2. 어떤 광고 게시물이 반응이 좋았는지 보기 위해서 '도달'과 '참여' 지표를 참고한다. 높을수록 '좋댓공'이 많이 쌓여 있을 것이다.

3. 원하는 게시물을 체크하고 **옵션**에서 **게시하기**를 클릭하면 페이스북 페이지에 게시된다.

4. 이후에 해당 게시물을 광고로 태우고 싶은 경우 '기존 게시물 사용'으로 끌고 오면 된다.

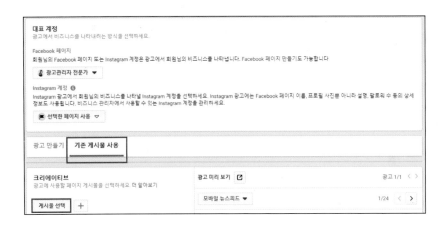

해당 게시물이 잡히는 걸로 보일 것이다. 선택하고 **계속**을 클릭하여 진행하면 된다.

09 라이벌 업체 벤치마킹하기

마케팅에 있어서 벤치마킹은 필수이다. 다른 사람들이 어떻게 광고를 진행하는지 벤치마킹을 통해 트렌드를 읽고 잘못된 것은 개선할 수 있다.

1. 먼저 벤치마킹 하고 싶은 페이지를 검색해서 프로필로 들어간다. 예시로 '대구맛집일보'를 검색해보았다.

2. 화면 오른쪽에 보이는 **페이지 투명성**에서 **모두 보기**를 클릭한다.

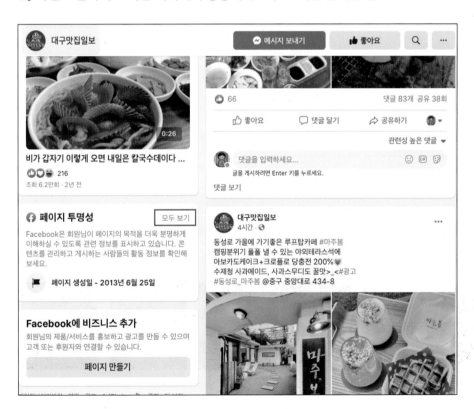

3. 광고를 진행 중인 페이지는 '이 페이지는 현재 광고를 게재하고 있습니다'라고 보인다. 어떤 광고를 진행하는지 확인하기 위해 **광고 라이브러리로 이동**을 클릭한다.

4. 그러면 어떤 광고를 진행하고 있는지 전부 볼 수 있다. 아래 광고는 슬라이드 형식이 아니라 카드뉴스 형태(앨범형)인데 표시만 저렇게 되는 점 참고하자.

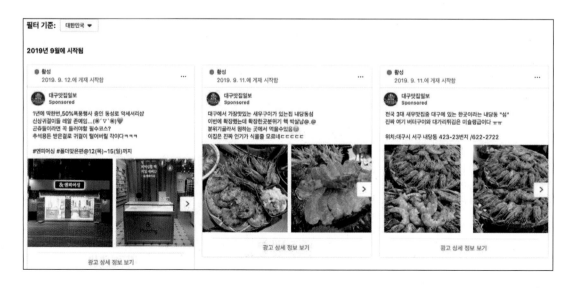

10 페이스북 고객 피드백 점수

페이스북 알고리즘상 광고의 효율을 좌우하는 요소는 크게 '**예산**', '**광고 집행 기록**', '**콘텐츠 품질 지수**'이다. 그리고 쇼핑몰 같은 경우는 '**고객 피드백 점수**'라는 것이 있다.

페이스북 알고리즘은 광고를 보고 구매하는 사람들의 피드백을 수집하여 사람들의 구매 경험을 이해한다. 고객이 주는 부정적인 피드백은 해당 브랜드의 '광고 품질 지수'를 떨어뜨리고, 긍정적인 피드백은 지수를 올리게 된다. 당연히 페이스북은 브랜드 광고 지수가 좋은 광고를 더 밀어주게 된다. 또한 부정적인 피드백이 누적되면 광고 게재 페널티가 적용되고, 똑같은 예산을 쓰더라도 노출이 더 적게 된다. 그러면 CPM이 높아지게 되고 CVR(구매전환율)이 떨어지게 된다.

페이스북은 광고를 통해 구매한 사람들에게 설문조사를 하거나 여러 가지 정보를 취합하여 0점~5점의 피드백 점수를 부여한다. 해당 점수는 꾸준히 업데이트된다.

페이스북 광고를 보고 구매한 유저들에게 나가는 설문 알림창

페이스북 페이지 '고객 피드백 점수'가 2점 이하로 떨어지면 페이지에 페널티가 적용된다. 노출이 적게 된다는 소리이다. 페이지의 점수가 1점 이하로 떨어지면 광고 게재가 자동으로 비활성화가 되며, 광고 계정 또한 비활성화될 가능성이 높다.

■ 고객 피드백 확인하는 링크

https://www.facebook.com/ads/customer_feedback/

위 사이트에 접속하면 다음과 같은 화면이 보인다. 현재 고객 피드백 점수를 확인할 수 있다. 데이터가 안 뜨는 경우는 피드백 데이터가 충분하지 않은 경우이다.(예산 또한 충분하지 않다는 뜻으로 해석할 수 있다.)

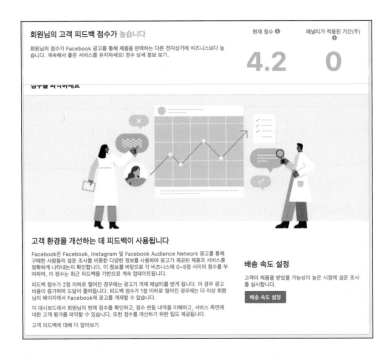

■ 고객 피드백 점수를 개선하기 위한 팁

• 판매 또는 제공하는 항목을 광고에 명확하게 표시한다.
  – 광고에서 홍보하고자 하는 제품을 명확하게 나타나게 한다.
  – 의류 같은 경우 치수표를 제공한다.
  – 제품 품질 관리를 해야 한다.(제품 하자가 없는지 등)

• 상품 상세페이지에 배송 일정에 대한 명확한 기대치를 설정한다.
  – 소비자들이 주문하고 나서 상품 처리, 발송, 배송까지 며칠이 걸리는지, 기재한 배송 기간 내에 소비자들에게 배송이 완료되었는지 확인하는 것이 중요하다.

• 고객 서비스에 대한 명확한 기대치를 설정한다.
  – 홍보하는 제품의 반품 및 교환 정책을 준수하며 고객 응대 서비스 관리가 중요하다.

• 제품 재고가 소진되었을 경우
  – 재고가 소진될 경우 소비자들에게 명확하게 알려준다.
  – 예약판매 옵션으로 대체를 하거나 광고비를 줄이는 방식이 있다.

4장

인스타그램으로
광고하기

모든 광고의 시작은 페이스북이다. 페이스북을 통해 광고를 한다는 건 페이스북에만 광고를 하는 게 아니라 페이스북과 인스타그램에 동시에 광고를 한다는 뜻이다.

그런데 복잡한 건 싫고 단순 명료하게 인스타그램 광고만 하고자 하는 분들도 있을 것이다. 그런 사람들을 위해 인스타그램 운영을 위한 실질적인 노하우와 경험담을 공유하고자 한다.

주변에서 이런 소리 많이 들을 것이다.

"요새 누가 페이스북해? 인스타그램하지."

"요새 대세는 인스타그램이야!'

부분적으로 맞는 소리이다. 국내 인스타그램 이용량이 매년 상승세이긴 하지만 아직까지 강세는 페이스북이다. 하지만 인스타그램도 점차 좋은 구매전환율을 보이고 있다. 인스타그램의 경우 '쇼핑태그'의 활용성과 중요도가 점차 높아질 것이다. 조만간 국내에서도 미국처럼 '샵' 기능을 대중화하여 인스타그램 내에서 바로 결제까지 가능해지리라 본다.

작은 온라인 쇼핑몰을 운영하는 사람이나 소상공인들은 아마 페이스북 페이지보다는 인스타그램 프로필을 먼저 키우는 데 집중할 것이다. 간단하고 쉬우니까 말이다. 인스타그램에 게시물을 올리고 '홍보하기'를 누르면 광고도 되고 얼마나 간단한가. 하지만 이 책을 보고도 이런 방식을 고수한다면 굉장히 안타까운 일이다. 실제로 필자가 담당했던 광고주 중 한 분은 인스타그램에서 '홍보하기'로만 하다가 '픽셀' 운영방법을 알고 페이스북 '광고 관리자'를 이용하여 '전환' 광고를 태우고 나서는 매출이 약 5배 이상 증가하였다. 제대로 페이스북 광고를 하고 싶다면 쉬운 길을 선택하지 말고 이 책을 세세히 공부하면서 본인의 것으로 만들기 바란다.

서론이 너무 길어진 듯하다. 자 그럼, 인스타그램은 페이스북 매체와 어떤 점이 다르고 인스타그램은 어떻게 운영을 해야 되는지에 대해서 알아보도록 하자.

01 페이스북과 인스타그램의 차이점

1 콘텐츠

　페이스북과 인스타그램의 가장 큰 차이점은 보여지는 콘텐츠의 우선도가 다르다는 것이다. 페이스북은 가장 먼저 **페이지명 → 기본 문구 3줄(광고) → 이미지/동영상 → 좋아요, 댓글, 공유 수치** 순으로 보이게 된다. 반면에 인스타그램은 **프로필명 → 이미지/동영상 → 좋아요, 댓글 버튼 → 기본 문구 1.5줄** 순으로 보이게 된다. 이것은 인스타그램은 페이스북보다 비주얼이 더 우선적인 플랫폼이라는 뜻과 같다. 기본 문구를 최소화시키고 가장 먼저 콘텐츠가 보여지게끔 하는 플랫폼이 인스타그램이다. 반면 페이스북은 최소 기본 문구 3줄을 보여주면서 카피라이팅의 중요성도 높다는 걸 보여준다.

　페이스북은 좋아요, 댓글, 공유 수치가 직관적으로 보이기 때문에 해당 '좋댓공'의 수치도 소비자들의 이목을 끄는 데 유리하게 작동할 수 있다. 반면 인스타그램은 기본 문구, '좋댓공' 수치보다도 콘텐츠(이미지/동영상)의 파워가 페이스북보다 높다고 할 수 있다. 때문에 페이스북과 인스타그램을 별개의 매체로 나누어서 각 매체별로 맞는 콘텐츠를 발행해서 진행해보는 것도 좋은 방법이다.

페이스북

인스타그램

2 | 해시태그의 중요성

인스타그램은 페이스북과 달리 해시태그의 활용성이 굉장히 좋다. 실제로 많은 사람들이 인스타그램에서는 키워드를 검색하면서 검색엔진처럼 이용하고 있다. 인스타그램은 확인하고자 하는 해시태그 키워드를 검색하여 그에 맞는 트렌드를 보기에 좋다. 그에 비해 페이스북은 단순 정보 공유 목적으로 해시태그를 이용하기 때문에 인스타그램보다 해시태그의 활용성이 떨어진다고 볼 수 있다.

#화장품 트렌드를 보기 위해 검색한 결과 내용

아래 왼쪽 그림과 같은 광고를 페이스북 피드에서 확인하였다. 문구에서 '더 보기'를 클릭하니 맨 마지막 줄에 '#썬크림추천'이라는 해시태그가 보인다. 이 해시태그를 클릭하였다.

해당 해시태그를 클릭했을 때 보여지는 정보는 매우 실용성이 떨어진다. 그냥 또 다른 업체들의 동일한 해시태그를 보여주는 것뿐이다.

해시태그를 쓰는 가장 큰 목적이 무엇인가?

본인이 올린 게시물이 해당 해시태그를 검색하는 사람들에게 유기적으로 보여지기 위함이 아닌가? 그런데 페이스북은 이런 부분이 굉장히 약하다. 때문에 페이스북 페이지 내에서 해시태그를 써도 큰 의미가 없다는 것을 알 수 있다. 물론 시각적인 임팩트를 주기 위해서 사용해도 좋다. 쓴다고 해가 될 건 없지만 득이 되지도 않는다.

반면에 인스타그램은 해시태그의 활용도가 굉장히 높기 때문에 활용만 잘하면 광고비를 태우지 않아도 어느 정도 게시물을 노출할 수 있다.

광고 게시물에 해시태그를 넣는 경우에는 해당 해시태그에 유기적인 노출 확산은 불가능하다. 광고로 도달되는 사람들에게만 보여진다. 하지만 기존 게시물에 해시태그를 넣어서 광고로 태우는 경우에는 해시태그를 통한 유기적 노출 확산이 가능하다.

3 | 기본 문구 안에 있는 링크

페이스북과 인스타그램 게시물을 올릴 때 보통 URL 쇼트너(URL Shortner, 단축 URL)를 많이 이용한다.

페이스북 게시물에 쇼트너를 활용한 링크를 걸면 유저들이 바로 클릭을 해서 웹사이트로 넘어갈 수 있지만, 인스타그램은 그렇지 못하다. 인스타그램은 게시물에 링크를 넣어도 클릭이 안 된다. 그럼 어떻게 할까?

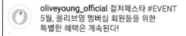

> 인스타그램에서는 링크를 클릭해도 게시물로 넘어가지 않는다.

때문에 해당 링크를 프로필 바이오 부분에 넣는 사람들이 많다. 해당 이벤트를 진행할 때마다 링크를 바꾸는 형식이다.

하지만 광고를 할 때에는 자동으로 '더 알아보기' 버튼이 생겨서 클릭 시 바로 웹사이트로 넘어가니 광고를 태울 때 링크가 클릭이 안 되면 어떡하지 하는 걱정은 안 해도 된다.

oliveyoung_official 컬처페스타 #EVENT
5월, 올리브영 멤버십 회원들을 위한
특별한 혜택은 계속된다!

Musical RENT is back!
9년만의 화려한 컴백, 뮤지컬<렌트>에
올리브영 멤버십 회원을 초대합니다!

"브로드웨이의 새로운 신화창조, 예술가들의 꿈과 열정,
사랑과 우정, 삶의 희망을 그린 뮤지컬 <렌트>"

사랑하는 가족, 하나뿐인 연인, 소중한 친구를
댓글에 태그해주시면 추첨을 통해
뮤지컬 <렌트> 초대권을 드립니다 ♥

✔ 기간: 5/26(화)~6/3(수)
✔ 발표: 6/4(목) 총 3명 (게시글 댓글로 당첨자 발표)
✔ 경품: 뮤지컬 <렌트> 초대권(1인 2매)
※ 경품에 대한 제세공과금(22%)은 당첨자 부담, 경품 사용 관련
자세한 내용은 당첨자 발표 시 안내

✔ Check! 위 응모기간을 놓쳤다면?
올리브영 온라인몰 이벤트페이지를 통해 6/7(일)까지
응모진행

응모하러가기: https://bit.ly/2LWHUxf

	1,549 게시물	36.7만 팔로워

올리브영 공식계정
건강/미용
All Live Better Magazine
건강하고 아름다운 생활을 위한 매일의 영감
5월 올리브영데이 (5/25~5/27)
↓↓바로가기↓↓
bit.ly/2zcvjTO

02 인스타그램의 구성

인스타그램의 프로필은 관리하기가 매우 간단하면서도 또한 어렵다. 브랜딩을 원하는 사람들이라면 관리하는 페이스북 페이지든 인스타그램 프로필이든 브랜드의 콘셉트와 색깔을 살리는 게 중요하다. 필자가 생각할 때 인스타그램 프로필을 잘 운영하는 업체의 예로는 이니스프리(@innisfreeofficial)와 올리브영(@oliveyoung_official)을 들 수 있다.

올리브영 같은 경우 프로필 내에 '스토리 하이라이트'를 등록하여 사람들이 자주 물어보는 질문, 오늘의 PICK과 같은 형식으로 콘텐츠의 재미를 더해주고 있다(동그라미 아이콘들).

사람들이 본인의 브랜드를 검색해서 프로필로 들어갔을 때 위와 같은 화면이라면 브랜드에 대한 신뢰감이 쌓일 것이다.

인스타그램 프로필의 스토리를 확인하는 방법은 다음과 같다.

인스타그램 프로필로 접속한 뒤 왼쪽 상단에 보이는 프로필 사진을 클릭해보면 된다.

스토리를 설정하는 방법은 간단하다. 본인의 인스타그램 프로필로 들어간 뒤 프로필 사진에 보이는 '+' 버튼을 클릭해서 설정해주면 된다. 주의해야 할 점은 인스타그램 스토리는 '세로형'이기 때문에 사전에 스토리 최적화 사이즈의 콘텐츠를 준비하는 게 좋다.

사이즈는 1080px×1920px이다.

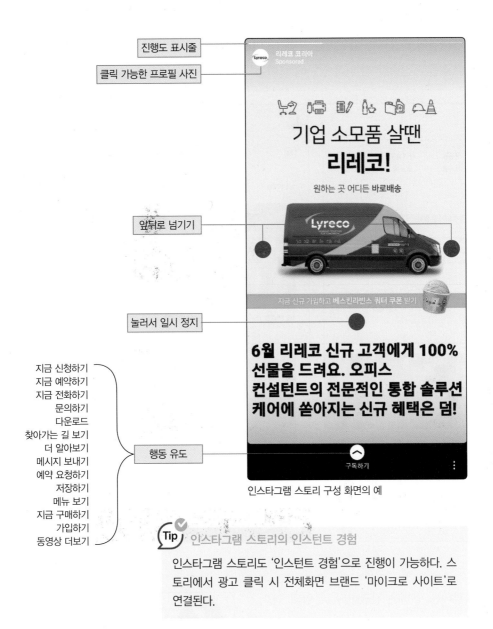

진행도 표시줄

클릭 가능한 프로필 사진

앞뒤로 넘기기

눌러서 일시 정지

지금 신청하기
지금 예약하기
지금 전화하기
문의하기
다운로드
찾아가는 길 보기
더 알아보기
메시지 보내기
예약 요청하기
저장하기
메뉴 보기
지금 구매하기
가입하기
동영상 더보기

행동 유도

인스타그램 스토리 구성 화면의 예

Tip 인스타그램 스토리의 인스턴트 경험

인스타그램 스토리도 '인스턴트 경험'으로 진행이 가능하다. 스토리에서 광고 클릭 시 전체화면 브랜드 '마이크로 사이트'로 연결된다.

1) 인스타그램 스토리 업로드하기

인스타그램 앱에서 스토리 업로드 작업을 해보자.

1. 먼저 인스타그램 프로필에서 '+'를 클릭한다.

2. 콘텐츠가 없다면 직접 사진을 찍어서 올리거나 라이브러리에서 다른 이미지/동영상을 불러올 수도 있다. 이미지/동영상을 선택한 뒤 **'받는 사람'**을 클릭한다.

3. '**내 스토리**'에서 **'공유'** 버튼을 클릭한 뒤 **'완료'**를 클릭한다.

4. 그러면 브랜드 프로필명으로 방금 업로드한 이미지/동영상이 보일 것이다. 본인의 스토리는 인스타그램 앱 메인화면에서도 확인이 가능하며, 본인 프로필 내에서 프로필 로고를 클릭해서도 확인이 가능하다. 왼쪽 상단 부분 '**내 스토리**' 아이콘을 클릭한다.

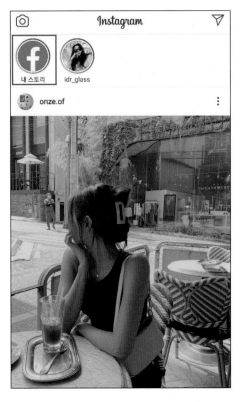

5. 자, 그럼 이제 다시 본인 브랜드의 프로필로 들어가보자. 화면이 조금 전과는 바뀌어 있을 것이다. '스토리 하이라이트' 부분이 추가되었다.

6. 스토리 하이라이트도 한번 진행을 해보자.
'**+ 신규**'를 클릭하면 본인이 올렸던 스토리 이미지/동영상 목록이 보인다. 하이라이트로 올리고 싶은 소재를 선택한 뒤 '**다음**'을 클릭한다.

7. 하이라이트의 이름을 정해준다. 필자는 '브랜드'라고 정했다. 그리고 **'완료'**를 클릭한다. 그러면 본인 프로필 내에 하이라이트가 생긴다.

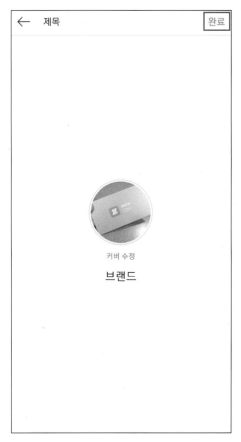

8. 이후에 더 많은 스토리를 올리면서 프로필 팔로워들과 소통을 하고 싶다면 인스타그램 메인 홈 화면에서 왼쪽 상단에 보이는 '카메라' 아이콘 버튼을 클릭해서 진행하면 된다.

03 인스타그램 팔로워를 확보하는 방법

페이스북은 페이지 '팬' 숫자를 늘리기 위한 최적화된 광고 세팅이 있다. 광고 목표 '참여'에서 '페이지 좋아요'로 광고를 진행하면 된다. 하지만 인스타그램은 팔로워를 늘리기 위한 최적화 광고가 없다. 그럼 어떻게 해야 할까? 몇 가지 방식이 있다.

① 인스타그램에 게시물을 올린 다음 '홍보하기'를 태워서 나의 프로필로 유입시키는 방법
② 페이스북 광고에서 '트래픽' 광고를 태워서 나의 인스타그램 프로필로 유입시키는 방법
③ 페이스북 광고에서 '참여' 광고를 태워서 나의 인스타그램 프로필로 유입시키는 방법
④ 해시태그를 이용하는 방법
⑤ 인스타그램 게시물을 정말 많이 업로드하는 방법

등등 각양 각색하다.(시중에 인스타그램 팔로워를 구매하는 경로도 있지만 진성 팔로워가 아닌 이상 의미가 없다고 본다.) 이 중에서 필자가 생각했을 때 가장 효과 좋은 방식은 '많은 게시물 포스팅'과 '해시태그의 활용성'이다. 시간은 많이 걸리지만 제일 좋은 방법이다.

그렇다면 이에 관해서 필요한 준비물은 어떻게 될까?

1 │ 해시태그의 활용성

한 포스트당 최대 가용할 수 있는 해시태그의 숫자는 최대 30개이다. 이 30개의 해시태그를 이용하는 게 매우 중요한데, 주의사항이 있다. 게시물과 연관성이 없으면 쉐도우 밴을 당할 수 있다. '쉐도우 밴'이란 해시태그를 써도 해당 해시태그의 연관 게시물에 본인의 게시물이 보이지 않는 현상을 말한다. 브랜딩이 어느 정도 형성되어 있는 기업들은 신규 해시태그를 개설하여 선두주자가 될 수 있지만, 그렇지 않은 소규모 기업들은 인기 해시태그 위주로 노출시키는 것이 유리하다.

본인이 포스팅하고자 하는 상품이 '립스틱'이라고 가정해보자. 어떠한 해시태그 위주로 써야 할까? 일단 1차원적인 접근을 한다.

1. 상품과 관련된 해시태그 키워드를 검색한 뒤 '태그' 탭을 확인한다. 인기도가 높은 해시태그 키워드 위주로 클릭하여 살펴본다.

2. 관련 항목에 보이는 관련도가 높은 해시태그를 메모한다.

3. 해당 해시태그 키워드 '인기 게시물' 내의 게시물들을 하나하나 살펴본다. 그리고 또 다른 해시태그 키워드에 들어가서 해당 해시태그의 게시물은 몇 개가 쌓여 있는지 본다. 해당 해시태그 게시물이 많으면 많을수록 검색량이 많다는 뜻이니 검색량이 많은 관련 해시태그 키워드를 30개 수집해서 넣어주면 된다.

해시태그를 30개씩 넣는 게 부담이 되는 사람도 있을 거라고 본다. 30개를 꽉 채워 넣으면 없어(?)보인다고 느끼는 사람들도 있다.

이런 경우에는 오른쪽 그림과 같은 편법을 쓰면 된다. 본인 게시물에 본인이 직접 댓글을 남기고 해당 댓글에 해시태그를 넣은 댓글을 넣는 방법이다.

4. 다른 관련 브랜드에서는 어떠한 형식의 콘텐츠를 많이 올리고 어떠한 해시태그를 쓰는지 확인하는 것이 중요하다. 유사한 브랜드를 찾는 방식은 다음과 같다.

본인이 알고 있는 타 업종 인스타그램 프로필에 들어간다. '샵 보기' 아래에 보이는 '아래 화살표 표시'를 클릭한다. 그러면 관련된 유사 업종 브랜드 프로필이 뜬다. 해당 프로필로 들어가서 콘텐츠와 해시태그 위주로 수집을 한다.

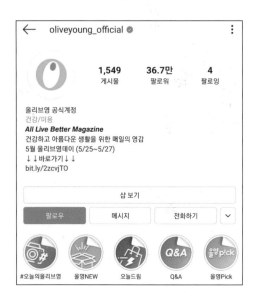

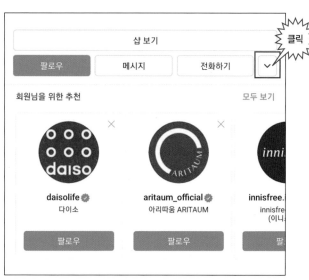

04 인스타그램에서 광고 세팅하기

페이스북 페이지에서 '게시물 홍보하기' 버튼이 있는 것처럼 인스타그램에도 게시물을 올리면 **'홍보하기'**라는 버튼이 있다.

이 기능은 페이지 '게시물 홍보하기'와 마찬가지로 '광고 관리자'를 거치지 않고 인스타그램 앱 내에서 바로 간단하게 광고를 태울 수 있는 기능이다. 광고 관리자에 비해 사용할 수 있는 광고 목표가 굉장히 제한적이기에 인스타그램 내에서 광고를 태우는 건 별로 추천하지는 않는다.

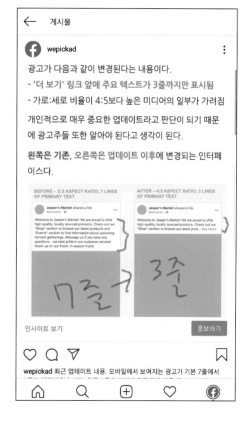

1) 페이스북에서 인스타그램 게시물 광고하기

차라리 페이스북 광고 관리자에서 노출 위치를 '인스타그램'으로 설정하고 '기존 게시물 사용'으로 인스타그램에 올린 게시물을 광고로 태우는 게 더 세밀한 세팅을 할 수 있다.

1. 노출 위치에서 Instagram을 선택한다.

2. 'Instagram 계정'에서 인스타그램 계정이 선택되어 있는지를 꼭 확인해야 한다. 그리고 '광고 설정'에서 **'기존 게시물 사용'**을 선택한다.

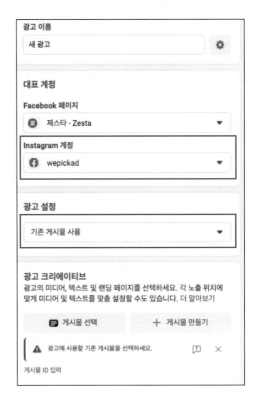

3. 광고를 원하는 게시물을 선택하고 **계속**을 클릭하면 광고를 태울 수 있다. 인스타그램 프로페셔 널 계정 내에서도 '홍보하기' 버튼을 통해 쉽게 게시물을 광고로 태울 수 있지만, 이렇게 하면 더 세 밀한 광고 운영이 가능하다.

2) 인스타그램에서 간단하게 광고하기

그럼에도 불구하고 인스타그램에서 간단하게 광고를 태우고 싶은 분들을 위해 인스타그램에서 광고하는 방법에 대해서 간단히 설명을 드리도록 하겠다.

1. 홍보하고자 하는 게시물을 선택한 뒤 **'홍보하기'**를 클릭한다.(프로페셔널 계정이어야 '홍보하기' 버튼이 있다.)

2. 아래와 같은 화면이 보이는데 왼쪽 상단의 × 표시를 클릭한다.

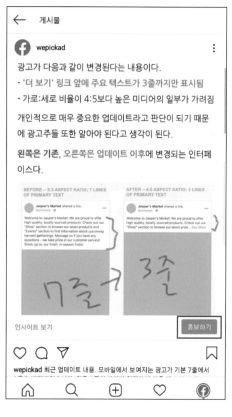

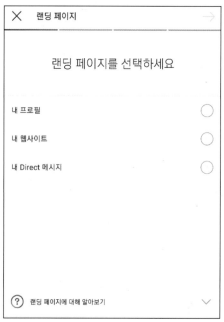

3. 광고를 태웠을 때 유저들이 유입되게끔 하는 골인점을 선택한다. 유저가 광고를 보고 나의 인스타그램 프로필로 오게끔 하고 싶으면 '내 프로필'로, 유저가 내가 홍보하는 쇼핑몰 사이트로 오게끔 하고 싶으면 '내 웹사이트'로, 유저가 나에게 DM을 보내게끔 하고 싶으면 '내 Direct 메시지'로 맞춰서 설정하면 된다. 참고로 인스타그램에서 광고를 하게 되면 목표는 자동으로 '트래픽'과 '참여'로 설정되어서 노출된다.

4. 타겟을 선택한다.

① **자동:** 인스타그램 참여자 기반의 유사 타겟 1%를 생성해서 광고를 노출시킨다.

② **저장된 타겟:** 본인이 이전에 설정한 타겟을 저장해 두었다면 2번째 옵션에 뜨게 된다. 필자는 'Ca_US' 로 보인다.

③ **직접 만들기:** 본인이 세부적인 연령대, 관심사 위 주로 원하는 타겟을 세부적으로 설정할 수 있다.

5. 다음으로 예산과 기간을 설정해준다.

6. 마지막으로 **홍보 만들기** 버튼만 클릭하면 완료이 다. 예상 세금 부분이 보일 텐데 사업자라면 해당 세 금을 면제받을 수 있다.

05 인스타그램에서 타 업체 광고 확인하는 방법

페이스북에서 타 업체 광고를 확인하는 방법에 대해 앞서 설명했다. 인스타그램에서도 마찬가지로 조회가 가능하다.

1. 광고를 확인하고자 하는 인스타그램 프로필로 들어간다.

2. 오른쪽 상단의 점 3개를 클릭한 후 '**이 계정 정보**'를 클릭한다.

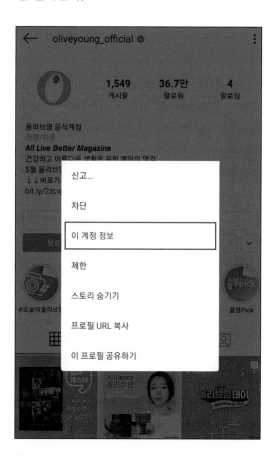

3. '게재 중인 광고'에서 '~광고를 확인해보세요.'라는 파란색 글씨 부분을 클릭하면 해당 업체의 광고를 확인할 수 있다.

06 인스타그램 쇼핑태그 설정하기

인스타그램 '쇼핑태그'는 인스타그램 마케팅에 있어서 필수사항이라고 볼 수 있다. 일단 필수적으로 페이스북 '비즈니스 관리자'와 '카탈로그'가 있어야 한다.

인스타그램 쇼핑태그(제품태그, 제품판매)를 진행하는 방법에 대해서 차근차근 알아보자.

인스타그램 게시물에 보면 아래와 같이 장바구니 아이콘이 보이는 것이 있는데, 이것이 인스타그램의 쇼핑태그(상품태그, 제품태그)라고 불리는 기능이다.

이 기능을 이용하기 위해서는 필수조건이 있다.

① 페이스북 카탈로그(비즈니스 관리자 설정 필수!)

② 페이스북 페이지 샵 기능과 템플릿

③ 인스타그램 프로페셔널 계정(비즈니스 프로필)으로 전환하기

④ 인스타그램 프로필과 페이스북 페이지 연동

1) 페이스북 카탈로그 & 비즈니스 관리자 설정

'비즈니스 관리자 설정'에 관해서는 앞의 '1장, 02, 3. 비즈니스 관리자 생성하기(24쪽)'에서 설명하였다.

'카탈로그 설정'에 관해서는 '5장, 08 다이내믹 프로덕트 광고(DPA) 세팅하는 법–카탈로그 만들기(239쪽)'에 설명되어 있으니 일단 설정하고 오길 바란다. 본인의 독립 쇼핑몰 홈페이지를 갖고 있다면 설정은 쉽다. 하지만 스마트스토어, 오픈마켓(쿠팡, 11번가 등)을 운영하는 사람이라면 수동으로 카탈로그를 설정해야 한다.

2) 페이스북 페이지 샵 기능과 템플릿

'페이지'의 '샵' 기능이 활성화되어 있어야 한다.

1. 페이스북 페이지에서 **설정**을 클릭한다. 그리고 **템플릿 및 탭**을 선택한 후 우측의 '템플릿' 항목에서 **수정**을 클릭한다.

2. 팝업창에서 '쇼핑'의 **상세 정보 보기**를 클릭한다. 그리고 **템플릿 적용**을 클릭하여 현재 템플릿을 '쇼핑'으로 설정한다. 그러면 샵 기능이 추가된 것을 확인할 수 있다.

3) 인스타그램 프로페셔널 계정으로 전환하기

인스타그램 개인용 계정에서 프로페셔널 계정으로 전환하기 위해서는 다음과 같이 하면 된다. (앞서 '1장, 03, 1. 페이스북 페이지와 인스타그램 계정 연동 및 비즈니스 프로필 전환하기(36쪽)' 과정을 따라 한 사람은 인스타그램이 프로페셔널 계정(비즈니스 프로필)로 전환되었으니 이 과정을 생략해도 된다.)

1. 본인의 인스타그램 프로필로 들어간다. 오른쪽 상단 부분에 '3줄 아이콘'을 클릭한 후 **'설정'**을 클릭한다.

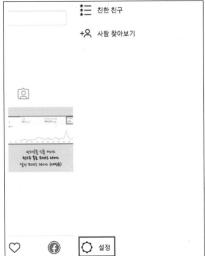

2. 메뉴에서 **'계정'**을 선택한다. 그리고 **'프로페셔널 계정으로 전환'**을 선택하면 된다.

3. '크리에이터'와 '비즈니스' 계정 중 브랜드를 알리고 내 상품을 광고하는 것이 목적이라면 **'비즈니스'**를 선택하면 된다. 그러면 **프로페셔널 계정**으로 전환된다.

인스타그램을 프로페셔널 계정으로 바꾸고, 페이스북 페이지와 잘 연동이 되었다면 인스타그램 앱에 들어가서 '설정' 부분으로 들어간다. 아래와 같은 창이 뜨면 인스타그램 내에서 쇼핑태그를 활용할 수 있다.

만약 '시작하기'가 안 뜬다면 **비즈니스 설정 → 제품 판매**로 들어가서 보이는 카탈로그를 연동하면 된다.

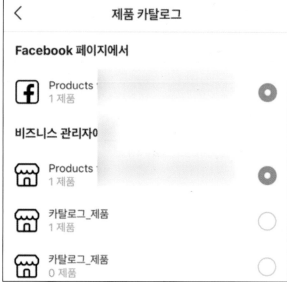

만약 여기까지 진행했는데도 안 된다면 다음 부분을 다시 확인하길 바란다.

1. 페이스북 비즈니스 관리자(https://business.facebook.com)로 접속하여 **광고 관리자 → 자산 → 카탈로그** 혹은 **광고 관리자 → 카탈로그 관리자**로 들어가게 되면 등록한 카탈로그가 뜬다.

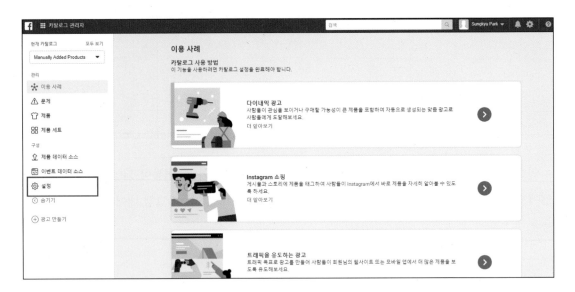

2. 설정을 클릭하고 스크롤을 내려보면 '연결된 Instagram 비즈니스 프로필' 메뉴가 보인다. **프로필 관리**를 클릭하여 연결하고자 하는 인스타그램 계정을 연결시켜주면 된다.

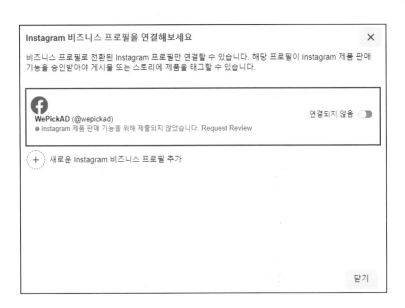

4) 인스타그램에 쇼핑태그 게시물 올리기

1. 인스타그램에 포스팅할 때 '**게시물 올리기(+ 버튼)**'를 선택하고 원하는 사진을 선택한 후 '필터'를 적용하고 **다음**을 클릭한다.

그러면 '사진 태그하기' 밑에 '**제품 태그(Tag Products)**'라는 새로운 버튼이 보인다. 원하는 제품을 선택한 후 업로드하면 인스타그램 쇼핑태그 설정이 완성된다.

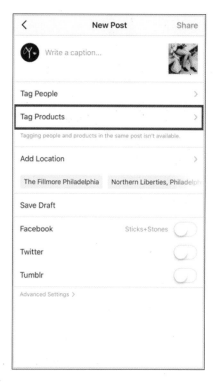

07 인스타그램 쇼핑 활용하기

인스타그램 쇼핑은 브랜딩을 위해서 꼭 활용해야 하는 기능이다. 인스타그램 쇼핑은 이미지 게시물에 제품의 이름, 가격, 구매처 등 정확한 상세 정보를 제공한다. 인스타그램 게시물을 클릭하면 태그된 제품의 이름과 가격을 알 수 있고 해당 제품을 클릭하면 더 다양한 이미지와 해당 브랜드에 속해 있는 다양한 제품들을 볼 수 있다. 또 '웹사이트에서 보기' 버튼을 통해 해당 브랜드의 쇼핑몰 웹사이트로 넘어가게끔 설정도 가능하다. 고객들의 구매 경로를 간소화한 기능이기에 쇼핑몰을 운영하고 있다며 꼭 쇼핑태그 기능을 사용하길 바란다.

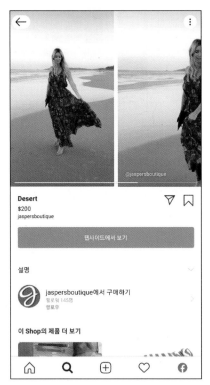

■ 인스타그램 쇼핑 주의사항

   – 이미지 게시물에만 제품 태그 부착 가능(동영상 게시물에 제품 태그 불가능)

   – 단일 이미지의 경우 최대 5개 제품 태그 가능

   – 슬라이드 이미지(다수 이미지)의 경우 최대 20개 제품 태그 가능

쇼핑 기능을 사용하면 인스타그램 프로필에 '샵 보기'라는 버튼이 활성화되는데, 클릭하면 해당 브랜드와 연동된 상품들을 볼 수 있다.

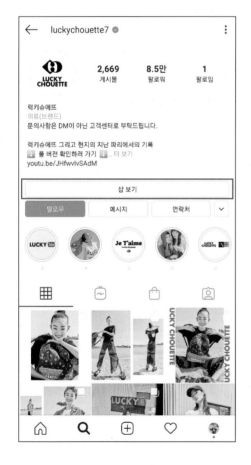

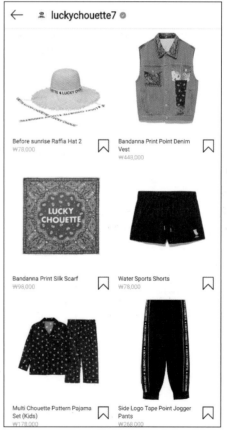

08 인스타그램 게시물에 대한 인사이트 확인하기

프로필에 들어가면 '인사이트' 버튼이 활성화되어 있다. 클릭을 하면 게시물들의 인사이트 및 팔로워 증가 숫자, 요일별 등의 성과를 확인할 수 있다.

프로필에 대한 인사이트뿐만 아니라 각 게시물들에 대한 인사이트도 확인할 수 있다. 인사이트를 확인하고 싶은 게시물을 클릭한 뒤 이미지 하단 부분에 보이는 **'인사이트 보기'**를 클릭하면 된다.

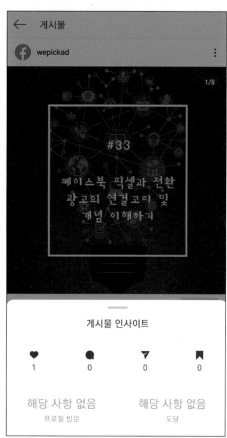

09 인스타그램 IGTV 살펴보기

페이스북에 '동영상 피드'가 있으면 인스타그램에는 'IGTV'가 있다. 인스타그램 내에 있는 일종의 '유튜브'라고 생각하면 된다. IGTV는 모바일 최적화이며 풀 스크린과 세로형 비디오를 지향한다. IGTV에서 동영상을 보고 마음에 들 시 팔로우도 바로 가능하기 때문에 동영상 콘텐츠가 많은 브랜드라면 꼭 써볼 만한 기능이다. 또한 IGTV는 인스타그램 유저들의 팔로잉 및 관심사 기준으로 동영상이 노출되기에 적극적으로 유저들의 참여를 유도할 수 있다. IGTV에 올리는 동영상 콘텐츠 또한 인스타그램 커뮤니티 가이드라인(https://www.facebook.com/help/instagram/477434105621119/)을 준수해서 업로드 해야 한다.

■ IGTV 동영상 스펙

• **형식과 화면 비율:** 동영상 형식은 MP4이어야 하며, 화면 비율은 9:16인 세로 방향 동영상이나 화면 비율이 16:9인 가로 방향 동영상을 업로드할 수 있다.

• **동영상 길이 및 사이즈:** 15초~10분(팔로워가 많은 계정에서는 컴퓨터를 통해 최대 60분 동영상 길이까지 업로드가 가능하다.) 길이가 10분 이하인 동영상의 최대 파일 크기는 650MB이며, 길이가 최대 60분인 동영상의 최대 파일 크기는 3.6GB이다.

• **제공하는 인사이트:** 좋아요, 댓글, 동영상 시청수, 동영상 시청 곡선 등에 대한 인사이트 확인이 가능하다.

인스타그램 IGTV로 들어가는 경로는 다음과 같다.

1. 인스타그램 접속 후 **'탐색'** 메뉴로 접속한다.(돋보기 아이콘)

2. 상단 부분에 보이는 **'IGTV'** 아이콘을 선택한 뒤 **'+'** 버튼을 이용하여 업로드가 가능하다.

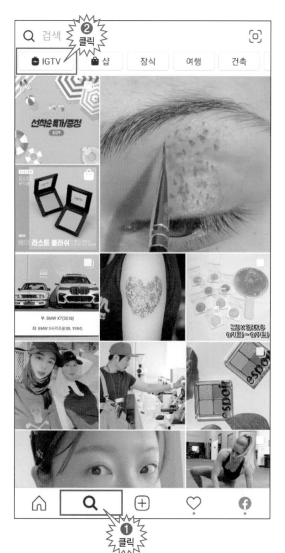

10 인스타그램 스토리 영상 제작 팁

페이스북과 인스타그램에서 영상 제작 시 강조하는 건 다음의 5가지 요소이다.

시간, 강조 포인트, 목표, 다양한 장면, 사운드

[시간] 될 수 있으면 영상이 빠른 전개로 이어져야 하며 상태표시줄 활용, 일시 정지 유도, 호기심 유도 형식으로 이목을 끄는 콘텐츠를 만들어야 한다.

[강조 포인트] 짧은 시간 내에 사람들에게 브랜드가 인식되어야 하기에 브랜드 로고가 빠르게 보여져야 하며, 로고가 갑자기 나타나거나, 화면 내에서 로고 비중이 크거나, 로고가 깜빡이는 효과를 주면 사람들이 브랜드를 기억할 가능성이 높다.

[목표] 스토리 영상을 찍을 때는 목표가 무엇인지 염두에 두어야 한다. 해당 영상의 목표가 브랜드 인지도 상승인지, 제품 인지도 상승인지, 웹사이트 유입 목적인지, 매출 전환 목적인지, 인스타그램 프로필 방문 유도인지를 생각하고, 해당 목표에 맞춰 캡션을 추가해 임팩트 있게 제작해야 한다.

[다양한 장면] 인스타그램 유저들은 하루에 수십 개, 수백 개의 콘텐츠를 빠르게 넘기면서 보게 된다. 처음 3초가 시청 여부를 좌우하는 만큼 첫 영상이 흥미가 떨어지면 바로 다음 콘텐츠로 넘기기 마련이다. 때문에 다양한 장면을 사용하며 시각적인 효과를 극대화하는 것이 좋다.

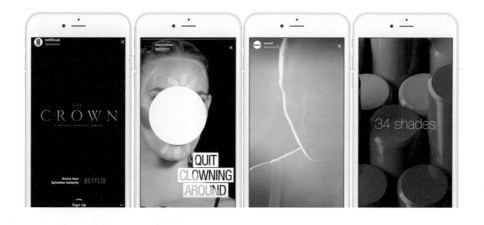

[사운드] 사운드는 굉장히 중요한 요소이다. 인스타그램 데이터(2018년 기준)에 따르면 인스타그램 스토리 게시물 중 60%가 소리가 켜진 상태의 게시물이라고 한다. 유저들이 사운드에 반응하기에 많은 브랜드가 소리를 켠 게시물을 올리는 것이다.

인스타 영상에 스티커 추가하기

인스타그램 스토리 영상에 인스타그램 내에서 제공하는 스티커를 추가하는 경우가 있다. 스티커를 영상 길이에 맞춰서 조정하려면 스티커를 꾹 누른 뒤 영상 구간을 조정할 수 있다.

 인스타그램 IN-APP 카메라

인스타그램 앱 내에서 제공하는 다양한 IN-APP 카메라 기능이 있다. 많이 쓰이는 카메라 중 하나는 '부메랑 (Boomerang)'이다. 부메랑 앱은 앞뒤로 반복 재생되는 짧은 동영상을 만든 다음, 일상의 다채로운 순간을 재미있고 독특한 방법으로 공유할 수 있는 기능이다. 해당 기능으로 조금씩 움직이면서 사진을 촬영하면 된다. 움직이는 물체나 사람들 촬영하기에도 좋고, 직접 카메라를 움직여서 멈춰 있는 피사체를 촬영하기에도 좋다.

5장

전환 광고의
모든 것

01 페이스북 픽셀의 정의

'픽셀'은 웹사이트를 소유한 사람이라면 필수로 설치할 것을 권장하고 있다. 앞서 전환 광고나 DPA 광고, 리타게팅 전략(맞춤 타겟)을 설명할 때 픽셀의 중요성에 대해서 잠깐 언급을 했다. 이러한 목표의 광고를 하기 위해서는 픽셀이 필히 설치되어야 한다.

픽셀은 웹사이트에서 일어나는 모든 행동을 추적하기 위한 추적용 도구이다. 간단히 말해 쇼핑몰 내에 설치되어 있는 CCTV와 같다고 생각하면 된다. 웹사이트에 방문한 기록, 웹사이트에 와서 제품을 조회했는지, 장바구니에 담기를 했는지, 이후에 결제까지 진행을 완료했는지 등 온라인 쇼핑몰의 모든 행동을 감시하는 CCTV라고 보면 된다.

픽셀은 단순히 감시하는 역할(Tracking)이 아닌 수집된 데이터를 활용하는 부분에 있어서 그 위력을 발휘한다. 이런 이유로 픽셀을 활용하는 '전환 광고'나 '카탈로그 판매 광고(DPA)'는 '매출의 극대화'가 캠페인의 목표이다.

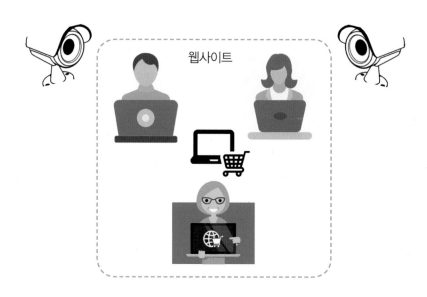

웹사이트

1) 픽셀 기본 코드와 이벤트 코드

픽셀은 '기본 코드'와 '이벤트 코드'라는 것이 있다.

'기본 코드'는 웹사이트 내의 모든 페이지에 삽입되어야 한다. A라는 유저가 웹사이트 내에 어느 페이지를 갈지 모르니 다 추적이 되게끔 설정이 되어야 하는 것이다. 기본 코드는 단순히 웹사이트 방문자 모수 확인용으로만 쓰인다.

방문자가 있으면 웹사이트 내에서 특정한 행동을 취하지 않겠는가? 상품을 조회한다든지, 회원 가입을 한다든지, 구매를 한다든지…. 그런데 이런 행동들은 단순 기본 코드로는 추적이 안 된다.

때문에 추가로 특정 행동들을 잡아내기 위해서 별도로 '이벤트 코드'라는 것을 설치해야 한다. 이러한 이벤트 코드로 최적화되는 광고 목표는 '전환', '카탈로그 판매(DPA)'이다.

이벤트 코드의 설치를 어려워 하는 사람들이 많은데, 내부 개발자가 없더라도 걱정할 필요 없다. 단순 기본 코드만 설정되어 있어도 이벤트 코드를 세팅하는 방법이 있기에 실망하지 말고 끝까지 잘 따라 오길 바란다.

2) 픽셀은 어떻게 활용하는가

웹사이트에 설치해 놓은 픽셀을 다음과 같이 활용할 수 있다.

① 페이스북 광고 성과 추적

픽셀을 설치해 놓으면 유저들의 행동을 살필 수 있다. 고객이 내 웹사이트에 유입이 잘 되었는지, 구매를 했는지 등 고객들이 어떤 행동을 했는지를 분석함으로써 광고의 효과를 확인할 수 있다.

② 맞춤 타겟과 유사 타겟

고객들의 행동을 추적해 공통 관심사를 보고 맞춤 타겟을 만들어 맞춤 제안 광고를 만들 수 있다. 또 맞춤 타겟으로 유사 타겟을 만들어 잠재 고객에게 광고를 내보낼 수 있다.

내 웹사이트에 방문했거나 브랜드에 관심을 보인 고객들을 대상으로 광고를 하면 전환율이 높아진다. 이러한 리타게팅 광고를 할 때는 고객의 행동을 추적한 픽셀이 있어야 한다.

③ 전환 광고 및 DPA에 활용

픽셀은 수집된 픽셀 데이터를 기반으로 전환을 할 만한 유사한 새로운 사람들에게 노출을 시켜주는 역할을 한다. 예시로 전환 이벤트를 '구매'로 잡는 경우에는 웹사이트 쇼핑몰 내에 구매한 사람들의 픽셀 데이터를 기반으로 이와 유사하게 구매를 할 만한 새로운 사람들에게 노출을 시킨다.

DPA(다이내믹 프로덕트 광고)는 특정 제품에 관심을 보이거나 구매한 사람들에게 자동으로 광고를 만들어 관련 상품을 보여주는 광고이다. 이런 DPA를 하기 위해서는 픽셀이 설치되어 있어야 한다.

02 페이스북 픽셀 설치하기

픽셀을 설치하는 방법을 다양하다. 어떤 플랫폼을 쓰느냐에 따라 다르다. 여기서는 카페24, 고도몰, 메이크샵, 스마트스토어, 자체 개발 사이트에서 픽셀을 설치하는 방법에 대해서 알아본다.

카페24, 고도몰, 메이크샵 같은 경우는 픽셀 설치가 자동화가 되어 있어서 매우 간단하다.

스마트스토어는 픽셀 설치가 가능하기는 하나 구매는 추적이 불가능하고 사이트로 넘어 왔는지까지만 트래킹이 가능하다.

자체 개발 사이트 같은 경우에는 코드를 어디에 어떻게 넣어야 하는지 원리만 설명하겠다. 자체 개발 같은 경우에는 개발자에게 의뢰하는 게 좋다.

1) 카페24 픽셀 설치

1. 카페24 관리자 모드로 접속한다.

2. 상점관리 → 마케팅 제휴서비스 → 페이스북 → 픽셀설정을 클릭한다.

3. '페이스북 채널'을 설치한다.

4. 설치 후 그대로 '설정하기'를 통해 연동을 시작한다. 픽셀 설정이 완료되었다.

5. 본인이 이용하는 비즈니스 관리자, 광고 관리자, 페이스북, 픽셀 이름을 확인한 뒤 설정을 해준다. 이후 아래와 같은 화면에서 '네이버페이 구매전환 이벤트 설정' 부분의 '브라우저 이벤트'와 '서버 이벤트'를 둘 다 '사용중'으로 하길 바란다. (네이버페이 전환을 추적하기 위한 용도이다.)

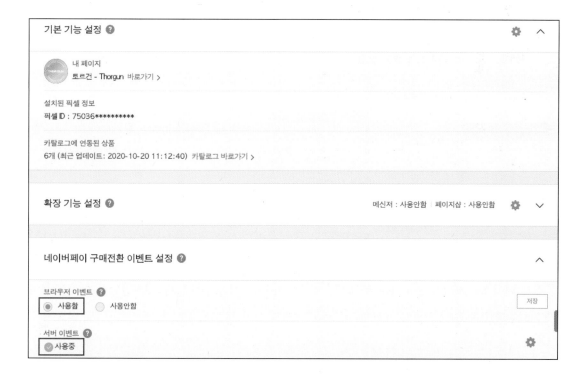

2) 고도몰 픽셀 설치

카페24와 마찬가지로 고도몰도 픽셀 설치를 지원해주고 있다.

시작하기 앞서 픽셀 ID를 알아야 한다.

1. 페이스북 **광고 관리자**에서 **이벤트 관리자** 메뉴를 클릭하면 해당 픽셀 ID가 보인다. 픽셀 ID를 복사한다. 없다면 생성해주길 바란다.

2. [고도몰5 설정 위치] 관리자 페이지 → 마케팅 → SNS/바이럴광고 → 페이스북 광고 설정을 클릭한 후 카페24와 동일하게 Facebook Business Extension(FBE) 앱을 통해 간단하게 설치가 가능하다.

실제 페이스북 페이지 관리자가 로그인된 상태에서 FBE 앱을 진행하게 되면 간단하게 픽셀 설치가 완료된다.

■ 픽셀 ID 생성하는 법

페이스북의 **광고 관리자 → 이벤트 관리자**에서 픽셀 ID를 찾을 수 없다면 다음과 같이 ID를 발급받으면 된다.

1. 광고관리자 → **이벤트 관리자**로 들어간다. 데이터 소스에서 **시작하기**를 클릭한다.

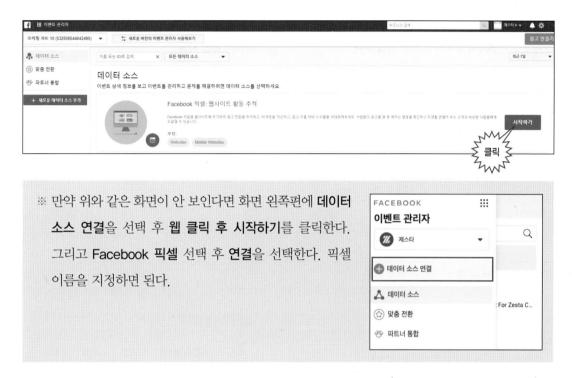

※ 만약 위와 같은 화면이 안 보인다면 화면 왼쪽편에 **데이터 소스 연결**을 선택 후 **웹 클릭 후 시작하기**를 클릭한다. 그리고 Facebook **픽셀** 선택 후 **연결**을 선택한다. 픽셀 이름을 지정하면 된다.

2. 이후 '픽셀 이름'을 입력하고 **계속**을 클릭한다.

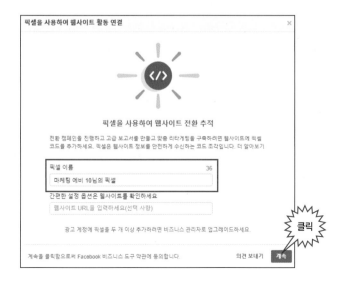

3. 아래 화면에서 ×를 클릭하면 본인의 '픽셀 이름'과 '픽셀 ID'가 발급된 것이 보일 것이다.

3) 메이크샵 픽셀 설치

메이크샵 또한 고도몰과 마찬가지로 픽셀 ID를 알아야 한다.

1. 광고 관리자 **이벤트 관리자** 메뉴로 접속해서 픽셀 ID를 복사해준다. 없다면 생성해주길 바란다.

2. [메이크샵 설정 위치] **메이크샵 어드민 → 마케팅센터 → 전체보기 → 페이스북 마케팅** 하단의 **페이스북 Pixel ID**에 아이디를 입력하고 **삽입하기**를 클릭하면 된다.

4) 스마트스토어 픽셀 설치

스마트스토어에서도 간단하게 픽셀을 설치할 수 있다.

1. 픽셀 ID를 필수적으로 알아야 한다. 픽셀 ID를 발급받기 위해서는 **광고 관리자 → 이벤트 관리자** 메뉴로 들어가서 확인한다. (픽셀 ID가 없는 경우는 앞의 '픽셀 ID 생성하는 법'을 참조한다.)

2. 이후 **픽셀 설정 계속하기** 클릭한 후 **코드 직접 설치**를 클릭한다.

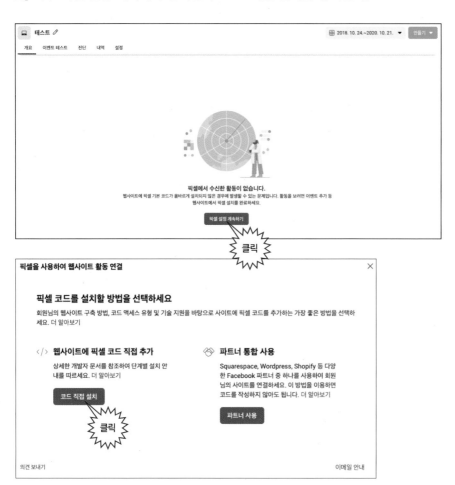

3. 코드 복사를 클릭하여 코드를 복사한다.

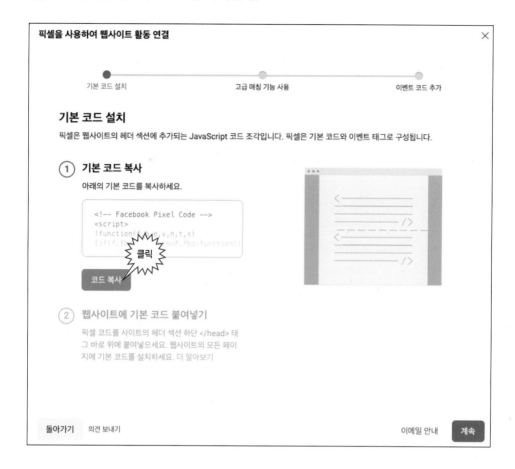

4. 메모장을 켜서 복사된 코드를 붙여넣기 한다. 그리고 〈noscript〉와 〈/noscript〉 사이에 있는 부분만 복사를 한다.

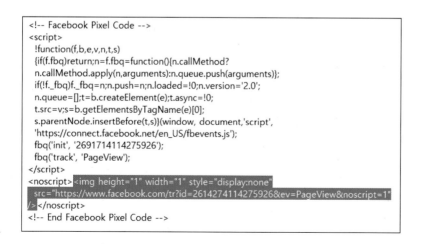

5. 스마트스토어센터에 관리자 모드로 접속한 후 **상품관리 → 공지사항 관리 → 새 상품 공지사항 등록**을 클릭한다. (※ 스마트스토어 공지사항을 하나 만들어 HTML 작성으로 소스코드를 심는다. 그리고 이 공지사항을 모든 상품에 노출되게 하면 된다.)

6. 공지사항 등록 창에서 제목을 입력하고 '상품 공지사항 상세' 항목에서 'HTML 작성' 탭을 클릭하고 앞의 소스코드를 붙여 넣기한다. '모든 상품에 공지사항 노출'란 체크하고 **상품 공지사항 등록**을 클릭한다.

7. 그리고 스마트스토어에서 새로운 상품을 등록할 때 '노출 채널' 항목의 '공지사항'을 '설정함'으로 하고 앞서 작성한 공지사항을 선택해준다. 그리고 상품 등록을 완료하면 된다.

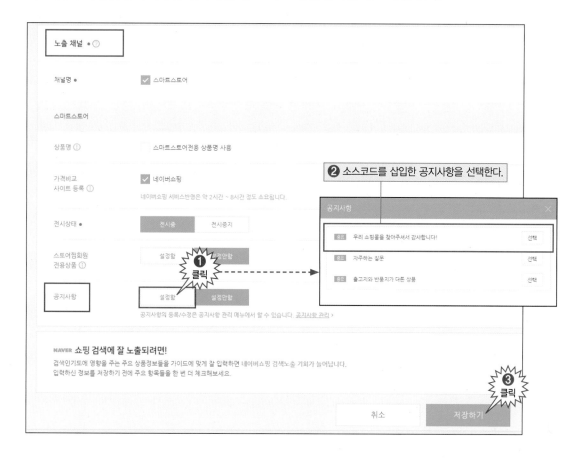

이렇게 하면 코드가 심어진 공지사항이 상품 상세페이지에 들어감으로써 페이스북 픽셀이 상품에 심어지는 것이다.

8. 스마트스토어에 픽셀 설치가 완료되었다. Facebook Pixel Helper를 통해 정상적으로 설치가 된 것을 확인할 수 있다. [픽셀 헬퍼에 대해서는 '5장, 04 픽셀 설치가 잘 되었는지 확인하기(223쪽)' 참조]

5) 자체 개발 사이트 픽셀 설치

자체 개발 사이트의 픽셀 설치는 외주를 맡기는 게 제일 좋다. 외주를 맡길 때 주의할 점은 구매전환값이 잡히게끔 세팅을 해달라고 해야 한다.(구매전환값: A라는 유저가 상품을 구매한 경우 해당 상품의 판매가가 구매전환값으로 잡히게끔 세팅을 해달라고 해야 한다.)

1. 광고 관리자 → 이벤트 관리자로 접속한 뒤 **픽셀 계속 설정하기**를 클릭한다.

※ 만약 위와 같은 창이 안 보인다면 화면 왼쪽에 있는 초록색 **+** 아이콘을 선택한 뒤 새로운 픽셀을 만든다.

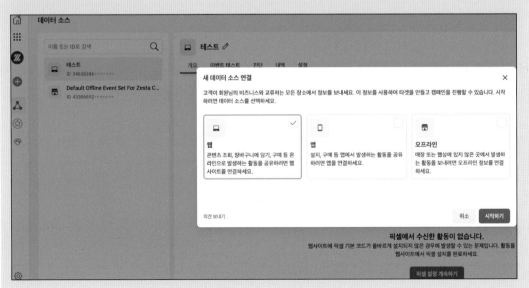

2. 코드 직접 설치를 클릭한다.

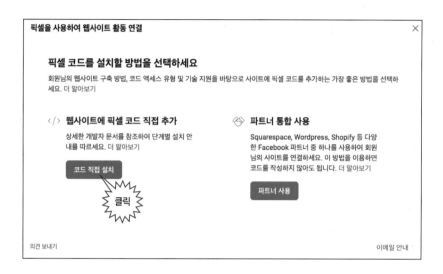

3. 아래 화면에서 **코드 복사**를 클릭하여 복사한다.

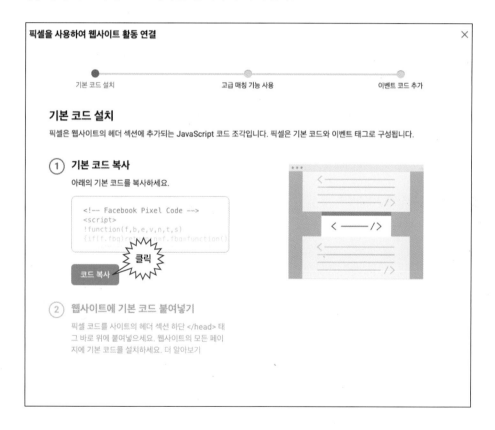

4. 복사된 소스코드를 웹사이트 내 메인 header.php 파일에서 〈/head〉 위에 아무곳에나 붙여넣기 하면 된다.

※ (2020. 10. 21 업데이트 내용) 현재 전환 이벤트를 수동으로 넣는 부분(215쪽 5번~6번)은 안 보이기 때문에 수동으로 설치를 원한다면 아래 링크를 참고해서 소스 코드 정보를 받아가길 바란다. 215쪽 5번~6번은 참고용으로만 보길 바란다.

현재 카페24, 고도몰, 메이크샵, 식스샵, 아임웹을 이용하는 분들은 전부 픽셀 설치 자동화가 되어 있기에 해당 수동 설치 방식은 권장하지 않는다.

https://developers.facebook.com/docs/facebook-pixel/implementation/conversion-tracking

현재 페이스북은 자체 이벤트 설정 도구로 간편하게 버튼으로 픽셀 데이터를 잡히게끔 진행을 하고 있으나 이는 아직 오류사항이 많아서 수동으로 픽셀 코드를 삽입하는 것을 권장한다. 만약 단순 클릭으로 픽셀 데이터를 잡고 싶다면 뒤에 나오는 6) 개발자 없이 픽셀 이벤트 코드 설치하는 간단한 방법을 참고하기 바란다.

5. 유저들의 행동을 추적할 이벤트 코드들도 설치해야 한다. 쇼핑몰이라면 '콘텐츠 조회', '장바구니에 담기', '구매' 이 3가지를 필수로 설치해야 한다. 쇼핑몰이 아닌 DB 수집 웹사이트라면 '등록 완료' 혹은 '잠재 고객' 이벤트 코드를 필수로 설치한다.

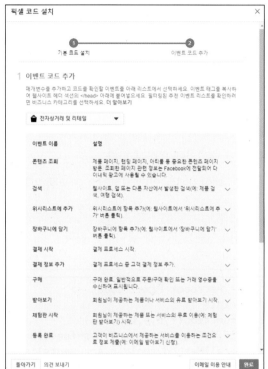

6. 이와 같이 '매개변수 보내기'라는 옵션이 자동으로 활성화된다.

여기서 예를 들어 '전환값'에 10,000, '통화'에 KRW를 넣었다고 가정하자.

그러면 유저가 해당 상품을 조회했을 때 콘텐츠 조회(ViewContent)라는 이벤트를 했다는 걸로 표시되면서 자동으로 전환값 KRW 10,000을 했다고 기록된다.

여기서 문제점이 발생한다. 구매는 안하고 상품 조회만 한 것일 수도 있다. 그럼 굳이 전환값이 잡힐 필요가 없다. 그리고 단일 상품이 아닌 경우 상품가들이 다양할 것이다. 그런데 전환값을 10,000으로 지정하면 이 세팅값은 고정이 된다. 5만 원짜리 상품을 조회해도 1만 원으로 결괏값이 나온다.

이 부분 때문에 개발자가 없이는 진행이 힘들기 때문에 외주를 맡겨 자동으로 전환값 또한 잡히게끔 세팅을 해달라고 해야 되는 것이다. 외주는 크몽 웹사이트를 보면 프리랜서들이 많이 있다.

[결론] 7. '이벤트 매개변수 보내기'는 비활성화하고 진행하자.

이벤트 코드별로 넣어야 하는 부분이 따로 있다. 해당 행동을 취하는 페이지에 넣어줘야 한다. 예를 들면 '콘텐츠 조회'는 상품을 조회하는 '상품 상세페이지'에 넣어줘야 하고, '장바구니에 담기'는 '장바구니에 담기' 페이지에 넣어야 하고 '구매'는 '구매를 해주셔서 감사합니다'라는 구매 후 보여지는 랜딩 페이지에 넣어야 한다.

모든 페이지에는 일단 기본적으로 픽셀 기본 코드가 삽입되어 있어야 한다.

추가로 이벤트별로 보여지는 3줄짜리 코드를 기본 코드 밑에 넣어주면 된다. 혹은 해당 페이지에 3줄짜리 이벤트 코드를 넣어주면 된다.

```
<!-- Facebook Pixel Code -->                          기본 코드
<script>
  !function(f,b,e,v,n,t,s)
  {if(f.fbq)return;n=f.fbq=function(){n.callMethod?
  n.callMethod.apply(n,arguments):n.queue.push(arguments)};
  if(!f._fbq)f._fbq=n;n.push=n;n.loaded=!0;n.version='2.0';
  n.queue=[];t=b.createElement(e);t.async=!0;
  t.src=v;s=b.getElementsByTagName(e)[0];
  s.parentNode.insertBefore(t,s)}(window, document,'script',
  'https://connect.facebook.net/en_US/fbevents.js');
  fbq('init', 'XXXXXXXXXXXX');
  fbq('track', 'PageView');
</script>
<noscript><img height="1" width="1" style="display:none"
  src="https://www.facebook.com/tr?id=252433712337178&ev=PageView&noscript=1"
/></noscript>
<!-- End Facebook Pixel Code -->
```

```
<script>                                             이벤트 코드
  fbq('track', 'ViewContent');
</script>
```

아래는 변숫값이 자동으로 트래킹 되게끔 하는 소스코드이다.

*이벤트 코드*에는 '콘텐츠 조회'의 변숫값을 잡고 싶으면 ViewContent

'장바구니에 담기'의 변숫값을 잡고 싶으면 AddToCart

'결제 시작'의 변숫값을 잡고 싶으면 InitiateCheckout

'구매'의 변숫값을 잡고 싶으면 Purchase를 입력하면 된다.

해당 코드는 앞서 설명한 것과 같이 해당 이벤트가 발생하는 페이지에 설치해줘야 한다.

```
<script>
fbq('track','이벤트 코드',{
value: '{$result_order_price}'.replace(/,/g, ''),
currency: 'KRW'
});
</script>
```

6) 개발자 없이 픽셀 이벤트 코드 설치하는 간단한 방법

코딩에 관한 지식이 없어서 픽셀 기본 코드만 심어진 상태이고, 그 이상의 전환 이벤트 코드를 설치하는 방법을 모르는 사람들을 위해 클릭 몇 번으로 이벤트 코드를 설치할 수 있는 간단한 방법을 소개하겠다.

1. 광고 관리자 → 이벤트 관리자 → 픽셀 설정을 클릭한다. 그리고 **설정**을 클릭한다.

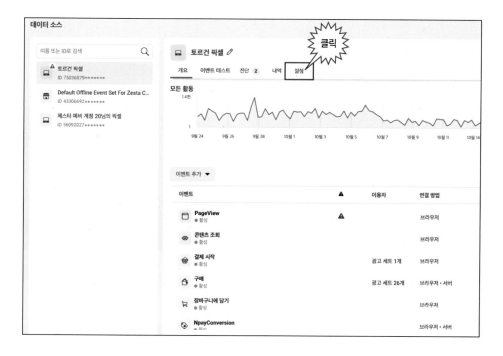

2. 스크롤을 내려 보면 **이벤트 설정 도구로 이동**이라는 옵션이 보인다. 클릭한다.

3. 본인의 웹사이트 주소를 입력하고 **웹사이트 열기**를 클릭한다.

이벤트 설정 ✕

이벤트를 추적할 웹사이트 URL을 입력하세요.

| 웹사이트 URL 입력 | 🔗 웹사이트 열기 |

의견 보내기 　　　　　　　　　　　　　　　　　　취소

4. 웹사이트가 뜨면서 다음과 같은 창이 뜬다. **+새 버튼 추적**을 클릭한 후 전환을 추적하고 싶은 버튼을 선택하면 된다.

5. 예시로 아래 '매출 증대를 도와주세요'라는 버튼을 클릭했을 때 '등록 완료'라는 전환 이벤트로 잡게끔 설정을 해보겠다.

6. '이벤트 선택'의 콤보박스를 클릭하여 서브 메뉴에서 **등록 완료**를 선택한다. 해당 버튼 액션에 맞는 유형으로 선택하면 된다. 버튼을 클릭 시 결제 시작 창으로 넘어가면 '결제 시작'으로 잡으면 된다.

7. 이렇게 하면 끝이다. 웹스크립트를 잘 모른다 하더라도 외주 도움 없이 혼자 간단하게 진행할 수 있다. 이렇게 등록된 전환 이벤트를 기반으로 전환 광고를 진행할 수 있다.

생성된 픽셀 데이터는 **픽셀 → 상세 정보**에서 확인할 수 있다.

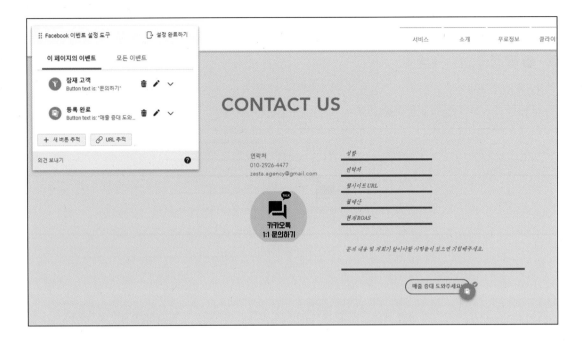

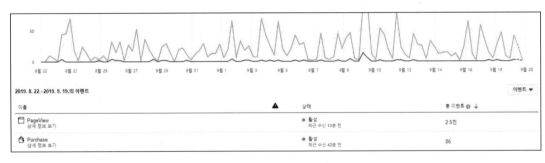

03 네이버 검색으로 유입된 사람들 확인하기

국내 시장 같은 경우 분명히 네이버에서 검색을 해서 유입된 사람들도 있을 것이다. 픽셀을 통해 이러한 사람들이 어떠한 키워드를 통해 들어왔는지 확인할 수 있다.

아래 소스 코드를 모든 페이지 기본 코드 밑에 붙여넣기를 해주면 된다. 카페24, 고도몰, 메이크 샵, 자체 개발 사이트 등에서 모두 구현할 수 있다.

```
<!-- Facebook Pixel Code -->
<script>
function fbqSearchKeyword()  {
  var uri = document.referrer;
  if(!uri)return;
  var link = document.createElement('a');
  link.setAttribute('href',uri);
  var pattern = new RegExp('[\\?&](?:q|query)=([^&#]*)');
  var query=link.search.match(pattern);
  if (query && query.length > 0) {
    var keyword =query[1].replace(/\+/gi,"%20");
  }
  if (keyword) {
    fbq('trackCustom','SearchKeyword',{
      hostname: link.hostname,
      keyword: decodeURIComponent(keyword),
    });
  }
}
fbqSearchKeyword();
</script>
<!-- End Facebook Pixel Code -->
```

```
73
74  <!-- Facebook Pixel Code -->
75  <!-- top.html에 위치 -->
76  <script>
77  !function(f,b,e,v,n,t,s){if(f.fbq)return;n=f.fbq=function(){n.callMethod?
78  n.callMethod.apply(n,arguments):n.queue.push(arguments)};if(!f._fbq)f._fbq=n;
79  n.push=n;n.loaded=!0;n.version='2.0';n.queue=[];t=b.createElement(e);t.async=!0;
80  t.src=v;s=b.getElementsByTagName(e)[0];s.parentNode.insertBefore(t,s)}(window,
81  document,'script','https://connect.facebook.net/en_US/fbevents.js');
82  fbq('init', '                '); // Insert your pixel ID here.    ┌──────────┐
                                                                        │ 기본 코드 │
83  fbq('track', 'PageView');                                           └──────────┘
84  </script>
85  <noscript><img height="1" width="1" style="display:none"
86  src="https://www.facebook.com/tr?id=              &ev=PageView&noscript=1"
87  /></noscript>
88  <!-- DO NOT MODIFY -->
89  <!-- End Facebook Pixel Code -->
90
91
92  <!-- Facebook Pixel Code -->
93  <script>
94  function fbqSearchKeyword() {                                       ┌────────────┐
                                                                        │ 이벤트 코드 │
95    var uri = document.referrer;                                      └────────────┘
96    if (!uri) return;
97    var link = document.createElement('a');
98    link.setAttribute('href', uri);
99    var pattern = new RegExp('[\\?&](?:q|query)=([^&#]*)');
100   var query = link.search.match(pattern);
101   if (query && query.length > 0) {
102     var keyword = query[1].replace(/\+/gi, "%20");
103   }
104   if (keyword) {
105     fbq('trackCustom', 'SearchKeyword', {
106       hostname: link.hostname,
107       keyword: decodeURIComponent(keyword),
108     });
109   }
110 }
111
112 fbqSearchKeyword();
113 </script>
114
```

이와 같은 식으로 세팅을 해주면 된다. 어떠한 키워드가 잡히는지 분석하는 방법, 응용하는 방법은 뒤쪽의 '05, 1) 픽셀 애널리틱스 활용법 및 디버깅(Debugging)(226쪽)'에서 설명한다.

04 픽셀 설치가 잘 되었는지 확인하기

'픽셀 헬퍼'라는 크롬 확장 프로그램을 설치해야 한다. 익스플로어를 쓰는 분이라면 크롬에서 실행하길 바란다. 페이스북은 크롬과 호환성이 더 좋다.

1. 구글에서 '픽셀 헬퍼'를 검색하여 설치한다.

> Google   픽셀 헬퍼 크롬

Facebook Pixel Helper - Google Chrome
https://chrome.google.com/...pixel-helper/fdgfkebogiimcoedlicjlajp... ▼ Translate this page
The Facebook **Pixel Helper** is a troubleshooting tool that helps you validate your **pixel**
implementation.
You've visited this page 2 times. Last visit: 28/8/18

설치가 되면 화면이 이렇게 보인다.

2. 설치 후 웹사이트를 접속하여 오른쪽 상단 부분을 보면 '픽셀 헬퍼' 아이콘이 있고 초록색 숫자 불빛이 보인다. 클릭한다.

3. 그러면 설치된 기본 코드 및 이벤트 코드가 보인다. 'PageView'는 기본 코드이기에 모든 페이지를 들어가봐도 초록색 불빛이 나와야 정상이다.

웹사이트의 정상적인 픽셀 헬퍼

상품 상세페이지를 들어갔을 때 정상적인 픽셀 헬퍼

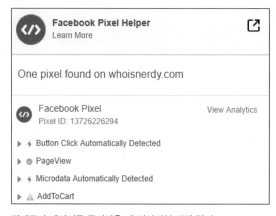

장바구니 페이지를 들어갔을 때 정상적인 픽셀 헬퍼

구매를 완료했을 때 정상적인 값. Purchase는 초록색 불빛이 와야 한다. 노란색으로 떠도 클릭했을 때 변숫값이 다 잡히면 이상 없다.

05 픽셀 데이터 확인하기

1. 광고 관리자 메뉴에서 **이벤트 관리자**로 들어간다. 이벤트 코드별로 데이터 건수를 확인할 수 있다.

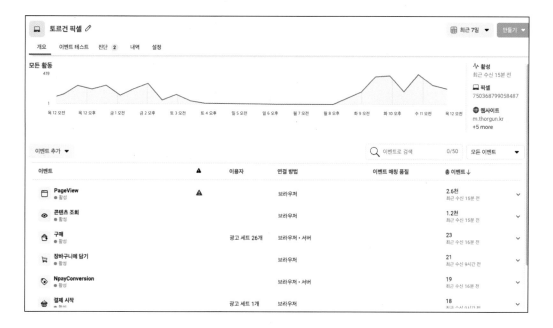

2. 각 이벤트별로 발생한 수를 확인할 수 있다. **'상세 정보 보기'**를 클릭하면 더 자세한 내역을 확인할 수 있다.

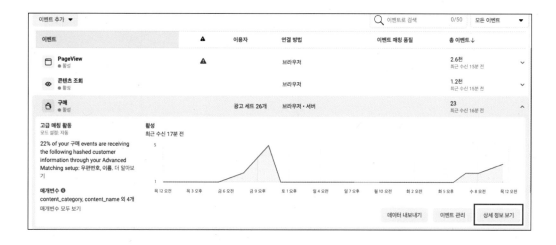

1) 픽셀 애널리틱스 활용법 및 디버깅(Debugging)

픽셀 애널리틱스를 활용하는 방법에 대해 알아보자.

1. 왼쪽의 메뉴 버튼을 클릭 후 **분석**을 클릭한다.

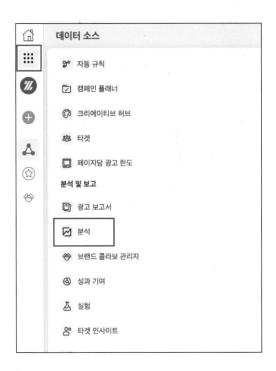

2. 웹사이트 기록들을 분석할 수 있는 픽셀 애널리틱스 도구이다.

① **사용자 활동:** 사용자 숫자가 어느 정도 되는지 파악할 수 있다. 맞춤 타겟을 만들 때 대략적으로 모수를 파악하는 데 유용하다.

① **퍼널**: 웹사이트의 흐름을 파악할 수 있다. 유저들이 웹사이트에 방문을 해서 상품 조회는 몇 %를 하고 상품 조회한 사람들 중에서는 몇 %가 장바구니에 담고, 장바구니에 담기 한 사람들 중 몇 %가 구매를 하는지 흐름을 파악할 수 있다.

② **분석 데이터**: 픽셀 애널리틱스에서 제일 핵심 기능이라고 할 수 있다. 구글 애널리틱스(GA)처럼 어느 제품이 구매가 제일 많이 되었는지, SearchKeyword 전환 이벤트가 설정되었다면 어떤 키워드로 유입이 되었는지 확인할 수 있다.

아래 그림은 전환 이벤트를 '구매'로 잡고 'content_name'(상품명)으로 설정해서 어느 상품이 제일 잘 나갔는지를 확인한 것이다. 단, 이 기능을 사용하려면 픽셀이 제대로 설치가 되어 있어야 한다.

③ **백분위**: 상위 페이지 이용자들의 활동률을 확인할 수 있다. 이는 이후에 맞춤 타겟을 잡을 때 유용하게 활용된다.

④ **이벤트 디버깅:** 픽셀이 정상적으로 유저들의 행동을 실시간으로 잘 잡는지 확인하기 위한 부분이다. 이 부분은 픽셀이 잘 설치되어 있는지를 확인하기 위해 주로 쓰인다.(이 부분은 중요한 부분이기 때문에 아래에서 조금 더 자세히 설명하겠다.)

⑤ **사람:** 이용자들의 인구 통계학적 특성, 접속 기기 등을 파악하는 데 용이하다.

픽셀 애널리틱스는 단순히 분석용으로 본다. 분석된 데이터를 활용하기에는 '맞춤 타겟' 외에는 특별히 없다고 보기 때문이다.

2) 픽셀 이벤트 코드가 정상적으로 설치되었는지 확인하는 방법

앞서 말한 페이스북 애널리틱스에서 '이벤트 디버깅'을 어떻게 활용할 수 있는지 알아보자.

제일 중요한 건 '구매'이기 때문에 구매가 잘 잡히는지 확인하는 방법을 설명하겠다. 이와 같은 방식으로 다른 이벤트 코드들도 확인하면 된다.

1. 먼저 왼쪽 메뉴에서 **설정**을 클릭하여 설정값을 다음과 같이 변경해준다.

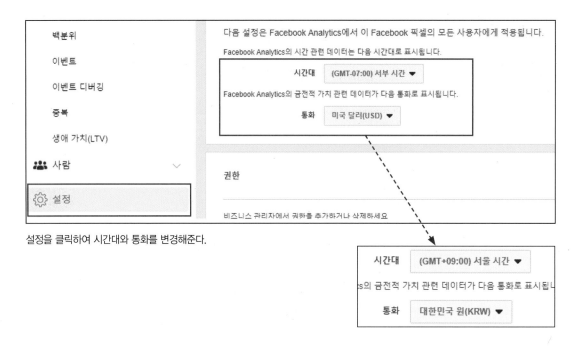

설정을 클릭하여 시간대와 통화를 변경해준다.

2. 설정 완료 후 왼쪽 메뉴에서 **이벤트 디버깅**을 클릭하면 다음과 같은 화면이 보인다. **모든 이벤트** 를 클릭하여 서브 메뉴에서 **구매**를 선택한다.

3. 기록된 시간을 확인한다. 이 기록은 실제로 구매가 잡힌 시간이다. 이를 쇼핑몰 내에 구매가 된 시간하고 비교해본다. 기록된 시간 오전 10:36분에 쇼핑몰에서도 구매가 잡힌 시간으로 나와 일치 하다면 픽셀 구매 이벤트 코드는 잘 설치되었다고 보면 된다.

06 페이스북 픽셀 구매값이 실제값보다 많이 잡히는 이유

광고 관리자상의 결과로 구매전환값을 보는 것과 실제 쇼핑몰 내에서의 구매값은 오차가 있다. 이유는 보통 '네이버페이', '픽셀 오류', '무통장 입금 결제 후 입금을 안 한 경우' 등의 문제로 픽셀 구매값이 실제보다 많이 잡히는 것에 기인한다.

보통 커머스의 90%는 '네이버페이' 때문이다. 네이버와 페이스북은 서로 연동이 안 된다. 카페24, 고도몰, 메이크샵에서 픽셀 자동화 설치를 한 사람들도 공통적인 문제가 발생한다.

하지만 점차 페이스북과 카페24가 파트너십을 맺고 있어서 아마 조만간 전환을 측정하는 게 조금 더 정확해지지 않을까 싶다. 현재도 카페24측 API를 설정해서 네이버페이 실구매자들로만 측정하게끔 업데이트가 되었다고는 하지만 아직까지 오차가 있는 듯하다.

그러면 픽셀 자동화 설치를 했을 때 네이버페이 구매자들은 어떻게 측정되는가? 단순 클릭으로 계산이 된다. 단순히 클릭만 하고 네이버 결제창에서 결제는 안 하고 이탈한 경우 '구매' 데이터로 잡히기 때문에 구매 건수나 구매전환값에 영향을 미치는 것이다.

이로 인해 페이스북 구매 데이터가 실제 구매 데이터보다 많이 잡힌다. 그렇다고 네이버페이를 잡지 못하게 할 수도 없다. 국내는 네이버페이 유저가 워낙 많기 때문에 이를 제외하면 데이터가 적어져서 전환 광고를 진행하는 데 악영향을 미칠 가능성이 높다.

한 가지 대책으로는 네이버페이 구매자와 일반 결제자를 따로 분류하는 방법이 있을 수 있다.

1) 네이버페이 결제자와 일반 결제자를 따로 잡히게 설정하기

이것은 맞춤 전환을 이용하는 방법이다. 맞춤 전환은 이후에 자세하게 다룰 예정이기에 여기서는 설정 방법만 간단히 알아보자.

1. 이벤트 관리자 → 픽셀 상세정보를 클릭한다. 그리고 '구매' 전환 이벤트의 **상세 정보 보기**를 클릭한다.

2. 아래 화면이 뜨면 **'최근 활동'**이 보인다.

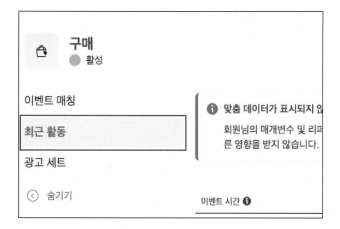

3. 'URL' 부분을 확인하고 링크 위에 커서를 올려본다.

네이버페이로 구매한 사람은 order/navercheckout이라는 주소로 나온다. 일반 결제로 구매한 사람은 order/order_result라는 주소로 나온다.

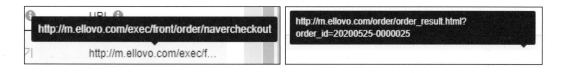

그럼 구매 추적된 URL 값이 다르니 이 URL 값들을 추적하는 '맞춤 전환'을 세팅해주면 된다.

4. 이벤트 관리자에서 별 모양을 클릭한 후 **맞춤 전환 만들기**를 클릭한다.

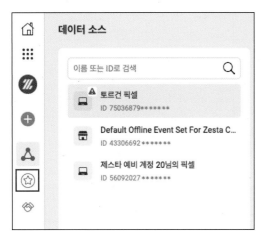

5. 웹사이트 이벤트의 URL을 아래 그림처럼 세팅할 경우 일반 결제자들의 데이터만 확인할 수 있다. 네이버페이 구매자들만 확인하고 싶은 경우 포함 주소에 order/navercheckout으로 넣어주면 된다.(혹은 웹사이트 이벤트를 'Npay Conversion'을 선택하면 된다.)

6. 세팅이 되면 결괏값을 확인할 수 있다.

맞춤 전환

규칙 및 매개변수를 추가하여 이벤트를 맞춤 설정합니다. 더 알아보기

이름	상태	활동 ⓘ	소스	수신된 전환(최근 7일) ⓘ
	● 활성 최근 수신 5시간 전		Pixel	56

맞춤 전환이 99개 남았습니다 ⓘ

광고 관리자 '열 맞춤' 설정에서 확인하면 광고별로 구매건수 총합과 일반 결제자들을 분류해서 볼 수 있다.

	이름 ↑↓	⚠	노출	결과당 비용	품질 순위 광고 관련성 진단	참여율 순위 광고 관련성 진단	전환율 순위 광고 관련성 진단	지출 금액	종료	일정	링크 클릭	웹사이트 구매	구매전환(N페이지제외)
> ☐		◉	7,100	₩4,500				₩120,000	진행 중	–	487	65	15

07 맞춤 전환이란 무엇인가

'광고 관리자' 메뉴에서 '이벤트 관리자'를 클릭하면 왼쪽 메뉴에 '맞춤 전환'이 있다. 맞춤 전환은 웹사이트 픽셀 코드 문제로 인해 '기본 코드' 외에 설치가 안 되는 분들을 위한 기능이다. 혹은 코딩에 대해 아예 모르는 사람들이 간단하게 설치할 수 있는 방법이다.

맞춤 전환 이용의 조건은 '기본 픽셀 코드'가 설치되어 있어야 한다. 카페24, 고도몰, 메이크샵은 픽셀을 설치하는 방법을 앞서 설명하였으니 굳이 '맞춤 전환'을 이용할 필요가 없다. 앞서 말한 네이버페이 구매자들을 분류하는 방법 정도 일테다.

이 기능은 기본 코드는 넣었는데, 너무 어려워서 그 이상 진행이 안 되는 사람들에게 필요한 기능이다. 맞춤 전환은 일단 URL 기반으로 진행된다.

1. 맞춤 전환 만들기를 클릭한다.

① **모든 URL 트래픽**: 웹사이트 내 어느 페이지에서도 해당 URL 키워드가 있으면 추적이 가능하다. 예를 들어 모든 URL 트래픽이 아닌 Purchase로 잡았다고 가정하자. 그러면 URL 키워드는 Purchase 이벤트로 잡히는 URL에서만 추적이 가능하다.

② **URL 키워드 추가**: 웹사이트 내에 특정 키워드가 들어가는 URL을 방문하는 사람들을 추적할 수 있다.

아래에서 예시를 들여보겠다.

애플 홈페이지(apple.com/kr/)에 픽셀이 심어져 있고, A라는 유저가 애플 홈페이지에 들어와서 iPhone 메뉴를 클릭하였다고 하자.

그러면 URL 주소창은 apple.com/kr/iphone/이라고 되어 있다. apple.com/kr/ 뒤에 iphone이라는 단어가 추가로 붙었다.

여기서 다시 iPhone XS 제품을 클릭하면 주소창에 iphone-xs라는 키워드가 추가되었다.

iphone이라는 단어는 아직도 주소에 있는 상태이다. 이것으로 iPhone 메뉴에 있는 모든 핸드폰 제품을 클릭하면 /buy-iphone/이라는 키워드가 붙고, 특정 제품을 클릭하면 /iphone-xs처럼 별도의 모델명이 추가로 달리는 것을 알 수 있다.

자 이제 맞춤전환을 활용하는 방법을 정리해보자.

iPhone 페이지를 조회한 사람들   iPhone XS 제품을 조회한 사람들

'맞춘 전환'은 1주일 단위로 데이터 전환 수를 확인할 수 있다. 주의할 점은 이들은 명수가 아닌 건수이다. 한 사람이 여러 번 새로고침해서 볼 가능성도 있다. 규모를 확인하고 싶거나 리타게팅용으로 이용하려면 '맞춤 타겟'을 활용하길 바란다.

이름	상태	활동 ⓘ	소스	수신된 전환(최근 7일) ⓘ
iPhone XS 제품을 조회한 사람들 ID: 931422037193522	● 아직 활동 없음	실행 횟수 적음	Pixel	0

생성된 '맞춤 전환'을 전환 광고로도 이용할 수 있다.

iPhone XS 제품을 조회한 사람들을 '맞춤 전환'으로 해서 전환 광고를 돌린다는 의미는 XS 제품을 조회한 사람들의 최근 1주일 데이터를 기반으로 비슷하게 XS 제품을 돌릴 만한 사람들에게 노출이 된다는 뜻이다.

'포함' 옵션에 대해 알아보자. 예시로 iPhone 메뉴 페이지(URL: apple.com/kr/iphone/)에만 방문한 사람들을 '맞춤 전환'으로 잡아본다면 다음과 같이 세팅할 수 있다.

① '포함'으로 설정할 경우, 단순히 iphone으로만 하면 아이폰 제품을 구매하는 사람들도 같이 잡힌다.

② '다음과 같은 경우'로 설정할 경우 정확한 URL을 그대로를 설정해야 한다. URL은 모바일 주소와 PC 주소가 다른 경우가 있다는 점에 유의하자.

'다른 규칙 추가' 옵션에 대해 알아보자.

Apple 홈페이지를 예로 들어, iPhone 페이지와 Watch 페이지를 들어간 사람들의 맞춤 전환을 생성해보자. Watch 페이지의 주소는 https://www.apple.com/kr/watch/이다.

다른 규칙 추가를 클릭하여 규칙을 입력하면 새로운 추가 규칙이 설정된다.

다음은 '다른 규칙 추가'를 이용했을 때와 그렇지 않았을 때의 비교이다.

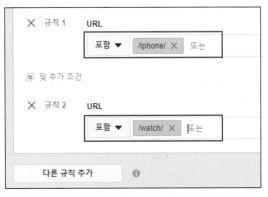

iPhone 페이지와 Watch 페이지 둘 다에 들어간 유저들의 조회수   iPhone 페이지 혹은 Watch 페이지 둘 중 하나에 들어간 조회수

① **이름:** 맞춤 전환의 이름이다. 알아보기 쉽게 설정하면 된다.

② **카테고리:** 전환 이벤트 카테고리 설정이다. 상품 페이지 조회이면 콘텐츠 조회, 구매면 구매, 알맞은 걸로 설정하면 된다.

③ **값:** 카테고리가 '구매'인 경우 그리고 단일 상품일 경우에만 세팅한다. 한 개의 고정값만 입력할 수 있기에 제품이 여러 개인 곳은 불가하다. 큰 의미 없는 구간이기에 비워두고 넘어가길 바란다.

08 다이내믹 프로덕트 광고(DPA) 세팅하는 법 - 카탈로그 만들기

다이내믹 프로덕트 광고(DPA, Dynamic Product Ads)는 주로 리타게팅 전략을 구축할 때 많이 쓰인다. 여러분이 어떤 쇼핑몰 웹사이트에 들어가서 A라는 제품을 보고 나왔는데, 페이스북이나 인스타그램에 가면 A 제품의 광고가 보일 때가 있다. 이것이 DPA이다.

DPA를 하기 위해서는 '카탈로그'를 세팅해야 한다. '카탈로그'는 상품 목록을 담은 정보 파일을 말한다. 내 웹페이지에 있는 상품의 상품명과 상품번호, 가격, 카테고리, 상세페이지, 이미지 등의 정보가 담긴 파일로, csv나 tsv 파일이다.

이 파일이 있어야만 웹사이트에 들어온 고객이 어떤 상품을 보고 갔는지 알 수 있으며, 그래야 그것과 매칭시켜 자동 광고를 내보낼 수 있다. 따라서 DPA나 콜렉션 광고를 할 때는 카탈로그가 필히 있어야 한다.

카탈로그 세팅은 카페24, 고도몰, 메이크샵 같은 경우에는 매우 쉽게 되어 있다. 3가지의 플랫폼 모두 '제품 피드 URL'을 받고 페이스북 카탈로그와 연동시키면 된다.

 DPA를 위한 필수사항

DPA를 하기 위해서는 카탈로그뿐만 아니라 페이스북 픽셀 설치도 필수사항이다.

1 │ 카페24 카탈로그 세팅 방법

1. 카페24 관리자 모드로 접속한다. **쇼핑몰 관리자 → 상점관리 → 마케팅 제휴서비스 → 페이스북 → 제품 피드 URL** 메뉴로 이동한다. '제품 피드 URL 설정'을 **사용함**으로 하고 **저장**을 클릭한다.

2. 그리고 몇 시간 후면 제품피드 URL 경로에서 URL이 생성된 것이 보인다.(최대 1일 소요)

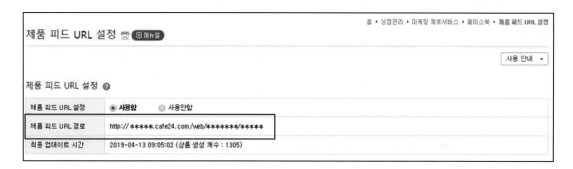

3. 페이스북 '광고 관리자'로 접속한 후 메뉴에서 **카탈로그 관리자**를 선택한다.

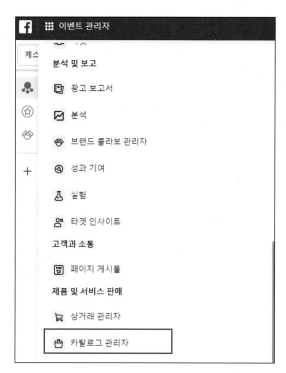

4. 카탈로그 화면에서 FBE 연동으로 생성된 카탈로그를 선택한다.(ex. 쇼핑몰명-Café24)

※ 만약 '쇼핑몰명 – Café24' 카탈로그가 안 보이면 **카탈로그 만들기**를 클릭하여 만들면 된다.

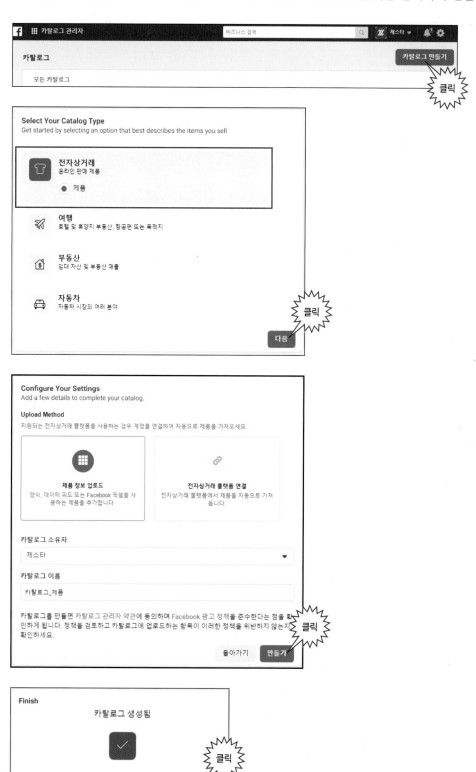

5. 메뉴에서 **제품 데이터 소스**를 클릭한 후 **제품 추가**를 클릭한다.

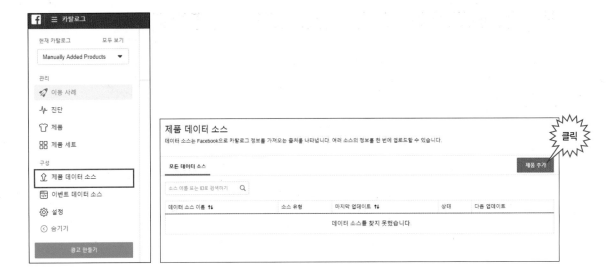

6. '카탈로그에 제품 추가'에서 '**일괄 업로드 사용**'을 선택하고 **다음**을 클릭한다.

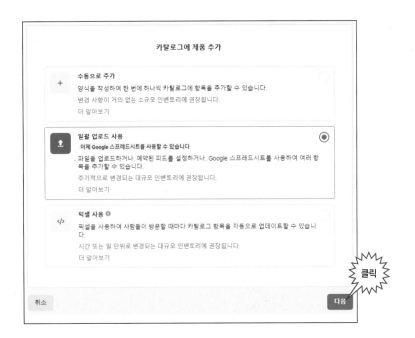

7. '예약된 피드'를 선택하고 **다음**을 클릭한다.

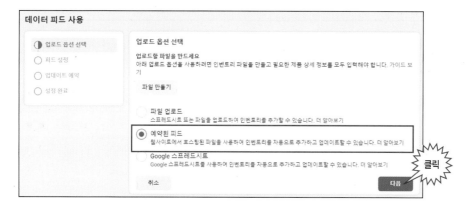

8. 쇼핑몰 플랫폼에서 제공받은 '데이터 피드 URL'을 붙여넣기 하고 **다음**을 클릭한다.

'업데이트 예약' 시간은 매일 오전 9시 30분으로 한다. 이것은 쇼핑몰에 신상품이 있으면 매일 오전 9시 30분에 페이스북 카탈로그도 자동으로 연동되어서 업데이트된다는 뜻이다. **다음**을 클릭한 후 '기본 통화'는 'KRW-대한민국 원'으로 설정하고 **업로드**한다. 해외의 경우 현지 통화로 하면 된다.

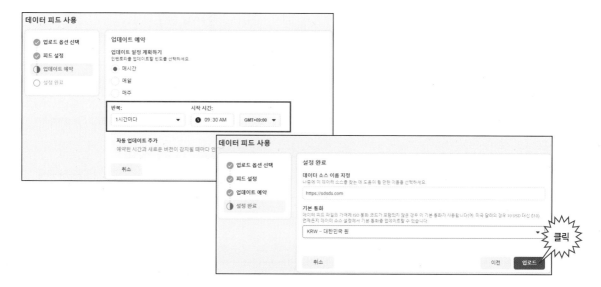

9. **제품** 메뉴를 클릭해서 모든 제품이 다 정상적으로 보이는지 확인하자.

10. 마지막으로 올라간 제품들을 페이스북 픽셀과 연동시켜야 한다. **카탈로그** 메뉴에서 **이벤트 데이터 소스 → 추적에 연결** → 픽셀 선택 후 연결을 활성화하면 카탈로그 세팅이 끝난다.

2 | 메이크샵 카탈로그 세팅 방법

1. 메이크샵 관리자 모드로 접속한 후 **마케팅센터 → 포탈광고 → 페이스북 → 페이스북 광고 설정**으로 이동한다.

2. '페이스북 비즈니스 상품 카탈로그' 체크박스에 체크 후 **확인** 버튼을 클릭한다. 생성된 URL을 복사한다.

3. 페이스북 광고 관리자로 접속하여 **자산 → 카탈로그**를 클릭한다.

4. 카탈로그 만들기를 클릭한 후 **전자상거래**를 선택하고 다음처럼 따라 한다.

5. 이후의 과정은 앞의 '카페24 카탈로그 세팅 방법' 5번 과정을 참조하여 그대로 진행하면 된다.

3 고도몰과 그 외 플랫폼 카탈로그 세팅 방법

고도몰 관리자 모드로 접속한다. 다른 플랫폼들은 '제품 피드 파일'을 다운로드해야 한다(잘 모르겠다면 쇼핑몰 플랫폼에 문의를 해서 다운로드를 받아야 된다. 다운로드를 하였다면 3번 과정부터 따라하면 된다.)

1. 관리자 페이지 → **상품** → **상품선택** → **설정** → 맨 하단에 있는 **페이스북 광고 설정** 체크한다.(이미지 추가 안 해도 됨.)

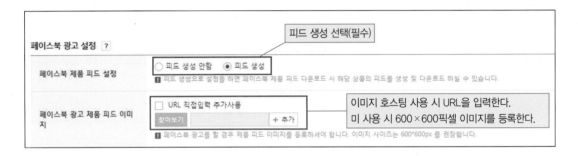

2. 위와 같이 설정한 후 관리자 페이지 → **마케팅** → **SNS/바이럴 광고** → **페이스북 광고 설정**으로 이동하여 제품 피드 파일 **다운로드**를 클릭한다.

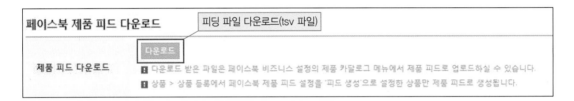

3. 페이스북 광고 관리자로 접속하여 메뉴에서 **카탈로그 관리자**를 선택한다.

4. **카탈로그 만들기**를 클릭한 후 **전자상거래**를 선택하고 다음처럼 따라 한다.

5. 메뉴에서 **제품 데이터 소스**를 클릭한 후 **제품 추가**를 클릭한다.

7. '**파일 업로드**'를 선택하고 **다음**을 클릭한다..

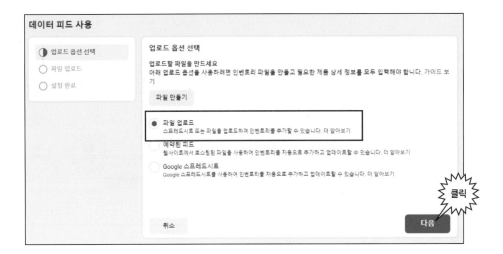

8. 고도몰에서 다운로드 받은 .tsv 파일을 업로드해준다.

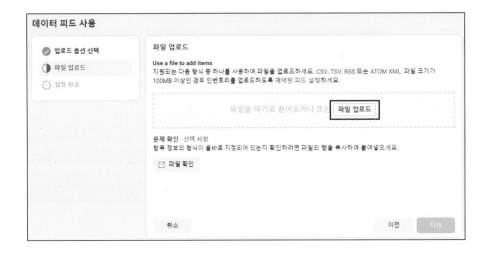

9. 제품 메뉴를 클릭해서 모든 제품이 다 정상적으로 보이는지 확인한다.

10. 마지막으로 올라간 제품들을 페이스북 픽셀과 연동시켜야 한다. **카탈로그** 메뉴에서 **이벤트 데이터 소스 → 추적에 연결 → 픽셀** 선택 후 연결을 활성화하면 카탈로그 세팅이 끝난다.

4 | 수동으로 카탈로그 세팅하는 방법

1. 광고 관리자 → 카탈로그 관리자로 접속을 한 후
카탈로그 만들기를 클릭한다.

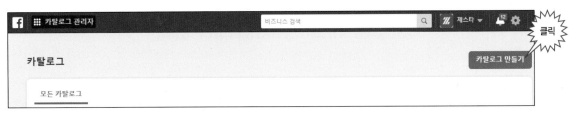

2. 이후 '**전자상거래**'를 선택하고 **다음**을 클릭한다.

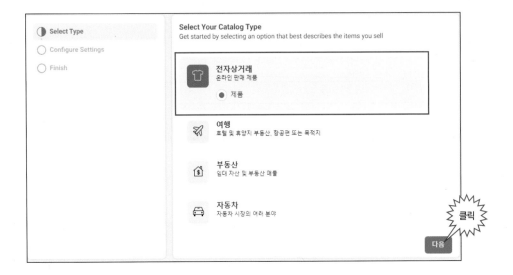

3. '카탈로그 소유자'와 '카탈로그 이름'을 설정한 뒤 **만들기**를 클릭한다.

4. 그러면 카탈로그가 생성된다.
View Catalog를 클릭한다.

5. 카탈로그 관리자 왼쪽 메뉴에 있는 **제품**을 선택하고 **제품 추가**를 클릭한다.

6. '일괄 업로드 사용'을 선택하고 **다음**을 클릭한다.

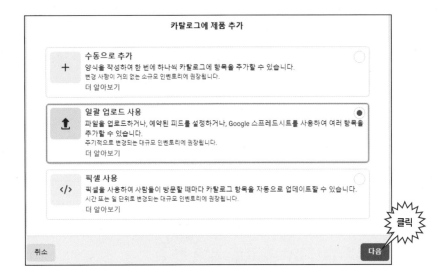

7. '파일 만들기' 버튼을 클릭한다.

8. 'Dynamic Ads'를 선택하고 **파일 다운로드**를 클릭한다.

9. 다운로드 받은 .csv 파일을 열어보면 아래와 같이 보일 것이다.

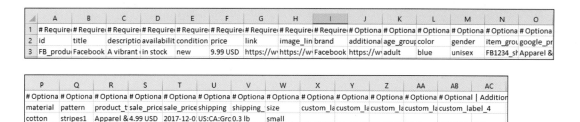

#Required라고 나오는 부분은 필수로 입력해야 한다. A부터 I열까지는 필수라고 보면 된다. 3행은 예시이기 때문에 지우면 된다.

	A	B	C	D	E	F	G	H	I
1	❶#Require	❷#Require	❸# Require	❹# Require	❺# Require	❻#Require	❼#Require	❽# Require	❾#Require
2	id	title	descriptio	availabilit	condition	price	link	image_lin	brand
3	FB_produ	Facebook	A vibrant	in stock	new	9.99 USD	https://w	https://w	Facebook

① **id:** 쇼핑몰 웹사이트에 들어가서 아무 제품을 클릭한 뒤 제품 상세페이지에서 주소창 URL을 확인한다. product_no= 다음의 숫자를 적어준다. 만약 안 보이면 임의로 1이라고 적자.

/product/detail.html?product_no=1123&cate_no=107&display_group=1

② **title:** 제품명을 입력한다.

③ **description:** 제품에 대한 설명글을 적어준다.

④ **availability:** in stock, available for order, preorder, out of stock, discontinued 중에서 입력한다.

- In stock: 재고 있음(제일 많이 쓰이는 옵션이다.)   · Available for order: 주문 가능
- Preorder: 선주문   · Out of stock: 재고 소진
- Discontinued: 생산 중단됨

⑤ **Condition:** new, refurbished, used 중에서만 입력해야 한다.

- New: 새것   · Refurbished: 새것 같은 제품
- Used: 중고

⑥ **Price:** 가격과 통화가 입력되어야 한다. 만 원짜리 제품이라면 10,000 KRW로 입력하면 된다.

⑦ **Link:** 해당 제품 상세페이지 주소를 넣어준다.

⑧ **Image_link:** 해당 제품의 메인 이미지를 넣어준다. 상품 이미지에서 마우스 우측 버튼 클릭 후 '새 탭에서 열기' 후 URL을 복사한다. 이미지 최소 크기는 600×600픽셀이어야 한다. 그래야 인

스타그램에서 노출이 가능하다. 이렇게 .jpg로 끝나는 링크를 넣어주면 된다.

product/big/201903/3e5c5372bdf78c79dfc9fada8f63aeee.jpg

⑨ Brand: 브랜드명을 입력해준다.

다음부터는 선택사항이기 때문에 안 넣어도 되지만 여기서 설명하는 부분은 웬만하면 입력하기를 바란다.

- **Additional_image_link:** 메인 이미지 외 추가로 올릴 제품 이미지가 있으면 URL을 올려준다.
- **Age_group:** newborn, infant, toddler, kids, adult 중에서 입력해야 한다.
  - Newborn: 갓난아기, Toddler: 이제 막 걸음마를 뗀 아이, Infant: 4~7세의 아이
- **Color:** 상품에 대한 색상
- **Gender:** male, female, unisex 중에서 입력해야 한다.
  - Male: 남성, Female: 여성, Unisex: 남녀공용
- **google_product_category:** 구글 제품 카테고리를 사용하여 Google 상품 분류에 근거한 상품 카테고리를 표시한다. 제품의 카테고리를 지정하면 광고가 적절한 검색결과에 표시되는 데 도움이 되기 때문에 입력하자. 다음 주소로 들어간다.

https://www.google.com/basepages/producttype/taxonomy-with-ids.en-US.txt

이런 식으로 다양한 카테고리가 보인다.

```
# Google_Product_Taxonomy_Version: 2019-07-10
1 - Animals & Pet Supplies
3237 - Animals & Pet Supplies > Live Animals
2 - Animals & Pet Supplies > Pet Supplies
3 - Animals & Pet Supplies > Pet Supplies > Bird Supplies
7385 - Animals & Pet Supplies > Pet Supplies > Bird Supplies > Bird Cage Accessories
499954 - Animals & Pet Supplies > Pet Supplies > Bird Supplies > Bird Cage Accessories > Bird Cage Bird Baths
7386 - Animals & Pet Supplies > Pet Supplies > Bird Supplies > Bird Cage Accessories > Bird Cage Food & Water Dishes
4989 - Animals & Pet Supplies > Pet Supplies > Bird Supplies > Bird Cages & Stands
4990 - Animals & Pet Supplies > Pet Supplies > Bird Supplies > Bird Food
7398 - Animals & Pet Supplies > Pet Supplies > Bird Supplies > Bird Gyms & Playstands
4991 - Animals & Pet Supplies > Pet Supplies > Bird Supplies > Bird Ladders & Perches
4992 - Animals & Pet Supplies > Pet Supplies > Bird Supplies > Bird Toys
4993 - Animals & Pet Supplies > Pet Supplies > Bird Supplies > Bird Treats
4 - Animals & Pet Supplies > Pet Supplies > Cat Supplies
5082 - Animals & Pet Supplies > Pet Supplies > Cat Supplies > Cat Apparel
4433 - Animals & Pet Supplies > Pet Supplies > Cat Supplies > Cat Beds
3367 - Animals & Pet Supplies > Pet Supplies > Cat Supplies > Cat Food
543684 - Animals & Pet Supplies > Pet Supplies > Cat Supplies > Cat Food > Non-prescription Cat Food
543683 - Animals & Pet Supplies > Pet Supplies > Cat Supplies > Cat Food > Prescription Cat Food
4997 - Animals & Pet Supplies > Pet Supplies > Cat Supplies > Cat Furniture
500059 - Animals & Pet Supplies > Pet Supplies > Cat Supplies > Cat Furniture Accessories
4999 - Animals & Pet Supplies > Pet Supplies > Cat Supplies > Cat Litter
8069 - Animals & Pet Supplies > Pet Supplies > Cat Supplies > Cat Litter Box Liners
7142 - Animals & Pet Supplies > Pet Supplies > Cat Supplies > Cat Litter Box Mats
5000 - Animals & Pet Supplies > Pet Supplies > Cat Supplies > Cat Litter Boxes
5001 - Animals & Pet Supplies > Pet Supplies > Cat Supplies > Cat Toys
5002 - Animals & Pet Supplies > Pet Supplies > Cat Supplies > Cat Treats
5 - Animals & Pet Supplies > Pet Supplies > Dog Supplies
5004 - Animals & Pet Supplies > Pet Supplies > Dog Supplies > Dog Apparel
4434 - Animals & Pet Supplies > Pet Supplies > Dog Supplies > Dog Beds
7372 - Animals & Pet Supplies > Pet Supplies > Dog Supplies > Dog Diaper Pads & Liners
499900 - Animals & Pet Supplies > Pet Supplies > Dog Supplies > Dog Diapers
3530 - Animals & Pet Supplies > Pet Supplies > Dog Supplies > Dog Food
```

검색 예시를 보자. 의류는 Apparel로 검색하면 다양한 카테고리가 나온다. 여성 의류 쪽에서 원피스 제품 같은 경우는 아래 카테고리로 잡아주면 된다. 앞에 숫자는 빼고 입력한다.

```
2271 - Apparel & Accessories > Clothing > Dresses
5182 - Apparel & Accessories > Clothing > One-Pieces
5250 - Apparel & Accessories > Clothing > One-Pieces > Jumpsuits & Rompers
5490 - Apparel & Accessories > Clothing > One-Pieces > Leotards & Unitards
7132 - Apparel & Accessories > Clothing > One-Pieces > Overalls
203 - Apparel & Accessories > Clothing > Outerwear
```

10. 제품을 다 올렸으면 엑셀 파일을 .csv 파일로 저장한다.

11. '파일 업로드' 옵션을 선택하고 **다음**을 클릭한다. 그리고 **파일 업로드**를 클릭하여 파일을 업로드한다.

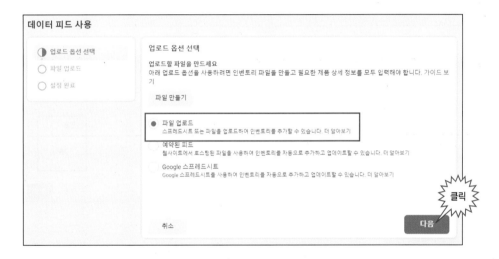

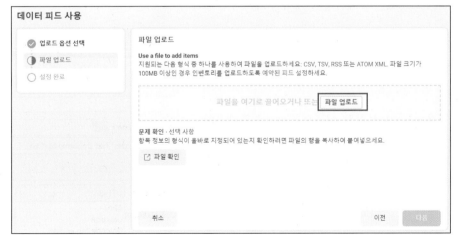

12. 모든 제품이 잘 업로드되었으면 페이스북 픽셀과 연동시켜야 된다. **카탈로그** 메뉴에서 **이벤트 데이터 소스 → 추적에 연결 →** 픽셀 선택 후 연결을 활성화하면 카탈로그 세팅이 끝난다.

■ 한글이 깨지는 경우 해결 방법

만약 엑셀 파일을 업로드했는데 제품명이 깨져서 나온다면 아래와 같이 설정하자.

1. 엑셀 파일을 .txt 파일로 저장한다.

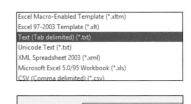

2. txt 파일을 메모장에서 열어 '다른 이름으로 저장' 확장자명을 .tsv로 저장한다.

3. 다시 해당 .tsv 파일을 연 다음 '다른 이름으로 저장' 후 엔코딩을 'UTF-8'로 저장한다. 그리고 저장된 파일을 다시 카탈로그에서 수동으로 업로드를 해보면 해당 문제가 해결된다.

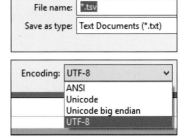

09 카탈로그 제품 세트 만들기

카탈로그를 설정했다고 해서 끝이 아니다. 한 가지 더 '제품 세트'도 만들어야 한다.

자산 → 카탈로그 메뉴를 보면 **제품 세트**라고 있다. 쉽게 설명하면 업로드된 제품들에 대한 카테고리를 만든다는 뜻이다.

1. 카탈로그 메뉴에서 **제품 세트**를 클릭한 후 **제품 세트 만들기**를 클릭한다.

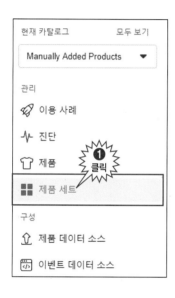

2. 예를 들어서 옷 광고를 여러 개 하고 있는데, 이 중에서 상의 제품만 따로 빼고 싶다라고 하면 제품 세트를 상의 제품들로만 만드는 방식이다. 이런 식으로 직접 세트들을 분류해둘 수 있다.

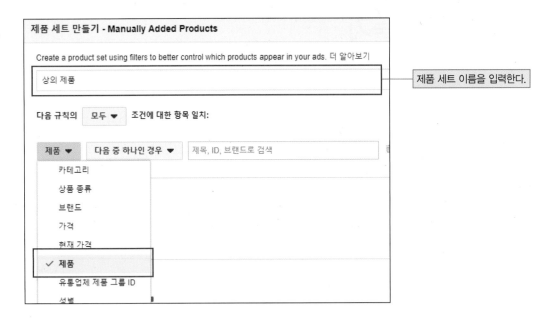

제품 세트 이름을 입력한다.

제품 세트에 포함할 상품들을 선택한다.

10 재고 소진된 제품 수동으로 비활성화하기

DPA 광고를 돌릴 때 재고가 없는 제품, 광고를 내보내고 싶지 않은 제품들을 세팅하는 방법에 대해서 알아보자.

1. 카탈로그에서 제품을 클릭하면 카탈로그 내에 모든 제품들이 보인다. 예를 들어 보라색 핸드폰 케이스 재고가 떨어져서 해당 제품은 광고를 내보내고 싶지 않다고 해보자. 해당 제품을 클릭한다.

2. 게재 비활성화를 클릭하면 해당 제품은 DPA 광고를 진행할 시 제외되고 노출된다. 이후에 재고가 있을 경우 다시 '게재 활성화'를 하면 된다.

11 다이내믹 프로덕트 광고(DPA) 진행하기와 실전 팁

DPA 광고를 진행하는 방법과 몇 가지 실전 응용법에 대해서 알아보자.

1. 광고관리자로 접속 후 **카탈로그 판매**를 선택하고, 사용하게 될 카탈로그도 설정해준다.

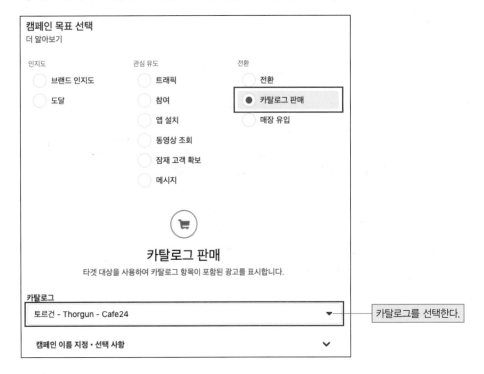

2. 위와 같이 진행을 하였다면 가장 먼저 'Products'의 '제품 세트'에 '모든 제품'이라고 보인다. '제품 세트'는 원하는 세트로만 광고가 나가게끔 하려면 특정 세트를 선택하고, 모든 제품을 다 광고로 나가게끔 하려면 **모든 제품**을 선택한다.

3. 쿠폰은 사용하지 않는다. 비활성화된 상태로 진행한다.

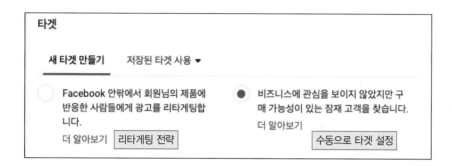

쿠폰
쿠폰을 만들어 전환을 늘려보세요. 사람들은 원하는 쿠폰을 저장하고 이에 관한 알림을 받을 수 있습니다. 더 알아보기
해제됨

4. 카탈로그 판매는 광고 옵션이 '리타게팅 전략'과 '수동으로 타겟 설정' 2가지로 나뉜다.

타겟

새 타겟 만들기 저장된 타겟 사용 ▼

○ Facebook 안팎에서 회원님의 제품에 반응한 사람들에게 광고를 리타게팅합니다.
더 알아보기 [리타게팅 전략]

● 비즈니스에 관심을 보이지 않았지만 구매 가능성이 있는 잠재 고객을 찾습니다.
더 알아보기 [수동으로 타겟 설정]

리타게팅 전략으로 운영하게 될 경우에는 '조회하거나 장바구니에 담았으나 구매하지 않은 사람'이 통상적으로 제일 많이 쓰인다. ROAS가 제일 높게 나오는 타겟이라고도 생각할 수 있다.

리타게팅은 주로 28일 설정이 제일 많이 이용된다. 리타게팅은 웹사이트 방문자 모수가 어느 정도 되었을 때 진행하는 것을 추천한다. 규모가 1,000명 이상이면 테스트 해볼 만한다. 필자는 28일 혹은 14일 정도로 테스트해보는 것을 추천한다. 또한 앞서 말한 것처럼 DPA 광고는 리타게팅용으로 쓸 때가 효과가 좋다. 때문에 '수동으로 타겟 설정' 옵션보다는 '리타게팅 전략'으로 효율을 보는 것을 권장한다.

● **조회하거나 장바구니에 담았으나 구매하지 않은 사람**
지난 [28] 일 동안 해당 제품을 조회하거나 장바구니에 담은 사람들에게 모든 제품의 제품을 홍보합니다

Tip 수동 타겟 설정

'수동 타겟 설정'은 다음과 같은 원리로 작동된다.
여성 의류 '가나다'라는 브랜드의 카탈로그가 있다고 가정하자. '가나다' 브랜드에 대해서 전혀 모르는 A 유저와 B 유저가 있다. A는 주로 다른 사이트에서 원피스를 많이 구매하고 B는 청바지를 많이 구매한다. 그럼 '가나다' 브랜드의 '카탈로그 판매 광고(DPA)'는 A한테 노출이 되면 원피스가 우선적으로 보여지게 되고, B한테는 청바지가 우선적으로 보여지게 되는 형식이다.('가나다' 브랜드에 원피스와 청바지 제품이 있다는 전제하에.)
경험상 DPA 광고는 '리타게팅 전략'이 '수동 타겟 설정'보다 보통 ROAS가 더 높게 나온다. CPS도 더 저렴하게 나오는 편이다. 때문에 DPA는 웬만하면 리타게팅 전략으로 구축하는 걸 추천한다.
새로운 사람들에게 광고를 내보내고 싶으면 '전환' 광고로 세팅하는 걸 권장한다.

5. 이 외에 다른 옵션들도 있는데, 웹사이트 내에 구매자 데이터가 굉장히 많은 경우에는 '교차 판매 제품' 옵션도 추천한다.

해당 옵션은 보통 의류 쇼핑몰에서 많이 쓰일 수 있다. 신상품이 나오는 경우 기존 구매 고객층들에게 신상품이 우선적으로 보이게끔 광고가 노출되는 것이다. 단 해당 옵션을 사용하는 경우 신상품을 새로운 '제품 세트'로 세팅을 해야 한다.

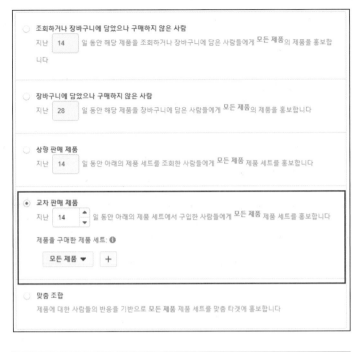

6. 추가로 해당 리타게팅에 속해 있는 유저들 중에서도 연령대, 관심사 혹은 위치를 좁히고 싶은 경우에는 '옵션 더 보기'를 통해 좁힐 수 있다.

7. 노출 위치는 '자동 노출 위치'로 하는 것을 권장한다. 허나 특정 노출 위치만을 대상으로 광고를 하고 싶다면 '수동 노출 위치'를 통해 수정하길 바란다.

8. [광고 세트] 마지막 부분에서 '광고 게재 최적화 기준'이 '링크 클릭'으로 되어있는데, 이를 반드시 '전환 이벤트'로 변경을 하고 예산을 설정해 주길 바란다.

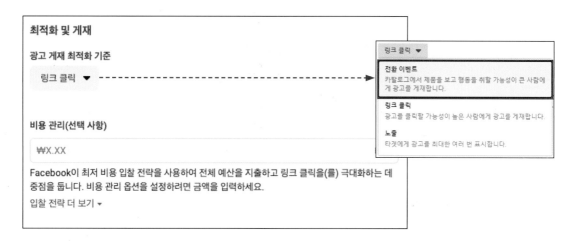

9. 마지막 [광고] 부분에서는 대표 계정을 확인해준다.

10. 아래의 화면에서 카탈로그 판매에 노출될 '기본 문구'를 작성해준다. 해당 기본 문구는 최대한 리타게팅에 맞는 문구로 쓰는 것이 좋다.(Ex. 해당 제품을 보시고 가셨군요! 지금 1주일만 ___% 할인을 하고 있어서 구매하실 절호의 기회입니다!)

DPA 광고에서 보통 '제목'은 제품명(product_name)으로 진행하고, '설명'은 가격(product.current_price)으로 진행한다. 하지만 가격이 많이 비싼 경우에는 가격을 표시하지 않는 것을 권장한다.

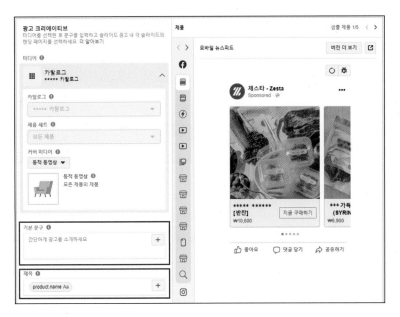

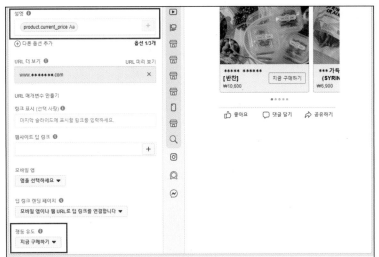

11. 마지막으로 행동 유도 버튼을 '더 알아보기' 혹은 '지금 구매하기'로 선택하고, 광고를 라이브시키면 된다. 라이브시키기 전에 반드시 '전환 추적 Facebook 픽셀'에 본인의 픽셀이 활성화되어 있는지 확인하길 바란다.

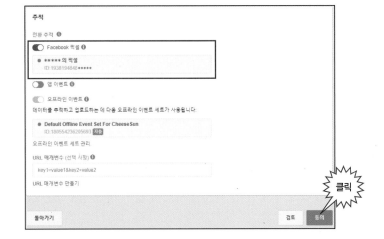

실전 전략 및
성공 사례

이 장에서는 그동안 설명한 광고 관리자에 대한 내용을 실전에 적용하여 성공한 사례들에 대해서 알아본다. 아마 이 책의 독자들이 가장 보고 싶었던 부분이 아닐까 생각한다. 지금까지의 내용을 잘 따라온 사람이라면 광고 관리자에 대한 이해도가 많이 높아졌을 것이다.

다음의 각 업종에 따라 전략과 팁, 성공 사례를 필자의 실전 경험을 토대로 알아보도록 하겠다.

- 스마트스토어 / 아마존
- 출판사
- 커뮤니티 페이지 게시물 홍보
- 팔로워 확보
- 고객 유치, DB 수집 목적
- 공식 홈페이지, 자사몰

01 스마트스토어, 아마존 성공 전략

자사몰이 아닌 타 플랫폼을 이용한 마켓플레이스는 페이스북, 인스타그램에 광고를 진행하기가 간단하지만 어렵다.

온라인 쇼핑몰의 평균 구매전환률은 2~3%이다. 매우 잘 나오는 경우도 7~10% 정도이다.

스마트스토어는 픽셀을 설치한다 해도 단순한 광고 전략밖에 운영할 수 없어서 필자는 선호하지 않는 편이다. 스마트스토어 자체 내에서 SNS 유입의 통계분석이 가능하니 참고하면 된다.

스마트스토어는 **상품등록 → 공지사항**의 HTML을 이용해 픽셀을 삽입할 수 있는 경로는 있지만 이것은 단순 추적, 리타게팅 용도이다. 그래서 차라리 스마트스토어의 통계분석을 볼 것을 추천한다. 스마트스토어센터에서 **통계 → 마케팅 분석 → 상세**에서 확인할 수 있다.

스마트스토어의 캠페인 목표는 보통 **'트래픽'**이 가장 효율이 좋다. 전환 광고를 할 수 없기에 일단 저렴하게 해당 사이트로 유입량을 증가시켜야 한다.(물론 스마트스토어는 '콘텐츠 조회' 이벤트를 심으면 '전환' 광고가 가능하지만 트래픽이랑 별 차이가 없다.)

그렇다면 어떻게 세팅을 해야 CPC를 낮추면서 유입량과 구매 전환을 증가시킬 수 있을까?

첫 번째 방식은 타게팅이다. 스마트스토어나 아마존은 특히 구매할 만한 사람들 위주로 정교하게 설정하는 것이 좋다.

대중성이 있는 제품(ex. 의류)이라면 아래와 같은 '관심사'와 '확장' 옵션을 사용한다. 성별은 주 구매자들의 성별로 잡으면 된다. 혹은 '타겟 좁히기'를 이용하여 1차 관심사는 해당 비즈니스에 적합한 키워드 + 2차 관심사는 '구매에 관심을 보인 사람'으로 하면 된다.

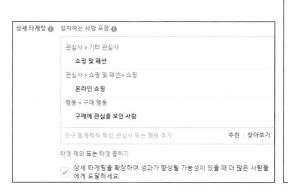

1) 특정 타겟을 대상으로 하는 상품/서비스인 경우

대중성이 비교적 적고 특정 타겟을 대상으로 광고를 해야 하는 제품/서비스인 경우도 마찬가지로 '타게팅'을 설정하는 것이 좋다. 예를 들어 반려동물 식품이라면 다음과 같이 설정할 수 있다.

2) B2B 혹은 특정 소수만을 대상으로 하는 기업일 경우

일단 해당 기업과 연관성이 있는 관심사 키워드들을 떠올려본다. 그리고 아래 '상세 타게팅' 검색 창에서 검색을 한다. 사람들이 자주 검색하는 키워드만 뜨기 때문에 입력하는 키워드가 안 뜰 가능성도 있다. 시도를 해보고 뜨는 게 있을 때까지 검색한다. 일단 한 개가 검색이 되면 오른쪽에 보이는 '추천'을 클릭하고 연관성이 있는 키워드들을 10개 내외로 잡아보자.

타겟이 너무 넓게 설정되어 있다고 나오더라도 흔들릴 필요는 없다. 이것은 추산치이기 때문에 전혀 영향이 없다. '최대 도달 범위' 부분만 신경을 써주자. 적어도 500,000명 이상이면 문제는 없다. 넓게 설정되어 있다고 나와서 관심사 키워드를 빼거나 연령대를 더 좁힌다든지 할 필요는 없다.

02 출판사의 도서 홍보 전략

출판사의 도서 광고는 매우 쉽다. 목표는 일단 크게 2가지로 나뉜다. '신간서적 홍보' 혹은 오픈마켓에 올려 놓은 '도서 구매 유도'이다.

1) 신간서적 홍보

신간서적 홍보는 일단 많은 사람들이 보고 책 내용을 전파할 수 있도록 해야 한다. 가장 효과적인 방법은 유저들이 댓글로 친구들을 태그하고, 자기 프로필에 공유하여, 더 많은 친구들에게 광고를 유기적으로 도달(무료)시키는 것이다. 따라서 광고 캠페인 목표는 **'참여'**가 제일 효과적이다.

더 많은 사람들에게 도달할 수 있는 가장 좋은 목표는 '도달'인데 왜 '참여'를 추천하느냐고 의문이 들 수 있다. 도달은 이 사람들이 실제로 광고를 보고 읽었는지 카운팅을 하기가 힘들다. 그리고 단순히 눈팅만 하는 사람들이 많기 때문에 비효율적이기 때문이다.

다음 게시물은 좋아요가 22만 명, 댓글 14만 개, 공유가 2.2만 회이다. 너무나도 유명한 도서 광고이다.

여기서 주의 깊게 볼 것은 콘텐츠이다. 해당 콘텐츠는 모든 연령대한테 메시지가 잘 전달되게끔 카툰 형태의 스토리텔링 방식으로 제작되었다. 댓글, 공유가 많다. 입소문이 났다는 뜻이다.

물론 이 정도 결과를 얻기까지는 지출 금액도 클테지만 콘텐츠가 워낙 좋아서 이 만큼의 결과가 나왔다고 볼 수 있다.

다음의 예도 신간 홍보가 목적인 광고이다. 출판사의 전형적인 광고 형식이라고 할 수 있다. 단일 이미지(책 표지 사진)에 책 내용을 문구로 작성하는 방식이다.

흔히들 기본 문구 부분을 너무 길게 쓰면 광고에 방해가 된다고 생각하는데, 그렇지 않다. 책 광고는 책에 관심이 있는 사람들이 주 타겟층이기에 해당 유저들은 광고 문구 또한 유심히 읽어본다. 표지만으로 전달하기 힘든 책의 내용을 소개 문구로 보완하는 것이다.

이렇게 '단일이미지 + 문구 조합'은 도서 홍보의 전형적이고 정석적인 방식으로, 필자도 도서 홍보는 이 방식을 추천한다.

가끔 인공지능이 이미지 안에 문구가 많다고 승인 검토를 거부하는 경우도 있지만, 이럴 때는 재고 요청을 하면 다시 풀린다. 책 표지는 광고 정책 예외 케이스이다.

2) 오픈마켓 구매 유도

책 광고를 통해 오픈마켓(교보문고, YES24 등)으로 구매 전환을 유도할 수도 있다.

앞서 설명한 것처럼 오픈마켓은 픽셀 삽입이 불가능하다. 그래서 일단 웹사이트로 유입량을 상승시켜야 한다. 즉, 캠페인 목표를 **'트래픽'**으로 세팅하면 된다.

타겟은 해당 도서를 읽을 만한 연령대 위주로 설정한다. 40~50대가 읽을 만한 책인데 18~65+로 잡으면 안 된다. CPC는 저렴해질지 모르나 구매전환율이 극도로 저조할 것이다.

다음과 같이 '단일이미지 + 기본 문구(도서 내용) + 오픈마켓 링크'를 걸어두는 형식으로 하면 된다.

출판사의 책 광고는 책의 재미도에 따라 효율이 매우 갈린다. 때문에 예산이 된다면, 출판사의 제일 잘 나가는 책을 메인 광고(트래픽)로 태우고, 이후에 출시되는 신간들은 서브 광고(트래픽)로 진행 후 반응을 살피는 것이 좋다.

도서는 동영상 형식은 비추천한다.

03 커뮤니티 페이지 게시물 홍보
- 맛집

맛집 홍보 등 커뮤니티 페이지 게시물을 홍보하는 것은 아주 간단하다. 콘텐츠가 99%를 차지한다고 볼 수 있다. 앞서 2장에서 타 페이지 광고를 벤치마킹하는 방법을 설명하였다. 이를 참고하여 관련 업종의 좋은 게시물을 벤치마킹하기 바란다. 광고 카피나 이미지 작업 등을 어떻게 하여 광고를 돌리는지 파악해보기 바란다.

커뮤니티 페이지의 캠페인 목표는 무조건 **'참여'**로 한다. KPI가 좋아요, 댓글, 공유이니까. 이런 커뮤니티 페이지는 굳이 광고 관리자 안 쓰고 페이지 내에 '게시물 홍보하기'로 해도 무방하다. 단, 맛집 홍보가 목적이라면 위치만 맛집 인근으로 찍고 진행하면 된다. 타겟 범위는 3만 명에서 10만 명 정도면 괜찮다.

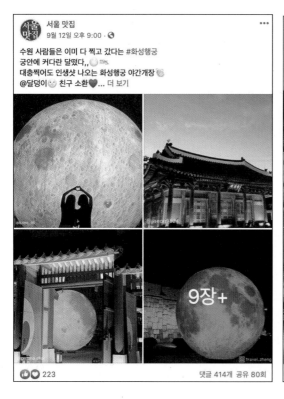

04 페이스북 페이지 팔로워를 확보하는 방법

'페이지 좋아요' 광고가 따로 있다. 국내의 '페이지 좋아요' 단가는 30원부터 높게는 2천 원을 넘기도 한다.

제일 저렴한 단가의 페이지는 10대, 20대를 타겟하는 페이지이다. 재미있는 동영상을 올리는 페이지나 맛집, 영화 등 10대~20대들이 좋아할 만한 주제들로 만든 페이지이다.

이런 페이지인 경우 어그로(aggro, 관심 끌기)성 소재가 반응이 제일 좋다. '페이지 좋아요' 같은 경우는 일단 '단일 이미지' 혹은 '단일 동영상'밖에 못 올린다. 동영상보다는 이미지가 단가가 더 저렴한 편이다.

다음 예시와 같은 약간의 어그로성 형태의 카피와 이미지를 쓰면 100원 언더는 정말 쉽다. 단 타겟도 젊은 10대, 20대로 잡길 바란다.

페이지 좋아요는 '따봉' 버튼만 누르면 되기에 액션이 정말 쉽다. 그렇다면 저 버튼을 누르게끔 쉽게 풀이를 하면 될 것이다. 하지만 모든 페이지들이 이렇게 풀이를 할 수 없을 것이다. 자사의 브랜드 이미지도 있으니까 말이다.

이런 업체들은 보통 '좋아요'당 단가가 높다. 어느 정도 팔로워가 이미 많이 쌓인 페이지는 더더욱 높을 수밖에 없다. 보통 브랜드 페이지 홍보 시의 '좋아요' 단가는 300원에서 1천 원 정도이다.

브랜드 광고도 앞서 말한 것처럼 비슷하게 생각하면 된다. '좋아요' 광고는 말 그대로 '좋아요'를 쉽게 누르게끔 광고를 하는 게 좋다. 때문에 단일 이미지가 동영상보다 낫다.

교육 브랜드 페이지 같은 경우 "따봉 누르면 수능 만점각임" 이런 식으로 카피를 써보는 것도 나쁘지 않다. 이미지는 수능 만점 포토샵 이미지를 넣으면 된다.

정리하면 간단하고 명백한 게 좋다. '페이지 좋아요' 광고인데 문구를 구구절절이 넣고 1~2분짜리 동영상을 쓰는 것은 좋지 않다. 다음 예시처럼 간단하게 만들면 된다.

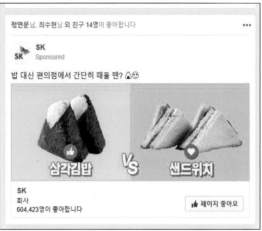

1) 페이지 좋아요 저렴하게 늘리는 전략 – 1

'페이지 좋아요' 같은 경우는 지출금액을 낮게 세팅할 때 CPL(Cost Per Lead, 조건 달성에 따른 비용) 단가가 저렴하다. 예를 들어 일 예산을 1만 원으로 할 때는 단가가 100원인데 10만 원으로 할 때는 단가가 200원~300원이다. 이를 역이용하면 저렴하게 PPL 광고(페이지 좋아요 광고)를 세팅할 수 있다. 일 예산이 1만 원이고, 타겟이 10대~40대인 경우 아래와 같이 세트를 분산시킬 수 있다. 연령대별로 분산시키는 방법을 먼저 보자.

이름	↑	⚠	결과	도달	빈도	결과당 비용	예산
13-15	⬤		— 페이지 좋아요	—	—	— 페이지 좋아요당	₩1,000 일일
16-18	⬤		— 페이지 좋아요	—	—	— 페이지 좋아요당	₩1,000 일일
19-21	⬤		— 페이지 좋아요	—	—	— 페이지 좋아요당	₩1,000 일일
22-24	⬤		— 페이지 좋아요	—	—	— 페이지 좋아요당	₩1,000 일일
25-27	⬤		— 페이지 좋아요	—	—	— 페이지 좋아요당	₩1,000 일일

위와 같은 식으로 2살씩 끊어서 총 10개의 광고 세트로 분산을 시켜보자. 하루 이틀 정도 돌리면 단가가 높은 연령대가 보일 것이다. 그러면 해당 연령대는 끄고 진행한다. 예산이 빈 경우 단가가 저렴하게 나오는 광고 세트에다 조금씩 증액시키면서 진행하면 된다.

2) 페이지 좋아요 저렴하게 늘리는 전략 – 2

다른 방법은 한 개의 광고 세트 사본을 6개 정도를 만드는 것이다.

똑같은 광고 세트를 6개를 만들면 한 사람이 똑같은 광고를 6번 보지 않을까라는 걱정은 하지 않아도 된다. 타겟을 10대~30대라고 가정하면 타겟 모수만 해도 820만 명이다. 일 예산 2천 원으로 6개의 광고가 동시에 같은 사람한테 나갈 확률은 엄청 희박하다.

타겟 정의

너무 좁음 　 너무 넓음

최대 도달 범위: 8,200,000명 ⓘ

이름	↑	⚠	게재	결과	도달	빈도	결과당 비용	예산
13-30	✓ ⬤		● 활성 1개 승인됨	— 페이지 좋아요	—	—	— 페이지 좋아요당	₩1,000 일일
13-30 - 사본	✓ ⬤		⚙ 검토 중	— 페이지 좋아요	—	—	— 페이지 좋아요당	₩1,000 일일
13-30 - 사본	✓ ⬤		⚙ 검토 중	— 페이지 좋아요	—	—	— 페이지 좋아요당	₩1,000 일일
13-30 - 사본	✓ ⬤		⚙ 검토 중	— 페이지 좋아요	—	—	— 페이지 좋아요당	₩1,000 일일
13-30 - 사본	✓ ⬤		⚙ 검토 중	— 페이지 좋아요	—	—	— 페이지 좋아요당	₩1,000 일일
13-30 - 사본	✓ ⬤		⚙ 검토 중	— 페이지 좋아요	—	—	— 페이지 좋아요당	₩1,000 일일

이렇게 광고를 돌려보면 효율 좋은 광고 세트가 있을 것이고 별로인 광고 세트도 있을 것이다. 이를 살펴보고 효율 좋은 광고 세트 위주로 광고를 돌리면 된다.

3) 페이지 좋아요 저렴하게 늘리는 전략 – 3

다음은 유사 타겟을 쓰는 방식이다. 이 방식은 Case by Case이다. 단가가 이미 저렴하게 나오고 있는 분들한테는 비추천한다.

CPL 단가가 정말 미친듯이 너무 높게 나오는 사람들은 이 방식을 사용해보길 바란다. 페이스북 페이지 팬 기반 유사 타겟 10%를 만들어서 적용하는 것인데, 이 방식을 이용하려면 현재 페이지 팔로워가 적어도 1,000명 이상은 되어야 한다.

05 고객 유치 및 DB 수집 목적

보험, 자동차 딜러, 병원, 제휴마케팅 쪽에서 많이 쓰이는 CPA(Cost Per Action, 결과당 비용) 광고 형식이다. 제일 많이 쓰이는 캠페인 목표는 '잠재 고객 확보', '트래픽', '전환' 광고이다.

어떻게 해야 DB당 단가를 낮출 수 있는지와 진성 DB를 받을 수 있는지에 대해 알아보자.

일단 '잠재 고객 확보' 캠페인 진행에 대해서 알아보자. 이 광고는 보통 DB당 단가가 시간이 지날수록 올라간다.

DB당 단가를 낮출 수 있는 방법은 크리에이티브(이미지/동영상), 타겟, 카피, 마케팅 전략 등 여러 가지가 있다. 이번에 설명할 전략은 '수동 입찰 전략'으로, 해당 전략은 오로지 CPL(Cost Per lead) 단가를 맞추기 위한 전략이라고 보면 된다.

그전에 크리에이티브에 대해 잠깐 언급하면, 개인 경험상 크리에이티브별로 DB당 단가가 낮은 순은 '단일 이미지 → 동영상 → 슬라이드'이다. 단일 이미지가 만들기도 쉽고 효율도 제일 좋다. 하지만 형식에 따라 어떻게 표현하느냐도 매우 중요하다는 점도 잊지 말자.

1) 수동 입찰 전략

첫 번째로 입찰가 한도를 이용하는 방식이다.[입찰가 한도가 무엇인지 잘 모르겠다면 '3장. 06. 3. 입찰전략 (110쪽)'을 다시 한번 보고 오길 바란다.] 세팅하기 매우 어려운 방식이다. 개념을 먼저 이해해야 활용하기가 쉽다. 시나리오를 보면서 진행해보자. 한 달간 360만 원 정도를 광고하면서 DB당 단가가 거의 14,000원이 나오는 걸로 확인된다.(최저 비용으로 진행 시)

261 잠재 고객(…	71,551	1.23	₩14,087 잠재 고객당(…	₩10,000,0… 전체 기간	₩3,676,776

14,000원도 너무 비싸다고 판단된다. 적어도 12,000원으로 낮추고 싶다. 이 경우 입찰가 한도 전략을 테스트해보면 된다. 이 테스트는 무조건 어느 정도 DB당 평균 단가를 파악한 뒤에 필히 활용하기를 바란다. 평균 시세도 모른 상태에서 진행하면 망하는 지름길이다.

위와 같은 시나리오를 가정하여 광고를 세팅하는 방식을 설명하겠다. '캠페인 예산 최적화' 방식과 '입찰가 한도' 2가지 방식을 혼합해서 진행할 것이다.

1. 잠재 고객 확보를 선택한 뒤 '캠페인 입찰전략'에서 서브 메뉴에서 **입찰가 한도**를 클릭한다. 권장 '일일 예산'은 목표 DB 단가의 최소 5~7배 정도를 넣어준다. 필자의 권장사항은 25배이다. 예를 들어 목표 입찰가 한도가 12,000원이면 이것의 25배인 30만 원을 일일 예산으로 잡는 것이다. 예산이 너무 크다고 걱정할 필요 없다. 입찰가 한도는 어차피 다 못 쓸 가능성이 크다. 또 일일 예산을 적게 잡으면 노출이 안 되는 현상이 발생할 가능성이 크기 때문에 조금 넉넉하게 잡아도 된다.

2. 타겟과 노출 위치를 설정한 뒤 '최적화 및 지출 관리'에서 입찰가를 적어준다. 일단 12,000원을 적은 뒤 **계속**을 클릭해서 진행한다. 그리고 크리에이티브와 문구를 작성하고 광고를 게시한다.

3. 다음과 같은 세팅이 보일 것이다. 여기에서 '광고 세트'의 사본을 떠서 진행한다. 광고 세트의 복사본을 3개 만든다.

캠페인 레벨

광고세트 레벨

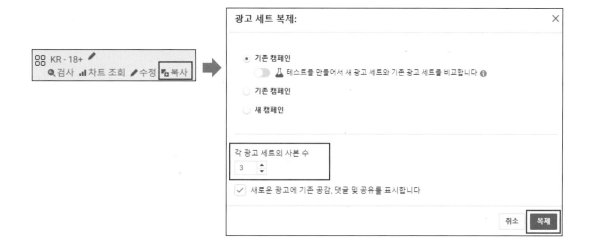

4. 다음과 같이 생성된다. **동의하고 게시**를 클릭해서 복제본도 라이브를 태운다.

5. 다음과 같이 검토 중 4개가 뜨는 걸로 보일 것이다.

이제 각각의 '광고 세트'별로 입찰가를 다르게 진행해보자. 복사한 다른 광고 세트는 입찰가 한도를 100원~200원씩 차이를 두고 지정한다. 목표가 12,000원이니 11,864원 정도로 세팅을 해보겠다.

'광고 세트'별로 입찰가 한도가 다르게 설정되었다. 그러면 캠페인 예산 300,000원 안에서 가장 효율이 좋은 '광고 세트' 위주로 광고가 노출될 것이다. 이것은 CPL 단가를 낮추기 위한 전략이다.

입찰가 한도를 세팅한다는 것은 DB당 단가가 입찰가 한도로 맞춰진다는 뜻이 아니다. 입찰가 한도는 말 그래도 경매에 참가했을 때 입찰가에 대한 한도를 거는 것이다. 따라서 입찰가 한도를 너무 낮게 설정하면 노출이 아예 안 되는 현상이 발생한다. 평균 단가보다 터무니없이 적은 한도를 설정했기 때문이다.

조금씩 증액을 하면서 최적의 입찰가 한도를 찾도록 하자. 이 방식은 요일별로 편차가 심하다. 오늘은 노출이 50밖에 안 되었는데 내일은 갑자기 노출이 5,000이 될 수도 있다. 노출이 아예 0이면 입찰가 한도를 증액시키고, 어느 정도 조금이라도 발생했으면 이틀 정도 지켜보고 증액 여부를 결정하면 된다.

2) 캠페인 예산 최적화의 응용 방법 – 1

DB 단가를 낮추기 위해서는 '캠페인 예산 최적화'를 쓰는 방식도 꽤나 효율적이다. 앞서 '입찰가 한도' 전략 + '캠페인 예산 최적화' 전략을 같이 말했지만 '캠페인 전략 최적화' 같은 경우 다양하게 응용을 해서 진행할 수 있다.

1. 이전에 진행했던 '잠재 고객 확보' 광고에 대한 데이터를 분석해보자. 광고 세트에서 **분석 데이터**를 클릭하여 **연령 및 성별**을 클릭한다.

2. 진행했던 광고 내역을 보니 빨간색 부분의 연령 및 성별이 반응이 좋은 것으로 확인된다.

이를 바탕으로 캠페인 예산 최적화 – 광고 세트를 아래와 같이 새롭게 세팅을 해보자.

최저비용			● 게재되지 않음 캠페인 중단됨	71 잠재 고객(_	4,734	1.24	₩2,440 잠재 고객당(_	₩190,000 전체 기간	₩173,254/₩190,000
18-24	여성		3	363	1.13	₩2,062			₩6,187
18-24	남성		9	1,149	1.20	₩2,444			₩21,996
18-24	분류되지 않음		—	2	1.50	—			₩126
25-34	여성		5	362	1.26	₩3,169			₩15,844
25-34	남성		17	1,349	1.25	₩3,011			₩51,192
25-34	분류되지 않음		—	1	1.00	—			₩10
35-44	여성		4	130	1.30	₩2,090			₩8,361
35-44	남성		21	742	1.27	₩1,834			₩38,504
35-44	분류되지 않음		—	1	1.00	—			₩25
45-54	여성		—	47	1.17	—			₩2,860
45-54	남성		12	544	1.27	₩2,181			₩26,170
55-64	여성		—	2	1.50	—			₩181
55-64	남성		—	42	1.36	—			₩1,798

3. 다음처럼 세팅을 함으로써 '캠페인 예산 최적화'의 기능을 응용하는 것이다. 이렇게 세팅하면 효율이 제일 좋은 광고 세트 위주로 캠페인 예산을 지출하기 때문에 광고를 효율적으로 운영할 수 있다.

3) 캠페인 예산 최적화의 응용 방법 – 2

다음으로는 '연령 및 성별'이 아닌 '노출 위치'로 진행하는 방식이다. 노출 위치에 따라서도 반응이 많이 갈린다. '자동 노출 위치'로 진행할 시에는 보통 CPM이 저렴한 곳으로 노출이 되어서 실제로 노출은 저렴하게 되는데 반응이 매우 안 좋을 가능성이 있다. 때문에 필자는 '자동 노출 위치'는 선호하지 않는다.

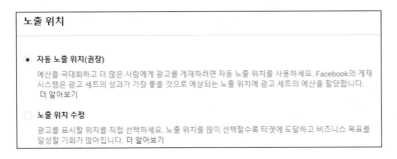

1. 광고를 진행했던 내역을 바탕으로 어떤 노출 위치에서 반응이 좋았는지 분석 데이터를 통해 확인을 해보자.

분석 데이터 → 게재별 → 노출 위치를 클릭한다.

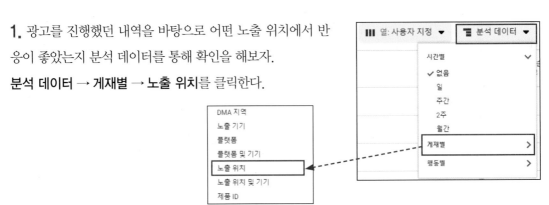

2. 페이스북 피드에서 제일 좋은 효율이 보이는 것을 알 수 있다. 그러면 다음과 같이 한 개의 광고 세트는 'Facebook 피드'에만 노출하고, 다른 한 개는 'Facebook 피드'를 제외한 나머지 플랫폼에 노출해보자.

최저비용			● 게재되지 않음 캠페인 중단됨	71 잠재 고객(_	4,734	5,855	₩2,440 잠재 고객당(_
Facebook	Stories	모바일 앱		—	35	36	
Facebook	피드: 뉴스피드	데스크톱		2	54	66	₩1,027
Facebook	피드: 뉴스피드	모바일 앱		43	2,395	3,039	₩2,670
Facebook	인스턴트 아티클	모바일 앱		—	50	56	
Facebook	인스트림 동영상	모바일 앱		5	1,337	1,365	₩755
Instagram	피드	모바일 앱		17	855	1,024	₩2,697
Instagram	Stories	모바일 앱		4	234	269	₩1,535

페이스북 피드를 제외하려면 Marketplace와 인스트림 동영상도 해제해야 한다. 세팅 방식은 다음과 같다.

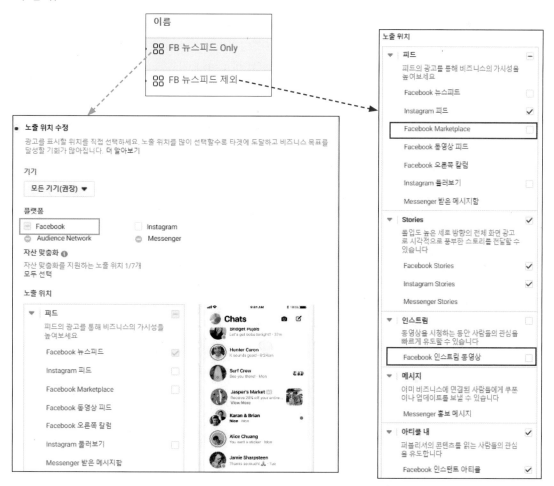

4) 캠페인 예산 최적화의 응용 방법 – 3

'최저 비용'과 '비용 한도', '입찰가 한도'를 동시에 캠페인 예산 최적화로 진행하여 세팅하는 방식도 있다.

'비용 한도'는 '목표 단가'보다 조금 높게 설정하는 게 좋다. 예를 들어 목표 DB당 단가가 12,000원이라면 '비용 한도'는 최소 1.2배~2배인 13,000원~24,000원 정도로 진행하면 된다.

아래의 세팅값을 보면 실제로 '입찰가 한도'는 낮게 되어서 지출이 잘 안 되었고 '비용 한도' 또한 지출이 잘 안 되었다. 결과적으로 '최저 비용'이 단가가 제일 저렴했지만 일별로 낮은 단가를 유지하기 위한 전략이었다.

이름			게재		결과	도달	노출	결과당 비용	예산	지출 금액
입찰가 한도 ✏️ 🔍검사 📊차트 조회 ✏️수정 📋복사			● 게재되지 않음 캠페인 중단됨	잠재 고객(...	1	53	54	₩1,303 잠재 고객당	₩150,000 ✏️ 전체 기간	₩1,303/₩150,000
비용한도			● 게재되지 않음 캠페인 중단됨	잠재 고객(...	17	1,721	1,919	₩2,749 잠재 고객당	₩150,000 전체 기간	₩46,738/₩150,000
최저비용			● 게재되지 않음 캠페인 중단됨	잠재 고객(...	71	4,734	5,855	₩2,440 잠재 고객당	₩190,000 전체 기간	₩173,254/₩190,000

5) 타겟

'타겟'은 무조건 넓혀라. 주타겟 연령대로만 진행을 하길 바란다.

'관심사' 설정은 크게 중요하지 않다. 페이스북 머신 러닝이 워낙 강력하기 때문에 페이스북은 광고를 누구에게 노출시켜야 최적의 결괏값을 받을지 알고 있다. 따라서 주타겟 연령대 및 성별로만 잡고 진행하면 된다.

이유는 페이스북 광고는 검색을 해서 보여지는 광고가 아니기 때문이다. 즉 어떠한 관심사를 가진 사람이 본인이 진행하는 광고를 보고 반응을 할지 안 할지는 모른다. 페이스북 플랫폼이 스크롤을 내리다가 멈칫하게 만들고 액션을 취하게끔 하는, 소위 말하는 충동구매/신청 욕구를 들게끔 하는 최적의 플랫폼이 아닌가? 때문에 괜히 관심사를 설정해서 타겟을 좁힐 필요는 없다. 만약에 정말 관심사를 설정하고 싶으면 아래 확장 옵션도 체크해서 범위를 조금이나마 넓히길 바란다.

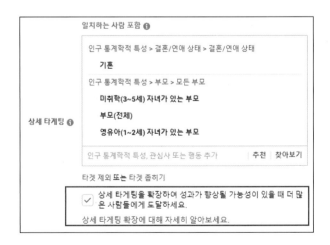

6) 광고 크리에이티브(소재)

앞서 말한 기능은 기술적인 부분이지만, 광고는 뭐니뭐니해도 크리에이티브가 제일 중요하다. 소비자 입장에서는 해당 광고를 보고 DB를 신청하게끔 욕구가 생겨야 한다.

이 욕구를 만드는 것은 '이미지/동영상' + '카피'이다.

카피는 처음 3줄만 보이게 된다. 즉, 처음 3줄의 내용이 매우 중요하다. 사람들은 이미지 → 문구 → 액션 순으로 행동을 하므로 이미지뿐만이 아니라 문구도 매우 중요하다. 필자가 진행했던 광고를 하나 보자.

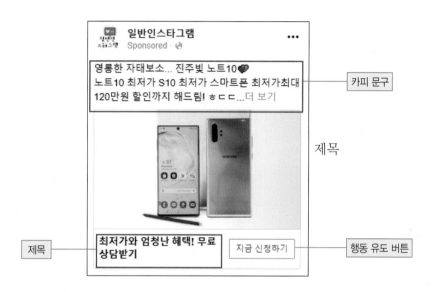

이미지 밑에 들어가는 '제목'도 매우 중요하다. 이미지의 헤드라인과 같은 부분이다. 한 줄짜리의 USP(Unique Selling Proposition)를 넣어주도록 하자.

제목 밑에는 '설명'이 추가로 들어간다. 선택사항이긴 하지만 제목이 짧다면 설명도 같이 넣어주도록 한다. 행동 유도 버튼은 잠재 고객 확보 광고라면 '지금 신청하기' 버튼을 추천한다.

크리에이티브는 본인이 카피도 여러 번 써보고 Test & Try를 수없이 하면서 배워야 하는 부분이다. 다른 DB 업체들을 벤치마킹하면서 배우도록 하자. 벤치마킹을 하면서 주의할 것은 타 페이지의 이미지나 카피를 그대로 쓰는 것은 저작권 위반이라는 것을 알아야 한다.

카피라이팅 관한 참고 도서를 한 권 소개하면, 필자에게는 간다 마사노리의 ≪돈이 되는 말의 법칙≫이 많은 도움이 되었다.

7) 잠재 고객 확보 목표만 고집하지 말고 랜딩 페이지를 구축하자

잠재 고객 확보는 한계점이 있기 마련이다. 왜냐하면 국내 페이스북 2,000만 명의 유저 중에서 잠재 고객이 될 만한 사람들 위주로 광고가 나가는 것인데, 필자 예상으로는 얼마 안 되기 때문이다.

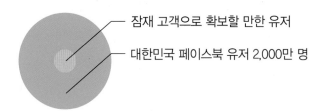

물론 크리에이티브를 바꿔가면서 소비자들 입장에서 새로운 광고라고 느끼게끔 만들 수도 있지만, 똑같은 소비자들이 지속적으로 신청할 가능성도 있다.(맞춤 타겟으로 제외하는 것 잊지 말자.)

따라서 랜딩 페이지를 만드는 방법도 구상해야 한다. 랜딩 페이지란 한 장의 페이지로 구성된 웹 페이지를 말한다. 한 장 안에 해당 상품이나 서비스에 대한 내용과 본인들의 정보를 입력할 수 있는 양식으로 구성된다.

간단하고 쉽게 랜딩 페이지를 만드는 방법에 대해서 알아보자.

■ 랜딩 페이지 만드는 무료 도구

간단하게 무료로 랜딩 페이지를 만들 수 있는 곳이다. 픽셀을 설치할 수 있는 링크로 진행을 하는 것이 좋다.

- (블로그형) 티스토리: https://www.tistory.com/
- 워드프레스: https://ko.wordpress.org/
- 런치코: https://www.launchaco.com/

이러한 플랫폼에서 무료로 랜딩 페이지를 만들 수 있다. 구글링을 해보면 어렵지 않게 만드는 방법을 알 수 있을 것이다. 필자는 워드프레스를 추천한다. 코딩에 대해서 잘 몰라도 조금만 공부하면 매우 유용하게 쓸 수 있는 플랫폼이다.

구글에서 'DB 랜딩 페이지'로 검색하여 벤치마킹을 하면 많은 도움이 될 것이다.

■ 히트맵(Heatmap)

다음으로 알아야 할 도구는 히트맵이다. 히트맵이란 웹사이트 내에 발생하는 데이터(클릭, 스크롤, 이탈률 등)를 시각적으로 표현한 것이다. 필자가 히트맵을 유용하게 응용하는 부분은 이탈률을 분석하는 것이다.

다음과 같은 히트맵 웹사이트들이 있다.

- 크레이지에그: https://www.crazyegg.com/
- 럭키오렌지: https://www.luckyorange.com
- 핫자: https://www.hotjar.com/

이 또한 구글링을 통해 어떻게 응용하는지 배우는 걸 권장한다. 코딩 부분이 필요하지만 요즘은 동영상 튜토리얼로 설치 방법이 쉽게 나와 있다. 코딩을 몰라도 크게 어려울 것이 없다.

필자는 크레이지에그 플랫폼을 이용한다. 어떤 식으로 분석을 하는지 간단히 설명하도록 하겠다.

크레이지에그 히트맵의 일부를 캡처한 화면이다. 하얀 색으로 갈수록 이탈률이 적고 검은색으로 갈수록 이탈률이 많다. 필자는 초록색 부분(약 50% 부분)부터 이탈률이 많다고 판단을 한다. 사람들이 초록색 부분부터 이탈을 많이 하였으니 초록색 부분에서 무언가를 개선해야 한다.

이 부분을 생각하고 계속 테스팅을 통해 진행하면 매우 좋은 랜딩 페이지가 나올 것이다.

참고로 이탈률을 확인하기 위해서는 당연히 어느 정도 광고 비용을 투자 해야 한다. 유입이 되어야 결과를 확인할 수 있으니 말이다.

트래픽으로 해당 랜딩 페이지로 유입을 시켜보길 바란다. 테스트 모수는 최소 50명 이상이면 충분하다.

■ 랜딩 페이지 내 픽셀 설치하기

랜딩 페이지와 이탈률을 어느 정도 보완하였다면 이제는 픽셀 기본 코드와 전환 이벤트 코드를 삽입해야 한다. 결론적으로 전환 광고를 쓰기 위함이다.

트래픽으로 돌려도 잘 나온다면 굳이 픽셀 설치와 전환 광고를 진행할 필요는 없지만 보통 트래픽으로 돌릴 시에는 일별로의 기복이 심하기 때문에 전환 광고를 더 추천한다. 물론 전환 광고도 요일별로의 기복은 있지만 단가로 보았을 때 트래픽보다 낮게 나오고 기복도 덜하다.

픽셀 기본 코드를 심는 방법은 웹사이트 플랫폼별로 다르다. 워드프레스 같은 경우는 '광고 관리자' → '픽셀' 메뉴에서 워드프레스용 '플러그인'만 설치해주면 된다.

랜딩 페이지 내에서 DB를 신청할 때 분명히 버튼이 있을 것이다. '지금 신청'이라든지 '무료 신청' 등 해당 버튼에 유저들의 행동이 추적이 되게끔 픽셀 전환 이벤트로 잡아줘야 한다.

DB는 보통 '등록 완료' 혹은 '잠재 고객' 이벤트 코드를 설정한다.

해당 버튼이 클릭되었을 때에만 해당 이벤트 코드가 잡히게끔 설정하는 방법에 대해 알아보자.

첫 번째 방식은 이벤트 설정 도구를 이용하는 것이다. 이는 앞서 앞서 '5장, 02, 6) 개발자 없이 픽셀 이벤트 코드 설치하는 간단한 방법(217쪽)'에서 설명하였다.

두 번째 방식은 버튼에 직접 픽셀 코드를 삽입하는 방식이다. 버튼이 클릭되었을 때 전환 이벤트가 추적이 되게끔 말이다.

아래 코드처럼 설정하여 전환 이벤트 코드가 삽입된 버튼을 생성해주면 된다.

```
<button onClick="fbq('track', 'Purchase');">Button Text</button>
```

Purchase 대신에 CompleteRegistration 혹은 Lead로 넣을 경우 '등록 완료' 혹은 '잠재 고객'으로 추적이 된다.

```
<button onClick="fbq('track', 'CompleteRegistration');">지금 신청하기</button>
```

위와 같은 식으로 하면 '지금 신청하기'라는 버튼이 생성되고 해당 버튼을 클릭했을 때 '등록 완료'라는 전환 이벤트로 집계가 된다.

이렇게 잡히는 전환 이벤트를 가지고 전환 광고를 돌려주면 된다.

전환 광고 vs 트래픽 vs 잠재 고객 확보를 했을 때의 DB당 단가, 퀄리티를 확인해보면서 본인에게 제일 잘 맞는 캠페인 목표로 진행하길 바란다.

06 공식 홈페이지 / 자사몰 CPS 광고 전략

쇼핑몰을 마케팅하는 전략에 대해서 알아보자.

먼저 기본적으로 마케팅의 필수인 페이스북 픽셀이 제대로 설치되었는지 확인하기 바란다.

커머스 마케팅의 성공 여부는 콘텐츠의 비중이 약 70~80%를 차지하고 나머지 20~30%가 페이스북 광고 세팅을 어떻게 하느냐, 타겟을 어떻게 잡느냐 하는 기술적인 문제이다.

필자의 실전 사례를 보자.

1) 과거에 진행했던 광고를 재탕하라

과거에 진행했던 매우 좋은 광고가 있음에도 불구하고 계속 새로운 광고로만 시도하는 사람들이 있다. 과거에 돌렸던 광고에 좋아요, 댓글, 공유가 많이 쌓였다면 이는 지금 다시 태워도 좋다. 새로 보는 사람들 입장에서는 '좋댓공'이 많이 쌓였으니 분명히 눈길이 더 가게 된다.

다음과 같은 방식으로 **광고 관리자 → 광고** 탭에서 '좋댓공'이 많은 해당 소재를 찾으면 된다.

전체기간으로 하고 **열: 참여 → 게시물 댓글** 순으로 정렬한다. CPC도 참고하길 바란다. CPC는 낮을수록 좋다.

그러면 어떤 소재가 반응이 좋았고 클릭도 잘 나왔는지 알 수 있다. 이 게시물을 지금 다시 전환 광고로 태우면 된다.

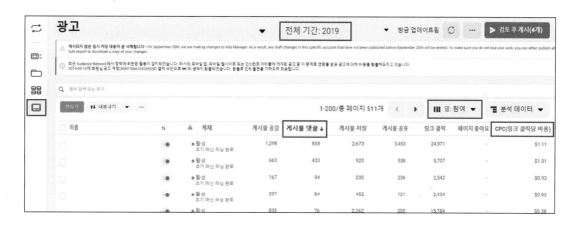

1년~2년 전에 태웠다고 그냥 방치하지 말고 꼭 태워보길 바란다. 제일 간단하게 ROAS를 증가시

킬 수 있는 방법 중의 하나이다.

아래는 실제로 필자가 진행했던 방식으로 해서 나온 ROAS(%)이다.

구매 ROAS(광고 지출 대비 수익률) ❶
3.65 ▲ 37.56%

2) 리타게팅 전략을 구축하라

어떠한 타겟을 이용해야 하고, 어떻게 활용해야 하는지에 대해서 알아보자.

보통 ROAS가 제일 높은 타겟은 '맞춤 타겟'이다. 즉 리타게팅 전략이 보통 ROAS가 제일 높게 나온다. 만약 리타게팅 광고가 ROAS가 일반 광고보다 낮고 CTR도 낮다면 문제가 있을 가능성이 높다.

리타게팅 전략을 구축하는 방식은 2가지가 있다. **'전환 광고 – 맞춤 타겟'** 방식과 **'DPA 광고'** 방식이다. 물론 CPM이 저렴한 다른 광고(도달, 동영상 조회 등) + 맞춤 타겟을 통해 리타게팅 전략을 진행할 수 있지만 전환 광고의 효율이 제일 좋다.

■ 리타게팅 효율이 좋은 기간 설정하기

그러면 맞춤 타겟이든 DPA 광고이든 기간 설정을 며칠로 하면 좋을까? 대답은 '짧게 진행하라'이다. 흔히들 '모든 웹사이트 방문자 180일'로 진행하는 경우가 많은데 이것은 비추천이다.(예산이 굉장히 많은 경우는 추천한다.)

필자는 최대 14일을 추천한다. 보통 7일~14일 정도로 진행하는 것이 좋다.

맞춤 타겟은 하루에 방문자가 1만 명 이상일 정도로 많은 트래픽이 발생하면 더 짧게 3일 정도로 잡아도 좋다. 필자 추천은 7~10일 정도이다. 추가로 구매자들은 '타겟 제외'로 넣어주자.

DPA 광고는 유저가 봤던 제품이 다시 보여지는 것이기 때문에 10~14일 정도로 세팅하는 것이 좋다.

맞춤 타겟 세팅

● 조회하거나 장바구니에 담았으나 구매하지 않은 사람
지난 [10] 일 동안 해당 제품을 조회하거나 장바구니에 담은 사람들에게 모든 제품의 제품을 홍보합니다

DPA 광고 세팅

3) 다양한 타겟별로 세팅을 진행하라

광고를 많이 돌려본 사람들은 알겠지만 '전환' 광고 같은 경우에는 보통 타게팅 옵션을 넓게 잡는 게 좋다. 이것을 '오픈타겟'이라고 부르기도 한다. 오픈타겟이 보통 CPM도 저렴하다.

어차피 최근 1주일의 전환 데이터를 기반으로 돌아가기에 페이스북이 어떤 사람들 위주로 광고를 노출시켜야 하는지 알고 있는데, 여기에 연령, 관심사를 설정하여 모수를 좁힐 필요는 없다.

보통 다음과 같이 전환 광고를 세팅한다.

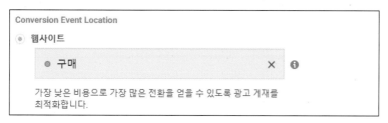

그런데 픽셀을 설치한지 얼마 안 되었거나 하여 픽셀 데이터가 저조한 경우가 있다.

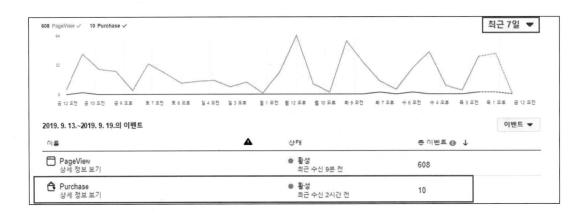

최근 1주일간 적어도 20개 정도의 이벤트는 있어야 어느 정도 효율이 생긴다고 볼 수 있다. 그런데 위의 경우는 구매 데이터가 10건 밖에 없다. 이런 경우 마찬가지로 '오픈타겟'으로 진행을 해도 되겠지만 타겟 폭을 조금 좁히는 방식을 추천한다.

여성 의류 쇼핑몰이라고 가정하면 다음과 같이 세팅할 수 있다. 구매를 할 만한 주타겟 연령대와 구매력이 있을 만한 사람들과 근접한 관심사 키워드로 타겟의 질을 높이는 방법이다.

4) 유사 타겟을 활용하라

유사 타겟을 못 믿는 사람들도 많다. 가끔은 오픈타겟보다 ROAS가 훨씬 높게 나오는 타겟이 바로 유사 타겟이다. 유사 타겟은 기반이 되는 소스(맞춤 타겟)가 제일 중요하다. 만약 맞춤 타겟 질이 안 좋으면 유사 타겟도 효율이 없을 수밖에 없다.

어떠한 소스(맞춤 타겟)를 써야 효율이 좋은지 알아보자. 유사 타겟을 만들 때에는 1%가 효율이 제일 좋다고 본다.

■ 좋은 맞춤 타겟 소스

• **지난 30일 구매자들:** 지난 30일 구매자들의 모수가 적어도 500명 이상일 경우에 쓰도록 하자.

• **상위 10% 혹은 25% 방문자들:** 지난 180일 해당 트래픽의 모수가 최소 5,000명 이상일 경우에 쓰도록 하자.

• **인스타그램 참여자들:** 지난 30일간 본인이 인스타그램 비즈니스 프로필에서 포스팅도 자주 하고 활동을 꾸준히 많이 했다면 써볼 만한 소스이다.

- **가치 기반 유사 타겟**: ROAS가 제일 높게 나오는 타겟 중의 하나이다. 가치 기반 유사 타겟을 만드는 방식은 아래와 같다.

  광고 관리자 → 메뉴 → 타겟 → 타겟 만들기 → 유사 타겟을 선택한다.

위와 같이 세팅을 하고 유사 타겟을 생성하면 된다. 가치 기반이라는 건 보통 평균 구매결제값이 높은 사람들 위주로 맞춤 타겟을 잡아서 이와 유사한 유사 타겟을 생성한다고 보면 된다. 때문에 ROAS가 높은 타겟이라고 생각하면 된다.

■ 유사 타겟 묶어서 이용하기

필자가 추천하는 좋은 맞춤 타겟 소스들은 위와 같다. 이를 유사 타겟 1%로 만들어 테스트를 진행해보길 바란다. 테스트는 유사 타겟 1%별로 광고 세트를 따로 만들어서 해도 되고 묶어서 진행해도 된다.

묶어서 진행한다는 말은 아래와 같이 세팅이 된다는 뜻이다.

추가로 동영상 광고를 많이 이용하였다면 다음 맞춤 타겟 기반의 유사 타겟도 좋다.

- 75% 지점 동영상 조회자들 최근 30일
- 95% 지점 동영상 조회자들 최근 30일

추천해준 맞춤 타겟들은 각 계정들마다 차이가 있을 수 있기에 꼭 테스트를 하면서 본인 광고에 제일 적합한 타겟을 찾길 바란다. 하지만 각각의 유사 타겟별로 성과를 확인하고 싶다면 광고 세트 1개당 유사 타겟 1개를 부여해서 테스트해보길 바란다.

5) 구매자들을 맞춤 타겟을 활용해서 제외하라

상식상 최근 1~2주일 내에 구매한 사람이 다시 웹사이트에 들어와서 구매할 확률은 매우 희박하다. 그런데 1~2주일 내에 구매한 사람들이 똑같은 전환 광고를 다시 볼 가능성은 충분히 있다. 이미 구매를 하였는데 광고가 보여지면 광고비만 나가게 된다. 광고비 1원이라도 효율을 높이기 위해서는 모든 광고 세팅에 구매자들을 제외하길 바란다.

보통 상품 구매 후 2~3일 안에 배송이 진행되고, 상품을 개봉하기까지 넉넉잡아 1주일 정도이다. 따라서 필자는 보통 '최근 1주일 구매자'들을 제외로 넣는 것을 추천한다. 재구매성 기간이 매우 긴 제품이거나 희박한 제품일 경우에는 더 넓게 설정하길 바란다. 최대 가능일자는 180일이다.

그 전에 일단 맞춤 타겟으로 '최근 1주일 구매자들'을 만들어놓고 적용을 시키자.

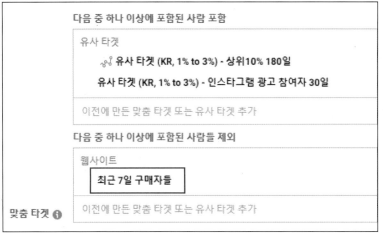

6) 한 가지 광고에만 올인하지 말고 분산 투자하라

2가지 시나리오는 비교해보자.

- 첫 번째 방식: 일 예산이 10만 원이고 아직 자리가 잡히지 않은 상태이다. '전환 – 오픈타겟 – 광고 소재 1개'로 일 예산 10만 원을 걸어두고 진행한다.
- 두 번째 방식: 일 예산이 10만 원이고 광고 세트를 10개로 나누어서 세트당 일 예산 1만 원씩 진행하여 다른 타겟, 콘텐츠 위주로 테스트를 진행한다. 타겟은 오픈타겟, 유사 타겟, 연령대 타겟별로 나누어서 진행한다.

현재 자리가 안 잡힌 상태라면 무조건 두 번째 방식대로 진행하는 것을 권장한다. 본인에게 맞는 타겟층과 콘텐츠를 찾아야 자리 잡기가 훨씬 수월하기 때문이다. 두 번째 방식대로 진행하고 이 중에서 잘 나오는 타겟을 찾은 후에 첫 번째 방식처럼 집중 투자를 하는 방식으로 바꾸길 바란다.

다음은 두 번째 방식으로 진행한 성공 사례이다.

일 10만 원으로 광고 세트를 총 7개로 나누어서 다양한 타겟층을 두고 테스트를 해보았다. 1.5달

정도를 테스트해보니 어느 정도 잘 나오는 타겟 윤곽이 보였다. 그 뒤에는 해당 광고 세트 위주로 예산을 증액했다.

게재	결과	도달	빈도	결과당 비용	예산	지출 금액	웹사이트 구매 ROAS(광고 지출 대비 수익
● 활성 초기 머신 러닝 온	20 구매	3,672	1.20	₩6,159 구매당	₩10,000 일일	- ₩123,184	6.32
● 활성 이미지에 문구가	30 구매	3,791	1.56	₩6,359 구매당	₩10,000 일일	₩190,784	5.50
● 활성 초기 머신 러닝 온	60 구매	4,749	1.59	₩3,707 구매당	₩10,000 일일	₩222,398	8.45
● 활성 초기 머신 러닝 온	36 구매	9,141	1.41	₩9,749 구매당	₩10,000 일일	₩350,968	3.70
● 활성 초기 머신 러닝 온	125 구매	16,339	1.70	₩5,367 구매당	₩20,000 일일	₩670,851	6.80
● 활성 초기 머신 러닝 온	146 구매	21,072	1.91	₩8,422 구매당	₩30,000 일일	₩1,229,604	4.15
● 활성 초기 머신 러닝 온	137 구매	20,298	1.86	₩8,235 구매당	₩10,000 일일	₩1,128,235	4.31

7) 전환 광고는 시간을 두고 성과를 지켜봐라

전환 광고는 다른 광고 목표들과는 다르게 어느 정도 시간을 두고 결과를 지켜봐야 한다. 다른 광고들보다 최적화가 되기까지 시간이 걸리고 요일별로도 기복이 매우 심하기 때문이다. 물론 부수적인 지표(CPM, CPC, CTR)도 같이 봐줘야 한다.

실제로 커머스별로 금토일이 매출이 제일 잘 나오는 곳이 있는 반면 월화수가 제일 잘 나오는 곳도 있다. 이 원리는 일단 마케팅 예산에 따라 매우 다르긴 하다.

일 예산이 1만 원~5만 원 정도라면 적어도 7만 원에서 35만 원 정도는 투자한다는 마음으로 1주일 정도 지켜보길 권장한다. 처음 이틀 동안 반응이 매우 안 좋다가도 3일째에 좋아질 수도 있다. 금액대가 낮아서 최적화가 되기까지 4일 이상이 걸린다.

일 예산이 5만 원~15만 원 정도라면 적어도 2~3일 정도는 지켜보길 바란다. 될 수 있으면 매출이 보통 잘 나왔던 요일에 광고를 태우길 바란다.

일 예산이 15만 원~100만 원 정도인 경우 1~2일 정도면 충분하다.

일 예산이 100만 원 이상일 경우에는 몇 시간 정도면 최적화가 되기도 한다. 이와 같은 경우에는 효율이 안 나오는데 몇백만 원을 쓰면서 며칠을 더 기다린다는 것은 적자만 늘어나게 하는 셈이다.

				35 구매	5,688	1.29	₩6,038 구매당
		● 활성 초기 머신 러닝 온					
2019-09-18				7	929	1.04	₩4,224
2019-09-17				2	782	1.04	₩14,932
2019-09-16				2	914	1.03	₩14,609
2019-09-15				4	970	1.05	₩7,635
2019-09-14				6	1,160	1.04	₩5,282
2019-09-13				6	1,175	1.05	₩5,107
2019-09-12				8	1,094	1.05	₩3,728

위의 결과표를 보면 요일별로 성과가 꽤 다르다는 것을 알 수 있다. 일 3만 원을 투자한 전환 광고의 성과이다. 보통 금액대가 이 정도이면 무조건 1주일의 평균 CPS(Cost Per Sale, 판매당 비용)와 ROAS로 광고의 효율을 판가름해야 한다.[물론 이 외에도 부수적인 지표(CPM,CTR,CPC), 퍼널 흐름을 대조하면서 봐야 한다.]

9월 12일에 구매당 3,728원의 가격을 보고 바로 증액하다 가는 광고를 망칠 가능성이 있다. 반면 9월 16일에 구매당 14,609원의 가격만 보고 광고를 중단시키면 마찬가지로 광고를 망친다. 9월 18일에 다시 엄청나게 내려가는 게 보이지 않는가? 때문에 이 정도의 금액대의 광고 세트라면 무조건 1주일의 평균적인 결과로 판단하길 바란다.

8) 성과가 좋은 광고 세트 예산을 효율적으로 증액하는 방법

광고 성과가 매우 잘 나와서 바로 예산을 3배 이상으로 증액했더니 갑자기 광고 효율이 확 죽는 경험을 많은 사람들이 해보았을 것이다.

원인은 2가지이다.

첫 번째는 짧은 기간(1일, 2일)의 결과로만 광고 성과를 판단했기 때문이다. 페이스북 입장에서는 초반에 사람들의 반응이 좋아서 그와 유사한 사람들에게 노출을 시켜줬더니 유사한 사람들은 반응을 안 하면 3, 4일째부터는 보통 효율이 떨어진다. 때문에 섣불리 판단하지 말고 7~14일 정도를 돌려보고 정말 CPS 단가도 저렴하고 매출도 좋다면 이때 증액을 고려해봐야 한다.

두 번째는 초반 효율이 잘 나와서 광고 세트의 예산을 크게 증액했기 때문에 머신 러닝(최적화)이 리셋된 경우이다. 페이스북이 최적화를 잘 시켜놓고 매출도 잘 나오는데 갑자기 유저가 금액을 확 증가시킨 경우에는 최적화가 리셋되기 때문에 매출이 확 꺾일 수밖에 없다.

이런 때는 다음과 같이 증액을 한다.

■ 예산을 증액하는 방법

① 광고 세트 예산의 최대 30%만 증액하라

페이스북에서는 예산 증액과 관련하여 다음과 같이 말하고 있다.

---

facebook business | 광고주 지원 센터

- 예산 금액(단, 목표 비용 입찰 전략을 사용하지 않는 한 예산 변경은 영향이 큰 변경 사항으로 간주되지 않음)

  참고: 캠페인 예산 최적화를 사용할 때 캠페인 예산을 조정하면 캠페인 내의 여러 광고 세트에서 머신 러닝 단계를 다시 입력해야 할 수 있습니다.

예를 들어 예산을 100달러에서 101달러로 높이면 하나 이상의 광고 세트에서 머신 러닝 단계를 다시 입력하지 않을 가능성이 높습니다. 하지만 예산을 100달러에서 1,000달러로 높이면 하나 이상의 광고 세트에서 머신 러닝 단계를 다시 입력할 수 있습니다.

정확한 %는 말하지 않고 있다. 필자의 경험상 15~30% 정도는 괜찮다. 하지만 이 또한 리셋이 될 가능성은 있다. 선택은 본인에게 달려 있다.

하지만 일 예산이 2만 원 정도인 소액의 경우에는 15%를 늘려서 언제 효율을 증가시키겠는가? 이런 소액으로 광고를 진행하는 사람들은 두 번째 방식을 추천한다.

② 기존 광고를 복제하라

해당 광고 세트를 복제해서 카피본을 만든다. 그리고 해당 카피본에서 증액하고자 하는 금액을 넣고 카피본에서도 성과가 잘 나오면 오리지널 광고 세트를 중단한다. 타겟이 똑같다고 겹치는 부분이 있을까 봐 두려워할 필요는 없다. 타겟 범위는 몇백만 명으로, 겹칠 가능성은 거의 없다.

9) '캠페인 예산 최적화'를 활용하라

앞의 6)번에서 설명한 것처럼 분산투자로 진행을 해서 어느 정도 효율이 좋은 광고 세트를 '캠페인 예산 최적화'로 묶어서 진행하는 방식이다. 필자가 제일 추천하는 방식이다.

효율이 좋은 광고 세트 중에서도 좋은 광고 세트 위주로 노출을 시켜서 효율을 높이는 전략이라고 생각하면 된다. 앞에서 설명한 '캠페인 - 광고세트 - 광고'의 개념을 파악하면 효율을 높일 수 있는 전략을 구축하기가 쉽다.

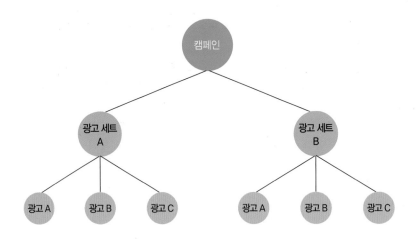

앞서 언급한 적이 있는 '캠페인 예산 최적화'는 될 수 있으면 각 세트마다의 타겟 모수를 비슷하게 잡는 것이 좋다. 필자는 유사 타겟과 복제 스킬을 이용하여 예산을 증액하는 방식을 이용한다. 유사 타겟은 앞서 추천한 맞춤 타겟을 응용해서 만든다. 2%, 2~4%, 4~6%, 6~8%, 8~10%로 똑같은 규모로 말이다.

그럼 생성된 5개의 유사 타겟을 각 세트에다 설정을 하고 같은 광고들을 세트 안에 다 넣는 방식이다.

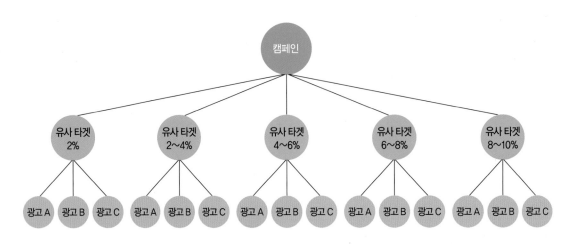

앞서 유사 타겟을 캠페인 예산 최적화 전략으로 응용한 방식에 대해 설명하였다. 이번에는 유사 타겟이 아닌 상세 타게팅(관심사 키워드)을 이용하는 전략이다.

본인의 제품이 샴푸라고 가정해보자. 그럼 샴푸에 관련된 페이스북 내 관심사를 딱 1개씩만 각 세트별로 다르게 설정하는 것이다. 확장 옵션은 OFF 시키자. 여기서 주의 사항은 어느 정도 대중성이 있는 관심사 키워드로 설정해야 한다는 것이다. 세트별로 모수가 비슷해야 하기 때문이다.

물론 예산이 엄청나게 많은 경우(일 500만 원 이상인 경우) 광범위하게 오픈타겟으로(관심사 설정 없이) 진행하는 게 좋긴 하다. 하지만 필자는 각 타겟의 효율성을 파악해서 이를 토대로 이후에 ROAS를 극대화하는 방식을 더 선호한다. 해당 세트를 2~3일 정도 지켜보고 효율이 안 나오는 세트는 OFF 시키도록 한다.

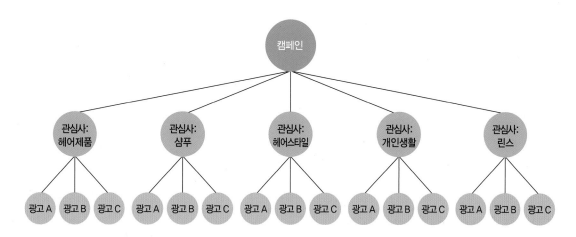

10) 테스트 비용과 기간

새로운 크리에이티브(소재) 및 제품 전환 광고의 테스트 비용과 기간은 어떻게 잡아야 할까? 최적화 기간은 보통 1주일이라고 하지만 모두 그렇게 할 수는 없다. 상품 단가가 2만 원인데 일 예산 3만 원 투자하고 매출이 없는데 최적화만 믿고 1주일 동안 광고를 돌릴 수는 없다. 그럼 어떻게 해야 할까? 필자는 이러한 방식으로 진행한다.

1. 광고하는 상품의 단가를 파악한다.(오른쪽 예시는 $59이다.)
2. 평균 CPA(구매당 비용) 단가 혹은 상품 단가의 약 3배 정도만 투자를 한다.

iPhone 11 Pro
Ultimate Carb
~~$99.00~~ $59.00

3. 예를 들어서 핸드폰 케이스 쇼핑몰을 하는데 보통 평균 CPA가 $15가 나온다. 아이폰 11 신제품을 출시해서 새롭게 전환 광고 세트를 일 예산 $20로 만들었다. 평균 CPA가 $15이니 광고비로 약 $30~45를 지출하면 최소 구매가 1개는 나와야 광고 최적화가 이루어지고 성과가 더 좋아질

가능성이 있다.

4. 만약에 평균 CPA 단가를 모르는 상황이라면 상품 단가의 약 3배 정도까지 테스트를 해보길 바란다. 제품 단가가 1만 원이면 광고비는 3만 원 정도까지 지출해보는 것을 추천한다. 위 제품과 같이 $59면 한화로 약 7만 원 정도이기에 저렴한 비용은 아니다. 광고비는 2배인 14만 원 정도까지 지출해보는 것을 추천한다. 이렇게 상품 단가의 약 2배를 투자했는데도 구매가 1건도 발생하지 않았다라고 하면 해당 광고는 실패한 것이다. 물론 CPM, CPC, CTR 등 다양한 지표를 봐야 하지만 결론적으로 매출이 없으면 실패인 것이다. 새로운 타겟이나 소재로 다시 테스트를 해야 한다.

간략하게 설명하면 각 광고 세트의 일 예산 최소 비용은 약 5만 원으로 선정한다.

비용이 낮으면 이후에 효율을 극대화시키는 것도 어렵고 테스트 기간이 너무 많이 소요되기 때문이다. 예산을 투자하는 것이 무섭다면 페이스북 광고를 하면 안 된다. 예산을 투자하는 것을 잃는 것이라고 생각하지 말고 페이스북 픽셀 데이터를 구매하는 개념으로 생각하길 바란다. 구매한 데이터 자산은 분명히 이후에 광고 성과에 큰 도움이 되고, 궁극적으로 이익을 가져다 줄 것이다.

11) 좋은 크리에이티브를 찾아라

성공하는 광고의 70%는 크리에이티브(소재)의 영향이다. 나머지 30%는 광고 운영 방식이라 할 수 있다. 페이스북 플랫폼의 특성상 유저들의 이목을 끌어야 하는데, 그 첫 번째가 크리에이티브이기 때문이다.

그럼 크리에이티브를 만들었는데 이게 반응이 좋은 건지 안 좋은 건지 어떻게 판단할까? 단순히 구매, 좋아요, 댓글, 공유 등을 볼 수 있겠지만, 좀 더 심도 있게 분석하는 방법을 알아보자.

물론 (이전 관련성 점수) 현재 품질 순위, 참여율 순위, 전환율 순위가 있지만 이것은 별로 중요하게 보지 않는다.

일단 소재의 반응을 알려면 어느 정도 데이터가 쌓여 있어야 한다. 필자가 생각하는 크리에이티브를 판단하기 위한 기본 조건은 노출 1,000회 이상(전환 광고 기준)이다. 노출 1,000회 이상이 되면 어느 정도 광고 성과를 판단하기에 적절하다. 이때 중요하게 볼 지표는 다음과 같다.

- CPM(1,000회 노출당 비용): 낮을수록 좋다.
- CPC(링크 클릭당 비용): 낮을수록 좋다.
- CTR(링크 클릭률): 높을수록 좋다.

다음 2개의 광고 중 어떤 것이 더 좋을까?
지출비는 동일하다.

1번이 더 놓은 광고이다. CPM은 2번보다 높지만 CPC도 저렴하고 CTR도 높기 때문이다. CPM이 높아서 해당 타겟 경쟁이 치열하다고는 해석이 되지만, 노출되었을 때 광고에 대한 반응이 매우 긍정적이고 클릭을 한다고 볼 수 있으므로 크리에이티브 면에서는 1번이 2번보다 좋다고 할 수 있다.

CPM(1,000 회 노출당 비용)	링크 클릭	CPC(링크 클릭당 비용)	CTR(링크 클릭률)
❶ ₩25,950	44	₩1,155	2.25%
❷ ₩22,060	43	₩1,528	1.44%

대개는 CTR이 높고 CPC가 저렴한 광고가 구매로도 잘 이루어진다.

CPC(링크 클릭당 비용)	CTR(링크 클릭률)	웹사이트 구매
❶ ₩1,155	2.25%	10
❷ ₩1,528	1.44%	2

물론 꼭 CPC가 저렴하고 CPM도 저렴하고 CTR은 높다고 매출이 엄청 잘 나온다는 보장은 없다. 하지만 매우 긍정적으로 받아들여야 할 것은 페이스북 플랫폼 내에서는 유저들의 이목을 끄는 데 성공했다고 보면 된다.

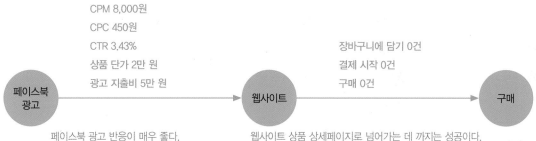

위와 같은 시나리오가 발생하는 분들도 많이 있을 것이다. 페이스북 광고에 모든 것을 걸어서는 안 된다. 쇼핑몰 사이트, 상세페이지, 랜딩 페이지, 구매 후기도 매우 중요하다. 따라서 페이스북 광고의 성과는 매우 좋은데 구매가 한 건도 발생하지 않는다면 본인의 웹사이트를 재정비하는 것을 추천한다.

12) 픽셀 데이터가 없어도 전환 광고를 시도해보라

앞서 말한 것처럼 전환 광고는 최근 1주일의 픽셀 데이터를 기반으로 돌아가는 광고이다. 하지만 신생 쇼핑몰이고 픽셀도 이제 막 설치했다면 데이터가 없을 수 있다. 그래서 보통은 CPC가 저렴한 트래픽 광고로 어느 정도 픽셀 데이터를 쌓을 것이다. 나쁘지 않은 방식이지만 트래픽 광고는 타겟을 정말 정교하게 잡지 않는 이상 허수 클릭이 너무 많다. 보통 클릭만 하고 빠지는 사람들에게 노출이 되기 때문이다.

때문에 픽셀 데이터가 아예 없는 경우에는 **'전환 광고 – 콘텐츠 조회'**로 진행할 것을 권장한다. 이 방법은 데이터가 없어도 페이스북 빅데이터 기반으로 어느 정도 전환을 자주 하는 사람들 위주로 광고가 노출되기 때문에 '트래픽'보다는 질이 좋다.

'콘텐츠 조회'를 추천하는 이유는 전환 이벤트 퍼널의 제일 위 단계이기 때문이다. 일단 사람들에게 어느 정도 상품을 노출시켜야 결제를 하든지 하지 않겠는가.

광고를 돌리다 보면 분명히 어느 정도 '콘텐츠 조회'를 한 사람들의 모수가 증가하고 동시에 '장바구니에 담기'나 '구매' 건수도 생기기 시작할 것이다.

어느 정도 콘텐츠 조회로 돌리고 1~2주쯤 뒤에 픽셀 데이터를 최근 1주일로 다시 확인해보자.

이름	⚠	상태	총 이벤트 ⓘ ↓
PageView 상세 정보 보기	⊕	● 활성 최근 수신 9분 전	362
ViewContent 상세 정보 보기	⊕	● 활성 최근 수신 12분 전	192
AddToCart 상세 정보 보기		● 활성 최근 수신 1일 전	10
InitiateCheckout 상세 정보 보기		● 활성 최근 수신 1시간 전	9
Purchase 상세 정보 보기		● 활성 최근 수신 1시간 전	6

'장바구니에 담기'와 '구매'가 별로 차이가 없다. 10건과 6건이다. 퀄리티는 당연히 장바구니에 담을 만한 사람들보다는 구매할 만한 사람들이 좋다. 이렇게 모수가 별로 차이 안 나는 경우에는 추후

에 '콘텐츠 조회'에서 '전환' – '구매'로 진행하자.

만약 '장바구니에 담기'가 100건이고 '구매'가 6건인 경우에는 어떻게 해야 할까?

필자는 일단 '구매'로 돌려보는 걸 추천한다. 이유는 허수 '장바구니에 담기' 모수가 너무 많기 때문이다. '장바구니에 담기'로 해봤자 장바구니에 담기 모수만 더 빨리 늘어날 것이다.

이런 데이터는 좋지 않은 데이터다. 웹사이트 제품 상세페이지 부분도 꼭 한번 점검해보길 바란다. 유저들이 장바구니에만 담고 구매는 안 하는 이유를 생각해보길 바란다.

13) 목표 CPS, CPC, CTR 지표를 정하고 테스트하라

목표 CPS(판매당 비용), CPC, CTR이 있으면 타겟이나 소재가 알맞은 것인지 테스트하기가 수월하다. 예를 들어 지금 CPS 단가가 20,000원이 나오는데, 10,000원으로 낮추고 싶은 경우 목표 지표를 정하는 방법을 알아보자.

- 현재 CPS: 20,000원
- 목표 CPS: 10,000원
- 평균 CPM: 20,000원

일단 과거 기록을 토대로 CVR(구매전환률)이 몇 % 정도인지 계산해보자.

- CVR(%) = [구매(7일 기준) / 웹사이트 유입량 클릭수(7일 기준)]×100

구매가 10건, 트래픽 유입량이 1,000개라고 치면 CVR은 1%이다. 100개의 클릭이 발생하면 구매 1건이 발생한다는 뜻이다.

CPS를 1만 원으로 50%로 낮추기 위해서는 50개의 클릭이 생겼을 때 적어도 구매 1건이 발생해야 한다. 즉 클릭당 단가를 낮춰야 한다.

- 목표 CPC = 목표 CPS / 클릭수 = 10,000원 / 50 = 200원

필자의 경험으로 미루어 보면

CPC = CPM / (10×CTR)이다.

목표 CPC = 200원이므로 이를 이용해서 목표 CTR을 구하면

200 = 20,000 / (10×CTR)이다. 따라서 목표 CTR = 10%이다.

즉 목표 CPC = 200원, 목표 CTR = 10% 정도를 달성해야 CPS 단가를 반으로 낮출 수 있다.

목표 CPC, CTR을 달성하기 위해서는 알맞은 타겟에게 광고를 노출시켜야 하고 광고 크리에이티브 또한 이목을 끌 만큼 재미있어야 한다. 이걸 달성하기 위해서 테스트 하는 건 본인의 노력이다.

14) 페이스북 광고의 최소 ROAS를 계산하라

많은 분들이 광고를 할 때 무작위로 하는 경우가 있다. ROAS가 어느 정도 나와야 손익분기점을 넘기는지도 모르는 채 말이다.

상품의 원가율을 가지고 본인의 목표 ROAS를 정하는 공식을 구해보자.

편의상 매출의 30%가 원가율이라고 가정하고, 고정비(임대료, 인건비 등)는 제외하였다. 매출 100만 원이 발생하면 원가는 30만 원이다. 단순하게 손해를 보지 않는 선에서 광고비를 70만 원까지 쓸 수 있다.

- Required ROAS는 (100 / 70)×100% = 143%이다.

페이스북 광고를 돌렸을 때 ROAS가 최소 143% 이상은 나와야 손해가 없다. 물론 인건비, 배송비, 세금 등은 고려가 안 되었기에 당연히 143%보다는 높게 나와야 한다. 이렇게 최소 ROAS를 어느 정도는 알아야 광고의 성과를 파악하기가 쉽다.

원가가 20만 원이라면 Required ROAS는 (100/80)×100% = 125%이다. 원가율이 낮은 제품들은 원가율이 높은 제품 대비 상대적으로 조금 더 많은 광고비를 쓸 수 있다.

여기에서 고정비를 계산해서 본인이 광고비를 투자했을 때 손해를 보지 않는 최소 ROAS를 계산하고 일단 그것을 목표로 잡고 광고를 테스트하는 것이 좋다.

15) 좋은 광고의 예산을 극대화하는 방법

처음 시작하는 광고주의 경우 1개의 광고 세트가 아닌 여러 개의 광고 세트를 테스트해서 운영해 보는 것이 좋다.

1. 전환 광고를 일 5만 원으로 진행했을 시 약 3~7일간 효율이 좋다. 안 좋은 광고 세트들은 OFF 시킨다.
2. 해당 캠페인/세트를 복제해서 사본에서 일 20만 원으로 증액한다.
3. 효율이 좋은 맞춤 타겟을 확보해서 앞선 9)번에서 설명한 전략으로 캠페인 예산 최적화 + 유사 타겟을 활용해서 또 다른 효율이 좋은 타겟층을 확보한다.(별도의 예산을 선정)
4. 목표 ROAS가 미달되는 광고 세트들은 부수적인 지표(CPM, CTR, CPC)를 보고 판단하여 OFF 시키자.

앞서 설명한 것처럼 예산의 20~30%를 증액해도 최적화에는 문제가 없지만, 필자의 경험상 광고의 효율이 많이 안 좋아지는 것이 체감된다. 때문에 복제를 이용해서 다양한 광고 세트를 구축해서 테스트해보는 것을 추천한다.

광고 세트를 여러 개 운영하는 데 있어서 조건이 있다. 그만큼 새로운 광고도 많이 발행되어야 한다. 소비자 입장에서는 같은 광고를 보면 피로도가 많이 쌓일 테니까. 적어도 1주일에 한 개의 광고를 발행해 보도록 하자.

똑같은 동영상 똑같은 이미지라도 카피를 다르게 쓰는 것에 따라 새로운 1개의 콘텐츠가 생성이 되는 것이다.

좋은 광고 세트(타겟)를 파악하는 것도 좋지만 좋은 광고 소재를 파악하는 것도 매우 중요하다. 새로운 소재가 발행되면 새로운 광고 세트를 이용해서 진행하자. 기존에 세팅되어 있는 광고 세트에 새로운 소재를 추가할 시 광고 최적화가 깨지기 때문이다.

07 자주 하는 질문들

Q 평균 CPM, CPC, CTR 비용을 알려주세요.

A 매우 광범위한 질문이다. 목표별로도 수치가 다르고 업종별로도 다르고 예산별로도 다르기 때문이다. 필자가 느끼는 대략적인 지표는 다음과 같다.

	트래픽 광고	전환 광고
CPM	7,000원~10,000원	15,000원~30,000원
CPC	300원	1,000원
CTR	3%	1.5%~2%

Q 빈도는 높은 게 좋은가요?

A 정답은 없다. 페이스북이 권장하는 빈도는 3을 넘지 않는 것이다. 하지만 빈도가 높아도 매출이 잘 나오면 상관없다. 빈도, 클릭률, 매출의 관계를 파악하고 판단하길 바란다.

Q 하루 10만 원 vs 10일 1만 원 어떤 게 나은가요?

A 필자는 10일 1만 원을 추천한다. 요일별로 성과가 다르기 때문이다.

Q 하루 적정 일 예산이 있나요?

A 없다. 마케팅 예산은 초기에 투자금이라고 생각해야 한다. 필자가 추천하는 적정 금액은 최소일 3만~5만 원이다.

Q 초반에 효율이 좋다가 갈수록 안 좋아져요.

A 필자도 느끼는 점이다. 최적화가 잘 안 되고 있는 현상이라고 본다. 이런 경우 시간을 두고 지켜보다가 나아지는 게 없으면 광고를 새롭게 진행하는 걸 추천한다. 또한 여러 개의 광고 세트/광고를 추가해서 운영하도록 한다.

Q 스마트스토어 평균 구매전환율이 2%인데 괜찮나요?

A 스마트스토어 2%이면 평균, 5% 이상이면 잘 나온다고 본다. (물론 상품 단가에 따라 다르지만.)

Q CPM을 낮추는 방법이 있나요?

A 타겟을 넓게 잡고 형식을 동영상으로 쓰면 보통 저렴해진다. 하지만 CPM을 낮추는 것과 전환율을 높이는 것은 별개라는 걸 염두에 두자. 동영상 같은 경우 초반 3초가 이목을 끌면 보통 CPM이 낮아진다. 타겟의 범위가 넓은 경우에 보통 낮다.

Q 광고 관리자 계정 비활성화가 되었습니다. 어떻게 풀 수 있죠?

A 본인이 광고 정책을 정말 잘 준수하고 있다면 재고 요청을 하면 다시 풀릴 가능성이 높다. 가끔 페이스북도 실수를 하기 때문이다. 만약 정책을 위반한 광고를 하였다면 다시 복구할 수 있는 가능성은 매우 저조하다고 보면 된다. 아래 링크를 통해 재검토 요청 가능하다.

- 광고 관리자 재검토: https://www.facebook.com/help/contact/2026068680760273
- 비즈니스 관리자 재검토: https://business.facebook.com/help/contact/2166173276743732

Q 페이스북 광고 승인이 하루가 지나도 안 됩니다.

A 해당 링크를 통해 조금 더 빠른 수동 검토 요청이 가능하다.

- 광고 재검토 요청: https://www.facebook.com/help/contact/186912391909649

Q 카탈로그에 더 이상 판매하지 않는 상품이 있는데 광고에 자동으로 올라가요. 수정 못 하나요?

A 광고 관리자 → 카탈로그 → 제품 → 판매하지 않는 상품 클릭 → 게재 비활성화를 클릭한다.

Q 흔히 말하는 광고 관리자 계정빨(?)이 있나요?

A 대답하기 참 힘든 부분이다. 계정빨(?)이라기보다는 광고 관리자의 내역, 페이지의 광고 내역, 유저들의 참여도 등을 통해 광고 노출 랭킹이 결정되기 때문이다. 그리고 타겟 모수가 몇백만 명이기 때문에 A라는 광고 관리자에서 세팅한 것과 B라는 광고 관리자에서 세팅한 값이 똑같다 하더라도 동일한 타겟한테 노출이 될 가능성이 적기에 계정빨이라고 말하기가 어렵다. 어떠한 계정이라도 세팅을 어떻게 하나에 따라 최적의 세팅을 할 수 있다고 본다.

Q 페이스북이나 인스타그램에서 광고하기 힘든 상품들이 있나요?

A 이미테이션 상품, 다이어트, 금융, 가상화폐 등의 업종은 광고를 하기 매우 힘들다. 우회해서 진

행은 가능하지만 결국에는 비활성화될 가능성이 높다. 다이어트 같은 경우 성분을 표기하고 광고 정책만 잘 따르면 가능하지만, 이렇게 광고가 되는 경우 좋은 결과를 보기 힘들다.

Q 외국인이 너무 많이 광고를 보는 것 같아요. 외국인 제외하는 방법이 있나요?

A 확실히 외국인을 지울 수 있는 방법은 없지만 아래와 같은 방식을 쓰면 어느 정도 제외가 된다.

언어: 한국어

상세 타게팅(타겟 제외): '출신지가 아닌 곳에 거주'

Q 페이스북 '페이지 팔로워' 늘리는 게 광고에 도움이 될까요?

A 초반에는 어느 정도 도움이 된다고 본다. 바로 페이지 만들어서 광고 태우는 것보다 어느 정도 활성화가 된 페이지가 광고 랭킹에도 좋은 영향을 줄 것이다. 하지만 영향은 그리 크지 않을 것이다. 광고를 위해서 굳이 '페이지 팔로우' 광고에 예산을 낭비하지 말도록 하자. 기업 페이지인 경우라면 당연히 '페이지 팔로우' 광고를 해서 팔로워를 확보하는 것이 맞다고 본다.

7장

제휴마케팅으로
돈 벌기

제휴마케팅으로 돈을 벌 수 있을까?

최근 들어 많은 사람들이 부수입을 올리기 위해 제휴마케팅에 많은 관심을 가지고 있다. 하지만 세상에 쉽게 돈 버는 길은 없다. 필자도 제휴마케팅을 약 6개월 동안 하루에 15시간 이상씩을 공부하고 수천만 원을 쓴 후에 이 책에서 소개하는 노하우들을 얻게 되었다. 필자가 여기서 이야기하는 제휴마케팅에 관한 내용을 다 읽고 나면 독자 여러분은 어느 정도 제휴마케팅에 관해서 감이 올 것이다.

필자는 수천 개의 기업들을 대상으로 페이스북 광고 컨설팅, 대행, 교육을 진행하였고, 미국(클릭**), 일본 (Li***), 한국(텐*) 제휴마케팅 활동을 하였다.

월 1천만 원 정도의 수입을 올렸다.

2019-03-27	$0.00	$768.32	($2.50)	$0.00	$678.83	$688.99
2019-03-20	$0.00	$811.41	($136.84)	$0.00	$687.71	$606.86
2019-03-13	$0.00	$737.17	($133.84)	$0.00	$580.58	$542.75
2019-03-06	$0.00	$690.31	($65.43)	$0.00	$562.74	$562.14
2019-02-27	($39.12)	$598.03	($97.19)	$0.00	$46.42	$415.30

01 제휴마케팅이란 무엇인가

제휴마케팅은 서비스나 제품을 판매하는 사이트 Merchant(광고주)가 Affiliate(블로거, 마케터, 인플루언서)를 통해 광고를 집행하고 해당 광고의 효과에 따라 Commission(수수료)을 지급하는 방식의 광고 기법이다. Affiliate에게 부여되는 고유 링크가 있기 때문에 이를 통해서 어느 Affiliate가 수익을 냈는지를 파악할 수 있다.

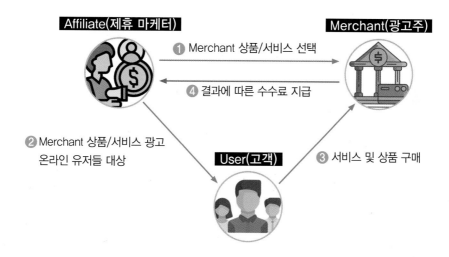

조금 더 쉽게 설명하면 제휴마케팅 플랫폼 개념은 부동산 중개 개념과 똑같다고 보면 된다. 이 책을 읽고 있는 여러분은 Affiliate에 속한다. 집을 팔아 달라고 하는 사람(Merchant)이 부동산 중개인(Affiliate)을 통해 집을 구매하려는 사람에게(User) 판매를 하는 경우 해당 집(상품)을 판매한 부동산 중개인에게 수수료(Commission)가 지급되는 구조와 같다고 보면 된다.

02 제휴마케팅 플랫폼

국내에는 굉장히 많은 제휴마케팅 플랫폼이 있다. 구글에 '제휴마케팅'이라고 검색해보면 '쿠팡 파트너스', '구글 애드센스', '네이버 애드포스트', '링크 프라이스', '텐핑', '애드픽', '리더스CPA', '디비디비딥' 등 다양한 플랫폼이 있다. 각 플랫폼에 가보면 광고주가 올려놓은 여러 상품들이 보이는데, 플랫폼별로 겹치는 상품도 있다. 쭉 한번 둘러보기를 바란다.

대표적으로는 아래와 같다.

- 텐핑
- 링크프라이스
- 디비디비딥
- 애드픽
- 리더스CPA

이 중에서 페이스북 광고를 어느 정도 할 줄 아는 사람들을 대상으로 '텐핑'과 '애드픽' 플랫폼을 이용하여 페이스북 광고를 통해 수익을 얻는 방법을 설명할 것이다.

만약 여러분이 많은 팔로워를 보유하고 있는 인플루언서이거나 유튜버라면 더더욱 좋다.

03 페이스북으로 돈 버는 2가지 방식

페이스북으로 돈을 버는 데에는 2가지 방식이 있다.

- 돈 쓰는 유료 광고(유광이라고도 한다)
- 돈 안 쓰는 게릴라성 광고(페이지, 그룹 육성)

여기서 '게릴라'란 사람이 많이 모여 있는 곳에 들어가서 치고 빠지는 것을 뜻한다. 즉 사람들이 많이 모여 있는 카페, 페이스북 그룹에 들어가 광고를 진행하는 방식을 말한다.

	유료 광고	게릴라성 광고
결과 속도	빠르다	느리다 (페이지를 키워야 하기 때문)
수입	쓰는 만큼의 수익창출 가능	보유한 팔로워들의 퀄리티와 모수에 따라 다름

1 돈 쓰는 유료 광고 운영 방법

일단 페이스북 광고를 진행하는 방식에 대해서 알아야 한다. 페이스북의 광고 기능과 세부적인 세팅 방법에 대해서는 앞서 설명하였다. 여기서는 페이스북으로 어떻게 돈을 버는지에 대해서 알아본다. 앞서 말한 것처럼 페이스북은 크롬 브라우저와 호환이 잘되기에 크롬을 이용하길 바란다.

다음은 제휴마케팅으로 돈을 벌 수 있는 플랫폼이다. 이 책에서는 '애드픽'과 '텐핑'을 중심으로 설명할 것이다. 아래는 애드픽과 텐핑 사이트 주소, 페이스북 광고를 집행할 수 있는 광고관리자 주소, 제휴마케팅에 도움이 될 만한 필자가 운영하는 네이버 블로그와 유튜브 주소이다. 책에 있는 내용 외에도 정보를 공유하고 있으니 참고하길 바란다.

- 애드픽: https://www.adpick.co.kr/
- 텐핑: https://tenping.kr/
- 페이스북 광고 관리자 플랫폼: https://www.facebook.com/adsmanager
- 네이버 블로그: https://blog.naver.com/ggapno93
- 유튜브: https://bit.ly/32hHRmc(유튜브에서 '페북에 관한 모든 것' 검색)

돈 안 쓰는 게릴라성 광고(페이지, 그룹 육성)

이것은 굉장히 시간이 많이 필요한 부분이다. 직접 페이스북 페이지 혹은 인스타그램 프로필 팔로워를 확보하여 굳이 광고를 태우지 않아도 본인의 페이지 내에 게시물을 올려 팔로워들에게 전환을 유도하는 방식이다.

페이스북 페이지를 키울 때에는 페이지만 키우는 것이 아니라 '그룹'도 만들어서 페이지와 연동시켜서 진행하는 것을 권장한다.

하지만 이 방식은 현재로서 운영하기 굉장히 어렵다. 팔로워를 확보하는게 쉽지 않을 뿐더러 '페이지 좋아요'당 비용 자체가 시간이 지날수록 올라가고 있기 때문이다. '페이지 좋아요'당 비용을 30원으로 잡았을 때 1만 명의 팔로워를 확보하기 위해서는 약 30만 원이 든다. 그렇지만 이후에 해당 페이지에 게시물을 올려도 해당 게시물의 노출 수가 1만 회가 될 가능성은 매우 희박하다. 또한 팔로워가 1만 명이 되었어도 단순히 '페이지 좋아요' 광고만 돌리면 끝이 아니라 본인의 페이지 내에 페이지 콘셉트와 관련된 게시물을 주기적으로 올려줘야 한다. 안 그러면 페이지가 죽는 경우가 있다 (팔로워 수가 아무리 많아도 노출이 안 되는 경우를 뜻함).

페이지 활성화를 위하여 페이지 게시물 업로드 주기는 24시간 기준 2시간 간격으로 최소 10개 이상은 올려주는 것이 좋다. 쉽지 않은 작업이다.

팔로워가 많고 팔로워들의 행동이 활발한 페이지와 그룹을 양성하는 게 지금으로서는 매우 어려워졌기에 이미 사람들이 많이 몰려 있는 페이스북 그룹, 네이버 카페, 카카오톡 그룹방에 들어가서 홍보하는 형식이 이루어지고 있다. 페이스북 그룹 같은 경우에는 월 어느 정도의 입점 비용을 내면 본인이 그룹에 게시물을 작성할 수 있게끔 거래가 이루어지고 있다.

네이버 카페 같은 경우 절대로 아무 카페에 들어가서 제휴마케팅 상품/서비스에 대한 광고글을 올리지 말길 바란다. 이는 엄연한 불법 행위이다. 남의 사업장에 가서 본인의 제품을 다짜고짜 광고하는 거나 다름없다.

종합적으로 보았을 때 본인이 이미 많은 팔로워를 보유한 페이지, 그룹을 운영하고 있지 않는 이상 현재로선 페이지, 그룹 육성을 추천하지 않는다.

04 제휴마케팅 상품

먼저 애드픽(https://www.adpick.co.kr/)에서 회원가입을 하자.

가입 후 접속하면 왼쪽 메뉴 부분에 다양한 '광고 캠페인' 종류가 보인다. 애드픽뿐만이 아니라 어느 플랫폼을 이용하더라도 비슷한 방식이다.

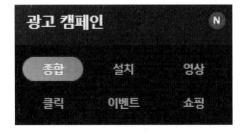

- 설치: CPI(Cost Per Install) 광고라고 불린다. 유저가 광고를 통해 앱을 설치하면 커미션을 받는 구조이다.
- 영상: CPV(Cost Per View) 광고라고 불린다. 유저가 영상을 시청하면 커미션을 받는 구조이다. 보통 커미션 단가는 100회에 300원 정도이다.
- 클릭: CPC(Cost Per Click) 광고라고 불린다. 유저가 광고를 클릭해서 웹사이트로 유입되었을 때 커미션을 받는

구조이다.
- 이벤트/참여: CPE(Cost Per Engagement) 광고라고 불린다. 유저가 사전예약 혹은 DB를 제출했을 경우 커미션을 받는 구조이다.
- 쇼핑: CPS(Cost Per Sale) 광고라고 불린다. 유저가 광고주의 웹사이트에서 특정 상품/서비스를 구매했을 때 해당 상품/서비스 단가의 일정 %를 커미션으로 받는 구조이다.

여기서 '설치', '영상', '이벤트/참여' 형태의 광고에 대해서 알아보자. '쇼핑'형은 무시해도 좋다. 쇼핑형은 큰 페이지를 운영하고 있지 않는 이상 유료 광고로 수익을 낼 수 없다. '클릭'형도 마찬가지이다. 페이스북 유료 광고를 통해서 어그로성이 아니면 수익을 낼 수 없다. 어뷰징(본인 계정 외 부계정 등 다중계정 조작을 통하여 부당하게 이익을 취하는 행위)으로 많이 걸릴 수도 있고 단가가 안 맞기에 안 하는 것을 추천한다.

1 설치형

2019년도 상반기까지만 해도 수익이 매우 잘 나오는 상품이었지만 지금은 어렵다. 국내 앱 설치당 단가는 보통 2천~5천 원(페이스북 광고 기준)이다. 시간이 가면서 많이 올라가고 있다.

제휴마케팅 단가를 보면 1천 원 이하인 상품도 많이 있다. 상식적으로 생각해볼 때 앱 설치당 비용이 저렴하게 잘 나올 경우 광고주가 직접 유료 광고를 태우지 않겠는가? 요새 CPI 단가가 많이 올랐기에 이렇게 저렴한 단가로 제품을 내놓는다.

1) 어떤 상품을 선택할 것인가

그러면 설치형 상품은 어떤 것을 선택해서 광고를 해야 높은 수익을 올릴 수 있을까? 다음을 참고하라.

① 본인이 보았을 때 매력적인 앱을 선택한다.

광고는 본인의 창작물로 시작하는 것이다. 해당 앱을 자신 있게 표현하지 못할 것 같은 상품은 피하라.

② 설치 수가 이미 많은 것은 피하라.

PlayStore나 Apple 스토어를 통해 해당 앱 설치자 수를 파악하라. 이미 몇십만 명 이상이 다운로드를 하였다면 좋은 효율을 내기가 어렵다. 광고를 해도 이미 설치를 한 사람들에게 나갈 확률이 높기 때문이다.

③ 정책 위반의 소지가 있는 앱은 피하라.

최근에 페이스북 정책이 더 강화된 것을 체감할 수 있다. 필자는 계정 기반을 정말 잘 다진 편인데도 불구하고 최근에 4개가 비활성화가 되었다. 돈보다도 계정을 안전하게 지켜야 꾸준히 수익이 발생할 수 있다. 로또, 성인 사이트, 다이어트, 소개팅 앱은 피하는 게 좋다. 해당 업종은 광고 관리자 계정이 비활성화될 가능성이 매우 높다.

다음은 광고를 진행할 때 주의할 점이다.

'이터: 던전의 포식자'를 진행한다고 가정하자. 인터페이스가 조금 다르더라도 상관없다. 다음의 정보들은 꼭 기재되어 있으니 살펴보길 바란다.

① **설치당 수익**: 광고를 해 해당 앱이 설치되었을 때 받게 되는 상품의 커미션이다.

② **남은 수**: 하루에 남은 수에 대한 제한이 있다면 주의하길 바란다. 자칫하다간 돈 낭비가 된다.

③ **최근 전환**: 불과 몇분 전에 전환이 되었다는 뜻은 반응이 아직까지 있다는 뜻이다. 설치형인데 전

환이 '3시간 전' 이런 경우라면 해당 앱이 별로 반응이 안 좋다는 뜻이다.

④ **평균 전환율:** 수치에 주의하자. 100명이 링크를 통해 유입이 되면 그중 평균 8.8명이 전환을 한다는 뜻이다.

2) 제휴마케팅 광고 진행하기

제휴마케팅을 할 상품을 정했다면 이제 페이스북에서 광고를 진행해보자.

1. 광고 세팅을 위해 **광고 관리자**로 접속한다. **만들기**를 클릭한 후 **트래픽**을 선택한다.

- '설치형'은 다른 캠페인 목표는 비추천한다. 앱 설치는 페이스북 SDK를 해당 앱 소스 코드 내에 삽입해야 하는데, 본인 소유 앱이 아니기 때문에 불가능하다.

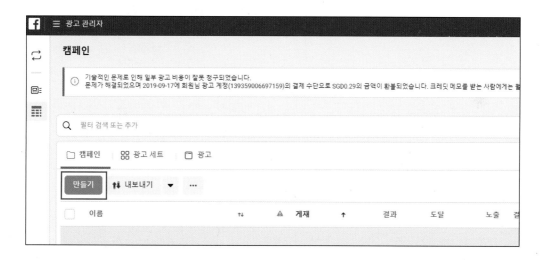

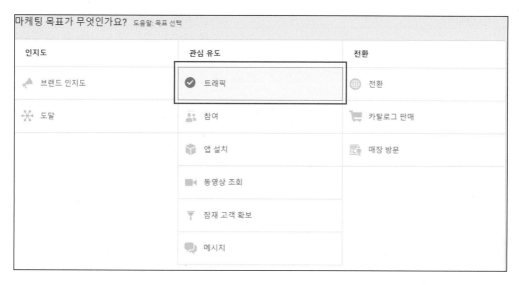

2. 필요한 기능들 위주로만 설명을 하겠다. 필자가 설명하지 않은 곳은 쓰지 말길 바란다. '타겟'은 해당 앱의 성향에 따라 조금 다르다. 보통은 아래와 같이 세팅한다. 아래 예시는 게임 앱을 대상으로 한 것이다.(둘 중 하나로 진행하면 된다.) 단, 해당 앱 최소 연령대가 18세인 경우에는 당연히 최소 연령대를 18세로 잡는다.

3. 다음으로 중요한 부분은 '노출 위치'이다. 앱 같은 경우는 모바일에서만 노출이 되어야 다운로드를 할 수 있다. 자동으로 잡아도 90% 이상은 모바일로 나가긴 하지만 1원이라도 아껴야 한다.

필자는 보통 Facebook과 Instagram에만 체크하고 진행하는 편이다.

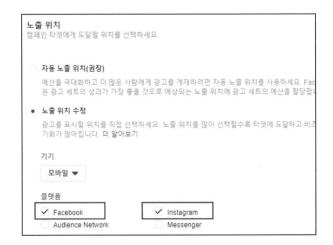

그리고 보통 앱 같은 경우 안드로이드 혹은 원스토어에서만 다운로드가 가능한 상품들이 종종 있다. 이런 경우 안드로이드 유저들한테만 나가게끔 세팅을 해야 한다. 스크롤을 조금 내린 뒤 다음처럼 세팅한다.

4. 최적화 기준은 무조건 **링크 클릭**으로만 설정하고, 크리에이티브 부분으로 넘어간다.

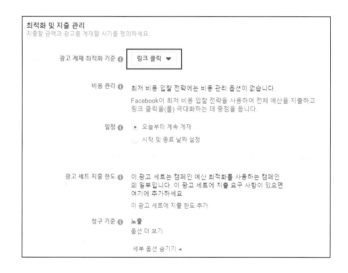

광고 크리에이티브는 버튼이 들어간 방식과 버튼이 없는 방식이 있다. 왼쪽 예시는 '카드뉴스' 게시물이라고 불린다. 버튼이 있고 없음이 전환률에 큰 차이는 없다고 본다.

클릭률이 높은 크리에이티브 형식은 다음과 같다.

(CTR 높은 순서) **단일 이미지 → 동영상 → 카드뉴스 → 슬라이드**(비추천)

게임 앱 같은 경우에는 무조건 게임플레이 이미지가 더 잘 먹힌다. 제휴 플랫폼에서 제공하는 이미지도 있지만 다른 이미지를 쓸 수 있는 경우 구글이나 직접 플레이 후 캡처를 하길 바란다.(구글에서 퍼오는 경우에는 항상 저작권 주의할 것!)

5. 세팅 방법을 살펴보자.

버튼이 있는 광고물을 만들고 싶은 경우 아래와 같이 이미지 또는 동영상을 넣어준다.

카피는 정말 본인의 노력이고 창작이다. 앱 같은 경우에는 '기본 문구' 처음 3줄이 매우 중요하다. 해당 상품 혹은 서비스의 주타겟이 어린 연령대(10~20대)라면 기본 문구는 간결할수록 좋다.

'설명'은 제목 밑에 보여지는 서브헤더이다.(예, 3,483명이 좋아합니다.)

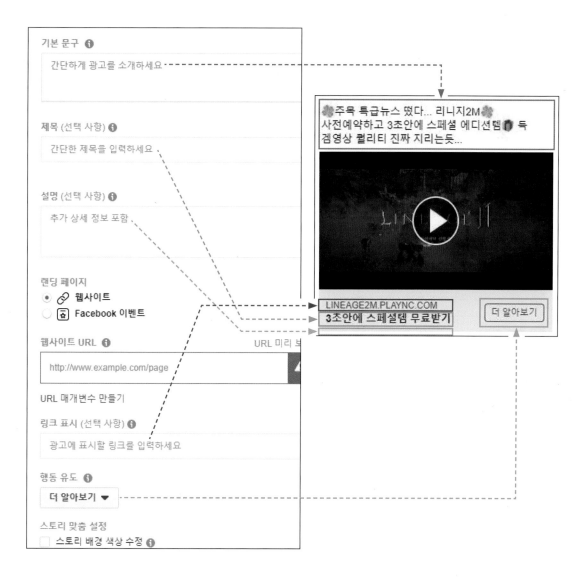

버튼이 없는 게시물과 카드뉴스 형식의 광고를 제작하고 싶은 경우는 아래와 같다.

게시물 선택의 **+**를 누르고 카피(기본 문구)와 이미지를 넣어주면 된다.

'이미지 + 동영상'의 조합은 불가능하다.

카피 문구에 꼭 앱 설치 링크를 넣어준다.

2 영상형

'영상형'은 매우 간단하다. 영상형은 대개 300원~600원 사이로 편성된다. 300원 상품 같은 경우는 거의 수익을 낼 수 없다고 보면 된다. 1회 조회당이 아닌 100회 조회당 300원인 걸 명심하자.

적어도 400원 이상 혹은 500원이 되면 거의 무조건 수익을 낼 수 있다.

1) 광고 진행하기

1. 광고 세팅을 위해 **광고 관리자**로 접속한다. **만들기**를 클릭한 후 **동영상 조회**를 선택한다.

인지도	관심 유도	전환
브랜드 인지도	트래픽	전환
도달	참여	카탈로그 판매
	앱 설치	매장 방문
	동영상 조회	
	잠재 고객 확보	
	메시지	

2. '타겟'은 최대한 넓혀준다. '노출 위치'도 '자동 노출 위치(권장)'로 설정한다.

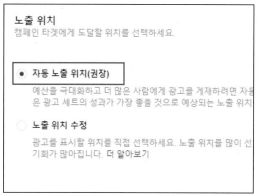

3. '예산 및 일정'이 제일 중요하다. Thruplay가 아닌 '동영상 연속 2초 이상 조회'를 선택하자. 그리고 '비용 관리'는 2원으로 설정한다.

- 만약에 상품 단가가 500원~600원 정도 한다면 비용 관리는 3원~4원 정도로 해도 된다.
- '비용 관리'는 수동 입찰 금액이다. 2원이라는 금액은 생각보다 낮기 때문에 노출이 잘 안 될 가능성도 있다. 또한 2원이라고 무조건 조회당 비용이 2원이라는 보장은 없다.
- 제일 중요한 것은 1회 조회는 유저가 동영상을 3초 이상 조회를 해야 수익이 발생하는 구조이다. 따라서 광고 관리자 지표에서 동영상 3초 이상 조회당 비용을 확인하면서 정말 수익이 발생하는지를 꼭 확인해야 한다!

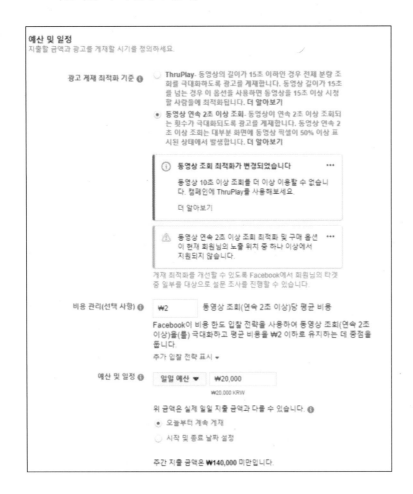

■ 동영상 수익이 나는지 지표 확인하는 방법

1. 캠페인에서 **열: 동영상 참여**를 선택한 후 날짜 설정을 **전체 기간**으로 한다.

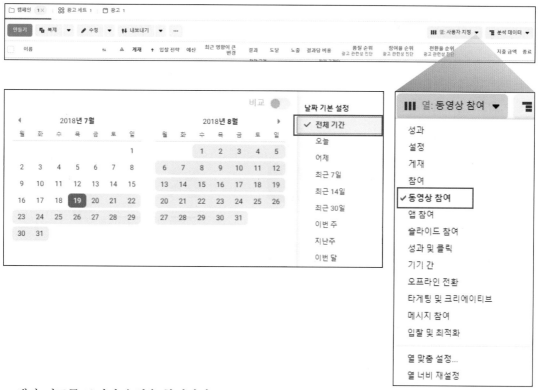

해당 지표를 보면서 수익을 확인하자.

400원짜리 상품인데 3초 이상 조회당 비용이 4원이면 본전이다. 3원 이하이면 수익이 난다.

이름	↑↓	⚠	노출	동영상 연속 2초 이상 조회	동영상 연속 2초 이상 조회당 비용	동영상 3초 이상 조회	동영상 3초 이상 조회당 비용
📁 뇌새김 전환 - 사본		⬤	307	–	–	–	–

'애드픽'의 이벤트형은 제일 수익이 많이 나오고 전환율도 꽤 높은 상품이다. 로또 관련 광고는 비활성화 당할 가능성이 매우 크기에 비추천한다.

이벤트/참여형의 가장 큰 핵심은 해당 상품에 대한 USP를 찾는 것이다.

USP(Unique Selling Proposition)란 경쟁 제품들과는 차별화된 가치를 제공하여 소비자들의 관심을 끄는 판매 제안을 말한다. 상품/서비스의 소구점이라고 생각하면 된다.

소비자들의 입장에서는 광고를 볼 때 가장 끌릴 만한 요소가 뭘까? 바로 '무료 서비스', '공짜' 등 돈과 관련된 부분일 것이다.

이벤트/참여형은 섣부르게 움직이는 것보다는 해당 상품에 대해 공부를 할 필요성이 있다. 필자는 상품 한 개당 몇 시간에서 1주일 정도는 사전에 공부를 하고 진행하는 편이다.

다음의 'V4 사전예약'과 '아이펫밀크' 상품을 살펴보자.

먼저 해당 상품을 이용하게 되는 유저의 관점에서 이 상품을 파악해야 한다. 'V4 사전예약' 같은 경우 V4 랜딩 페이지로 넘어가서 '사전등록 하기' 버튼만 클릭하면 매우 쉽게 핸드폰 번호를 넣는 부분으로 넘어가는 게 보인다. 애플 유저인지 안드로이드 유저인지도 나눌 필요 없이 동시에 노출시키면 되고 핸드폰 번호 인증도 필요 없기에 소비자 입장에서는 매우 간단한 방식이다.

광고를 타고 넘어와서 유저들이 취하는 행동들이 쉬워야만 전환율이 높다.

다음으로 'V4 사전예약'을 하면 주는 혜택에 대해서 알아보자.

이런 식으로 사전예약만 하면 보상이 많다는 부분을 알 수 있다. 사람들의 심리는 단순하다. 무언가가 있어야 액션을 취한다. V4 공식카페에 보면 보너스 보상이라는 부분도 있다. 카페에 접속을 해서 무슨 보너스 보상이 있는지 살펴보자.

카페에 접속 후 '가입인사 게시판에 글을 남기면 추첨을 통해 CJ 상품권 30만 원과 구글 기프트카드 5만 원권'을 추첨을 통해 100분에게 증정한다고 한다.

얼마나 혹~ 하는가? 이런 보상들을 표현하는 이미지 혹은 카피 문구를 응용하면 분명 더 높은 클릭률과 전환율을 볼 수 있다. 더 높은 전환율은 궁극적으로 더 높은 수익을 보장한다.

Tip 주의사항: 허위 과장 광고
'사전예약을 하면 상품권 30만 원 100% 당첨'이라는 허위성 광고는 절대 쓰지 말라. 허위, 거짓 광고는 광고주에게 고소 및 수익금 몰수를 당할 수 있다.

이번에는 '아이펫밀크'라는 상품을 보도록 하자. 이 상품은 가입을 해야 수익이 생기는 상품이다. 그런데 웹사이트 랜딩 페이지에 접속해보면 문제가 있어 보인다. 모바일 버전 최적화도 안 되어 있다. 모바일 버전 최적화가 안 되어 있다고 해도 혜택이 좋으면 된다. 이벤트 참여 방법과 가입 방법에 대해서 알아보도록 하자.

이벤트 참여 방법이 너무 힘들어 보인다. 유저들이 수동으로 입력해야 하는 부분들이 많고 이탈이 될 수 있는 구간도 너무 많다. 모든 것이 성립되어야 가입이 되고 전환이 된다. 그리고 더욱 어려운 점은 반려견 주인들에게만 타게팅이 되어야 한다는 점이다.

12,000원의 수익은 어떻게 보면 크지만 해당 전환 조건에 비해서 적다는 생각이 든다. 이탈 구간이 너무 많기에 추천하지 않는다. 유료 광고로는 적자 날 가능성이 매우 높다.

필히 직접 전환 충족 조건까지 이르면서 이탈 구간이 많은지에 대한 여부를 확인하길 바란다.

4 참여형

'텐핑'의 참여형은 '애드픽'보다 범위가 넓어 보이고, 상품/서비스의 개수도 많다. 또한 외부 입력폼을 이용할 수 있기에 광고 진행도 수월하고 수익화를 시키기도 더 쉽다.

외부 입력폼을 쓰는 방법은 쉽다. 외부 입력폼이 무엇인지와 세팅 방법은 텐핑에서 직접 해보길 바란다. 필자는 외부 입력폼은 어떻게 광고를 세팅해야 하는지에 대해서 설명하도록 하겠다.

1. 아래와 같이 외부 입력폼 사용 신청을 한 뒤 텐핑에서 승인이 떨어지면 수익을 얻을 수 있다.

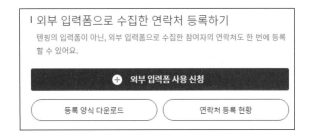

페이스북 광고를 하다가 DB를 자체적으로 받을 수 있는 광고 형식을 본 적이 있을 것이다. 이 방식이 외부 입력폼을 이용하는 방식이다.

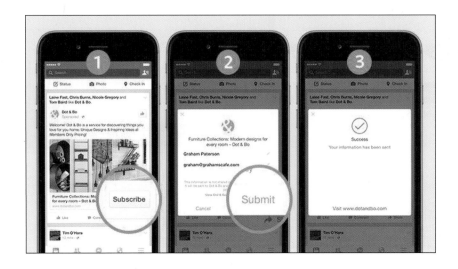

2. 목표를 **잠재 고객 확보**로 선택한다.

3. '광고 세트'의 '페이지' 항목에서 '약관 보기'를 클릭하여 **동의**를 선택한다.

4. '타겟' 세팅은 웬만하면 광범위하게 한다. 상품 성향에 따른 연령대로만 설정하는 걸 권장한다. 혹은 텐핑에서 권장하는 연령대가 있다. 이를 기반으로 세팅한다. 아래 상품의 연령 제한은 1959년 ~1988년생이다. 만 31세부터 만 60세까지이다.

타게팅은 복잡하게 생각할 필요 없다. 어차피 알고리즘 특성상 DB 신청을 할 만한 유저들에게 노출되기 때문에 연령 위주로만 타게팅을 잡으면 된다.

5. '노출 위치'도 **자동 노출 위치(권장)**를 선택한다. 어차피 '잠재 고객 확보'는 현재로서는 페이스북과 인스타그램 플랫폼에만 노출되기 때문이다. 설정 후 **계속**을 클릭한다.

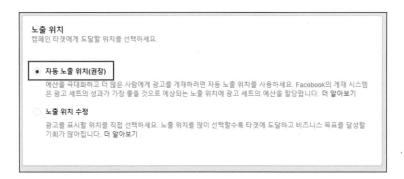

6. '광고 설정' 화면이 나온다. 제휴마케터는 보통 본업이 아닌 부업으로 많이 진행하기에 동영상 제작은 힘들다고 보고 '단일 이미지'로만 진행하는 것을 추천한다.

'기본 문구'는 보통 2가지로 나뉜다. '다이렉터성 카피 문구'와 '후기성 카피 문구'가 있다. 상품에 따라 다르게 설정하면 된다.

'행동 유도'는 '지금 신청하기' 혹은 '더 알아보기'로 진행하는 걸 추천한다.

'다이렉터성 카피'와 '후기성 카피'의 예이다. '다이렉터성 카피'는 단도 직입적으로 바로 이야기하는 것이고, '후기성 카피'는 감성 공유와 비슷하다고 보면 된다.

● 다이렉터성 카피

● 후기성 카피

7. '인스턴트 양식'에서 **새 양식**을 클릭한다.

8. 양식 만들기 팝업창이 뜬다. 이 중에서 **'소개'** 부분이 정말 중요하다. 광고 이미지를 클릭하고 한 번 더 정보를 얻을 수 있는 곳이기 때문이다. 해당 이미지는 광고에 쓴 이미지와는 다른 이미지를 이용하길 바란다. '제목'에는 '마감임박', '무료'라는 키워드로 유저들을 매혹할 수 있다. 물론 거짓된 정보는 없어야 한다. '레이아웃'에는 신청을 하면 얻을 수 있는 혜택에 대해서 설명하면 좋다. 왜 유저들이 신청을 해야 하는 건지에 대해서 말이다. 이렇게 설정하고 광고를 진행하면 된다.

9. 광고가 진행되면 유저들로부터 접수된 DB들은 **페이스북 페이지 → 게시 도구 → 양식 라이브러리**에서 확인할 수 있다.

GEOS 미리 보기	사용 중	2019. 9. 1. 오... 최병선	19개 0개 만료됨	제한됨	Download	홍보
Untitled form 2019-04-04 미리 보기	사용 중	2019. 4. 4. 오... 최병선	0개 34개 만료됨	제한 해제 됨	Download	홍보
Untitled form 2018-01-08 미리 보기	사용 중	2018. 1. 8. 오... 최병선	0개 0개 만료됨	제한됨	Download	홍보

잠재 고객 데이터 다운로드   ☒

ⓘ **잠재 고객 정보를 자동으로 가져옵니다**
    잠재 고객 정보에 바로 액세스하려면 CRM에 연결하세요. 잠재 고객에게 쉽고 빠르게 다가
    갈 수 있습니다. CRM을 연결하세요.

잠재 고객을 다운로드할 방법을 선택하세요.

⬇ **새로운 잠재 고객 데이터 다운로드**
    새 잠재 고객 0명 2019. 10. 1. 오후 8:30 마지막 다운로드 이후

🗓 **기간별로 다운로드**
    특정 기간의 잠재 고객만 다운로드합니다

                        세션 ID: f2aba6fac6be0c_1571149602307

                                                    취소

05 비활성화 계정 예방 방법

시간이 지나면 지날수록 페이스북 광고 정책은 심해지고 있다. 페이스북에 따르면 페이스북 유저의 약 5%가 가짜 계정으로 추산된다고 한다. 페이스북은 정책을 위반하는 콘텐츠 및 광고 계정들을 걸러내기 위해 더 많은 예산을 투자하고 있다.

페이스북은 제휴마케팅 상품들을 싫어한다. 마케터들이 전환률을 높이기 위해 정책을 위반하는 자극적인 광고를 많이 진행하기 때문이다. 때문에 제휴마케팅 상품의 경우 광고 승인이 거부되는 경우가 있다. 그런 경우를 방지하기 위한 대비책에 대해 알아보자.

1) 무조건 비즈니스 관리자와 비즈니스 계정들을 미리 생성하라

페이스북 광고 계정은 개인 광고 관리자 계정 1개와 비즈니스 관리자로 구성되어 있다. 개인 계정 1개만 운영한다면 제휴 마케터의 목숨은 1개밖에 없는 것과 다름없다. 비즈니스 계정은 5개까지 생성할 수 있으므로 미리 생성하길 바란다.

광고 관리자 계정은 단순히 광고를 돌리기 위한 계정이고, 비즈니스 관리자 계정은 광고 관리자 계정들의 상위 그룹이다. 회사에 비유하면, 회사는 단순한 집합체로서 비즈니스 관리자 계정이고, 각 부서들은 광고 관리자 계정이라고 보면 된다.

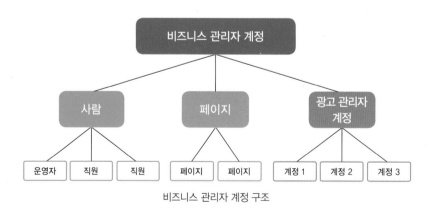

비즈니스 관리자 계정 구조

비즈니스 관리자 계정은 2개를 운영할 수 있다. 각 비즈니스 관리자 안에 총 5개의 광고 관리자 계정을 운영할 수 있으니 2개이면 총 10개의 계정까지 운영이 가능하다. 추가 비즈니스 관리자는 어느 정도의 시간이 흐른 뒤에 생성이 가능하다. 때문에 일단 첫 번째 비즈니스 관리자를 미리 만들자. 1장에서 설명하였기에 중요 포인트만 설명하도록 하겠다.

• 비즈니스 관리자 주소: https://business.facebook.com

1. 비즈니스 관리자 주소로 들어가서 주소를 입력하고 비즈니스 관리자를 만들자. 그리고 **비즈니스 설정**으로 들어간다(https:// business.facebook.com/settings). 그리고 화면 왼쪽 메뉴에서 **계정 → 광고 계정**을 클릭한다.

2. **추가**를 클릭한 후 **새 광고 계정 만들기**를 선택한다.

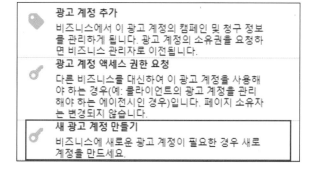

처음에 비즈니스 관리자를 생성하고 광고 관리자 계정을 생성했다면 광고 계정은 1개밖에 만들 수 없다. 하지만 이 1개의 계정을 약 3일~7일 정도 광고를 돌리다 보면 계정 한도가 5개로 늘어나 있는 것을 확인할 수 있다. (계정 한도 확인: 비즈니스 설정 → 비즈니스 정보)

한도가 5개가 되면 미리 광고 계정을 4개 더 추가한다. 광고 계정 1개가 비활성화되면 새로운 광고 계정의 생성이 불가능하기 때문이다. 이렇게 하면 개인 계정 1개와 비즈니스 계정 5개 총 6개의 광고 계정을 가질 수 있다.

최악의 시나리오를 생각해보자. 최악의 시나리오는 '비즈니스 관리자' 자체가 비활성화되는 것이다. 드물기는 하지만 지속적으로 광고 비승인이 되는 경우에는 페이스북에서 아예 '비즈니스 관리자' 자체를 비활성화시키는 경우도 있다. 목숨 5개가 한번에 날아가는 셈이다.

이런 경우에는 일단 '검토 요청'을 할 수 있지만 비즈니스 관리자 검토 요청은 비즈니스 인증, 즉 사업자등록을 한 사람들만 가능하기에 복구는 거의 힘들다고 보면 된다.

그럼 어떻게 해야 할까?

가계정이 답이다. 하지만 새로운 페이스북 계정도 신규 생성 이후 바로 제휴마케팅 광고를 하면 안 된다. 그러면 바로 비활성화될 가능성이 매우 높다. 페이스북은 광고용 유령 계정이라고 판단되면 가차 없이 계정을 삭제한다. 더군다나 위험수위가 높은 광고를 했으면 삭제될 가능성은 더 높아질 것이다. 때문에 페이스북 계정을 생성하면 약 2주 정도는 일반 유저처럼 친구들도 추천하고 그룹도 가입하고 좋아요도 누르면서 어느 정도의 활동을 한 후 '비즈니스 관리자' 생성 → '광고 관리자 계정' 5개를 생성하는 식으로 진행하면 된다.

어느 정도의 활동을 한다면 타 업체들의 광고가 본인 뉴스피드에 노출이 될 것이다. 이때부터 광고 준비를 해도 된다.

2) 랜딩 페이지를 구축하여 광고 검토를 우회시키자

초보자를 벗어난 사람들이 많이 쓰는 형태이다. 간단히 이론에 대해서 설명하겠다.

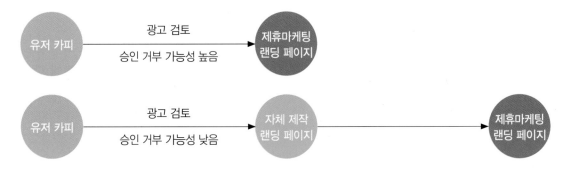

페이스북 정책은 카피, 이미지뿐만이 아니라 랜딩 페이지의 콘텐츠까지 확인한다.

보통 광고주의 랜딩 페이지는 페이스북 정책에 어긋나는 요소들이 많을 가능성이 크다. 예를 들면 로또, 소개팅 앱, 다이어트 관련 광고 검토를 할 때 광고주 랜딩 페이지를 확인하고 해당 정책 위반

요소들이 많다면 광고 승인이 나지 않는다. 이런 경우 본인이 직접 안전한 랜딩 페이지를 만들어서 랜딩 페이지에서 제휴마케팅 랜딩 페이지로 넘어가게끔 유도하면 광고 승인율이 높아진다. 물론 2차 랜딩 페이지까지 검토가 들어가지만 조금 더 안전한 방법이라고 할 수 있다.

■ 랜딩 페이지 무료 구축 플랫폼

랜딩 페이지를 무료로 구축해주는 플랫폼이 있다. 랜딩 페이지를 어떠한 콘텐츠로 할 것인가를 잘 구상해야 한다. 자체 제작 랜딩 페이지에서 제휴마케팅의 랜딩 페이지까지 넘어가야 하는데, 잘못하면 거기까지 가기 전에 이탈이 생기기 때문이다.

무료 랜딩 페이지 제작 툴

플랫폼명	웹사이트 URL	난이도
런차코	https://www.launchaco.com/	쉬움
워드프레스	https://ko.wordpress.org/	중간
티스토리	https://www.tistory.com/	쉬움

랜딩 페이지 제작의 예시를 보자. 참여형 상품이다. 해당 버튼(빨간색)을 클릭했을 때 제휴마케팅 랜딩 페이지로 넘어가는 방식이다. 이렇게 우회를 시켜서 광고 검토를 통과시킬 수 있다.

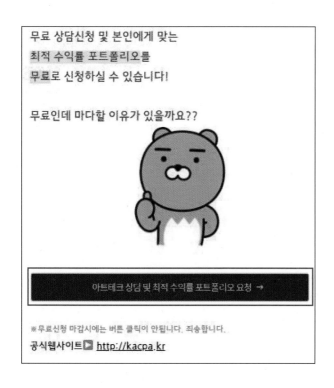

3) 동영상을 활용하자

마지막으로 동영상을 광고 소재로 활용하는 방법이 있다. 동영상은 비교적 CPM이 저렴하고 이미지보다 승인 기준이 더 낮기 때문이다.

동영상이라고 해서 기죽을 필요 없다. 요새는 무료로 혼자 간편하게 동영상 제작할 수 있는 앱들이 정말 많이 있다.

아래 예시는 간단한 영상이지만 텍스트를 넣어서 이목을 끄는 요소를 추가하였다.

무료 동영상 제작 앱으로는 VLLO, VivaVideo 등이 있다.

둘 다 매우 간단하게 동영상을 만들 수 있는 앱이다. 단순한 이미지를 활용해서 영상을 만들 수 있기에 쉽게 만들 수 있다.

06 여러 개의 페이스북 계정을 쉽게 운영하는 방법

페이스북 로그인 계정이 여러 개가 있을 경우 관리하기가 매우 불편할 것이다. 일일이 로그인을 하고 로그아웃을 해야 하기 때문이다. 크롬의 사용자 관리 기능을 이용하면 이런 문제를 해결할 수 있다.

1. 크롬 우측 상단 부분에서 본인의 '프로필 아이콘' 모양을 클릭한다. 그리고 톱니바퀴 모양의 '사용자 관리'를 선택한다.

2. 창이 뜨면 '**사용자 추가**'를 클릭한다.

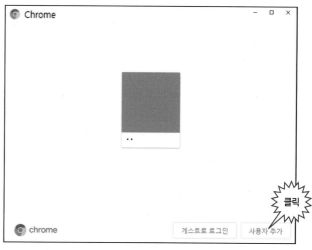

3. '추가 사용자' 이름을 입력하고 **'추가'**를 클릭한다.

4. 그리고 바탕화면을 확인하면 이렇게 크롬 아이콘이 2개가 생성된 것이 보인다.

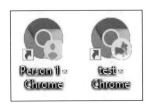

이제 어떻게 운영을 해야 하는지 감이 올 것이다. 첫 번째 크롬을 통해 페이스북 접속 후 첫 번째 계정으로 로그인을 시켜둔다. 두 번째 크롬에서는 마찬가지로 2번째 가계정으로 로그인을 시켜둔다. 그러면 크롬 창을 여는 것만으로도 각각의 페이스북 계정을 따로따로 쉽게 관리할 수 있다.

07 카피 작성하는 방법

■ 카피 작성에 꼭 필요한 요소

카피 작성과 관련한 참고서적으로 간다 마사노리의 ≪돈이 되는 말의 법칙≫을 추천한다. 이 책에서 고객을 유인하기 위한 카피라이팅 전략으로 'New PASONA 법칙'을 소개하고 있다.

〈New PASONA 법칙〉

- **P**(Problem) 문제 제기: 구매자가 직면한 문제점 또는 고객의 욕구를 명확하게 파악하고 짚어낸다.
- **A**(Affinity) 친근감 표시: 구매자와 같은 아픔 또는 같은 욕구를 가지고 있다는 것을 스토리와 오감을 통해서 묘사하여 표시한다.
- **S**(Solution) 해결책 제시: 고객이 가지고 있는 문제를 해결할 수 있거나 고객의 욕구를 실현할 수 있는 방법이 있다는 것을 알린다.
- **O**(Offer) 제안: 구매자나 고객에게 구체적인 제안을 한다. 샘플이나 모니터, 테스트 가격, 혜택을 명시하여 정확하게 제시한다.
- **N**(Narrowing down) 한정성: 해당 제품/서비스에 대한 한정성과 긴급성 위주로 표기를 하는 것이 좋다.(ex. 이 상품은 30개 한정이니 지금 주문해야 한다. 오직 지금 구매 시 무료배송).
- **A**(Action) 행동요구: 고객이 긴급하게 행동해야 하는 이유를 말하고 고객이나 구매자에게 행동을 하도록 촉구한다.

카피를 쓸 때 위와 같은 부분을 중심으로 작성하면 훨씬 더 공감대가 형성될 것이다. 더불어 유저들은 마감임박, 할인, 혜택, 공짜, 사은품 증정 등 돈과 관련된 단어에 많은 관심을 가지므로 이런 단어를 적절히 카피 문구에 활용하면 좋다.

카피 작성의 노하우는 단시간에 습득할 수 없다. 끊임없는 노력과 투자 끝에 자신의 것으로 만들수 있다. 카피라이팅 스킬은 두고두고 더 유용하게 쓸 날이 많기에 꼭 배워 두는 걸 권장한다.

카피 문구는 유저들의 근본적인 욕구를 파악하고 이에 맞게 접근해야 한다.

자녀를 둔 엄마들이 대상이라면 기본적인 니즈(Needs)는 아이들 학습과 공부에 관한 것이고, 사회 초년생들이라면 돈, 직업에 관한 욕구가 클 것이다.

상품을 파악하고 타겟층을 파악하고 그에 맞는 스토리를 카피 문구로 표현하면 된다.

다음은 카피를 쓰기 전에 상품 소구점을 파악하는 방식이다.

1. 해당 상품/서비스의 랜딩 페이지에 있는 상세페이지(상품/서비스 내용)를 읽어본다.

2. 상세페이지를 읽으면서 해당 상품/서비스에 대한 강점들에 대한 키워드를 나열한다.

3. 동시에 해당 상품/서비스는 어떠한 사람들 대상인지를 파악한다.

4. 상품 후기와 Q&A를 보며 소비자 관점에서 봤을 때 해당 상품/서비스에 대한 강점은 어떤 건지, 소비자들의 욕구를 채워줄 만한 포인트들을 나열한다. 필자는 키워드별로 마인드맵을 그린다.

5. 네이버 포털사이트에서 해당 브랜드명을 검색해서 네이버 블로그나 카페에서는 어떠한 반응을 보이고 있는지 살펴본다.(상품 후기와는 또다른 포인트를 발견할 수 있다.) 네이버 카페라면 어떠한 카페에서 해당 상품/서비스에 대한 글이 많이 올라 오고 있는지 파악한다. 해당 카페 회원들 대상으로 상품/서비스에 대한 타겟군을 어느 정도 파악할 수 있기 때문이다.

6. 나열된 포인트(키워드)들과 예상되는 소비자 타겟을 가지고 포인트에 대한 우선순위를 정해본다. 10개의 강점 포인트를 찾았다고 가정하면 10개의 포인트 중에서 어떠한 포인트가 내가 찾은 '타겟'군에게 제일 메리트(Merit)가 있고 이목을 끌 만한 것인지를 나열한다.

7. 나열된 키워드 중에서도 제일 이목을 끌 만한 상위 키워드 3~5개에 집중한다.

8. 해당 키워드 1개씩을 이용하여 카피를 작성해본다. 여기서 주의사항은 카피를 작성할 때 본인이 사용하게 될 이미지/동영상과 매칭이 되어야 한다. 예시로 '정수기'라는 상품이라고 가정해 보자. 필자는 키워드를 '상담 시 커피 무료', '1년간 필터 교체 무료', '작은 부피'로 잡았다. 정수기라면 키워드를 '시원한 물', '온도 조절 가능' 이러한 키워들로도 잡을 수 있지만 해당 키워드들은 정수기라면 당연히 있어야 하는 기능이고 소비자들의 이목을 끌기에 너무 약하다. 내가 소비자라고 생각했을 때 어떠한 포인트에 멈칫할 것인지를 염두에 두어야 한다.

   자 그럼 '상담 시 커피 무료'라는 키워드로 카피를 작성해본다. 사용하게 될 이미지/동영상은 당연히 해당 키워드랑 매칭이 되는 소재여야 한다.

9. 처음 1줄은 문제를 제기하는 동시에 공감이 될 만한 걸로 작성한다. 예시) "정수기 필터 교체 값만 해도 나간 돈이 벌써 꽤 되네요."

또 한 가지 알아야 하는 사실이 있다. 현재 모바일 버전에서는 카피가 3줄 이내만 보이게 된다. 그 이후로는 '더 보기'를 클릭해야만 세부 내용이 보인다. 때문에 사람들이 광고를 할 때 무조건 카피를 1~2줄 이내로 짧게 끊으려고 한다. 하지만 의류 쇼핑몰과 같이 단도직입적인 쇼핑몰인 경우 이렇게 하는 게 좋지만, 그렇지 않은 경우의 상품/서비스일 때에는 이 3줄에 너무 얽매이지 않는게 좋다.

■ 연령대별 특성을 고려하자

10대, 20대 연령들은 짧은 카피를 좋아한다. 단도직입적이다.

30대 이상은 짧은 카피이든 긴 카피이든 일단 카피의 처음 2줄이나 이미지/동영상에서 이목을 끌게 된다면 카피가 10줄이 되어도 읽는 성향이 있다. 10줄이나 되는 카피를 읽고 상품/서비스 랜딩페이지로 넘어온다는 뜻은 어느 정도 전환을 할 만한 의향도 있다는 뜻이다.

정리를 해보면 본인이 이용한 이미지/동영상에 대한 카피를 3줄 내로 꼭 요약할 필요는 없다는 뜻이다. 5줄, 10줄이 되어도 좋다. 앞서 말한 PASONA 법칙을 따라서 쓰는 것이 중요하다. 그리고 처음 1, 2줄은 많은 신경을 써야 한다. 제일 먼저 보여지는 부분이기 때문이다.

■ 페이스북과 인스타그램의 카피

위와 같이 동일한 동영상 소재일 때 페이스북 피드와 인스타그램 피드에서 차이점이 있다. 페이스북은 스크롤을 내리면서 카피가 먼저 보이고, 인스타그램 피드는 동영상(소재)이 먼저 보인다는 점이다. 즉 카피랑 소재 둘 다 매우 중요하고 둘 다 이목을 끌어야 한다. 그래야 사람들이 수천 개의 광고를 보면서 본인의 광고에 멈칫할 테니까 말이다.

그리고 카피를 보면 2줄까지만 보이기에 이 1~2줄에 사람들의 이목을 끌 만한 문제 제기와 공감대를 형성하는 카피를 써야 한다. 해당 1~2줄을 어떻게 쓰냐에 따라서도 CTR, CPC, CPM의 변화가 클 것이기에 앞서 찾은 포인트별로 1~2줄을 다르게 하여 테스트해보길 바란다.

08 광고 결과 분석 및 개선하는 방법

광고를 진행하면 100% 잘된다는 보장이 없다. 만약 광고가 생각처럼 결과가 나오지 않으면 문제점을 파악하고 개선 방법을 찾아야 한다.

1. 광고 관리자로 접속한 후 **열: 성과 및 클릭**을 선택한다.

다음 광고 카피를 예시로 설명해보자.

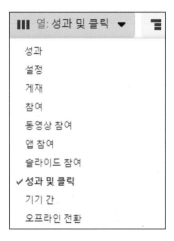

	1↓	▲	종료	품질 순위 광고 관련성 진단	참여율 순위 광고 관련성 진단	전환율 순위 광고 관련성 진단	노출	CPM(1,000 회 노출당 비용)	링크 클릭	CPC(링크 클릭당 비 용)	CTR(링크 클릭률)	클릭(전체)	CTR(전 체)	CPC(전체)
Default name - 트래픽	●		진행 중	–	–	–	1,643	$8.25	19	$0.71	1.16%	96	5.84%	$0.14

- **CPM(1,000회 노출당 비용):** 낮으면 낮을수록 좋다. 같은 비용이라도 더 많이 노출된다는 뜻이다. CPM을 낮출 수 있는 방법은 타게팅을 넓게 잡거나 동영상을 쓰는 것을 권장한다.
- **CPC(링크 클릭당 비용):** 낮으면 낮을 수록 좋다. CPC=링크 클릭/광고지출비로 계산된다. 카피 문구에 걸린 랜딩 페이지 주소 혹은 행동 유도 버튼을 클릭했을 때 링크 클릭으로 집계가 된다.
- **CTR(링크 클릭률):** CTR=(링크 클릭수/노출수)×100%로 계산된다. 높으면 높을수록 좋다.
- **CTR(전체):** 전체는 링크 클릭뿐만 아니라 이미지 클릭, 좋아요 클릭, 댓글 클릭, 카피 문구 더 보기 클릭 등 모든 클릭을 포함한다. CTR(전체)=(전체 클릭수/노출수)×100%

지표를 토대로 해석을 해보자.

CTR(전체)는 5.84%이다. 100번 노출되면 약 5.84번 클릭이 되었다는 뜻이다. 이미지든 문구든, 어느 정도 유저들의 발목을 잡았다는 뜻이다.

CTR(링크 클릭률)은 1.16%이다. 이미지, 문구 부분에서는 사람들의 이목을 어느 정도 잡았지만 궁극적으로 링크를 클릭하지 않고 이탈한 유저들이 매우 많다는 뜻이다.

그러면 여기에서 문제는 무엇일까? 모바일 버전으로 광고를 보자.

추측 1) 일단 '좋아요', '댓글', '공유'는 없기에 '좋댓공'으로 빠진 이탈은 아니다.

추측 2) 링크 URL을 보기까지 '더 보기'를 클릭해야 한다.

추측 3) 이미지가 여러 장 있어서 이미지를 여러 장 보는 게 '클릭(전체)'로 카운트가 되었다. 이 말은 즉 카드뉴스는 보통 'CTR(전체)'가 높다는 뜻으로 해석된다.

개선점 1) 이미지 여러 개 (카드뉴스) 말고 단일 이미지로 바꾸어본다.

개선점 2) 링크 URL을 처음 3줄 안에 넣어본다.

개선점 3) 처음 3줄을 궁금증을 유도하는 카피 위주로 작성한다. 카피 내에서의 '더 보기'를 클릭하게끔 말이다.

하지만 주의할 점이 있다.

카피 문구에 보이는 '더 보기'는 문구가 3줄을 초과하게 되면 생긴다. 즉, 이걸 원치 않는다면 카피를 3줄 이내에서 완성하면 된다. 이 방식은 클릭률을 높이는 데에는 분명히 도움이 된다. 하지만 3줄 안에 광고 상품/서비스에 대한 정보를 전달하기 어렵기 때문에 클릭은 많이 이루어져도 전환이 안 될 가능성이 농후하다.

때문에 카피를 짧게(3줄 이내) 쓰는 것과 길게 쓰는 것은 상품에 대한 정보성에 대한 차이라고 할 수 있다. 앞서 말한 것처럼 사전예약, 게임 앱, 10대 타겟 상품은 다이렉트 문구가 반응이 좋다. 즉 짧은 카피가 좋다. 하지만 정보성을 더 담아야 하는 상품은 문구에 충분한 정보를 담아 작성하는 게 좋다. 후기성 문구가 보통 반응이 좋은 편이다. 필자는 최대 14줄 정도까지도 써보았다. 그래도 전환률은 매우 높았다.

결론은 '카피를 어떻게 정리하느냐'이다. 많은 광고들을 스크랩하고 책도 읽고 뉴스도 읽어보고 공부를 하길 바란다. 또한 앞서 말한 것처럼 마인드맵을 많이 그려서 해당 상품/서비스 별로의 강점들을 캐치해내는 능력을 키우도록 해야 한다.

제일 좋은 공부는 페이스북, 인스타그램 광고를 할 때 카피를 보면서 다른 업체들은 어떤 식으로 쓰는지, 본인은 이 카피에 대해 어떻게 생각하는지 점수를 매겨보는 것이다.

09 페이지를 효율적으로 키우는 방법

페이지를 키우는 방법은 '페이지 좋아요'와 '지속적인 유기적 포스팅'이 핵심이다.

'페이지 좋아요' 단가는 무조건 '좋아요'당 50원 이하로 나오게끔 하는 것이 좋다. 1만 개 기준으로 최대 50만 원 투자한다는 생각으로 진행해야 한다.

1만 개의 팔로워가 생기면 어느 정도 유기적인 도달도 발생할 것이고, 여기서부터는 트렌드, 페이지 콘셉트에 맞는 지속적인 포스팅을 하는 것이 중요하다.

어떻게 하면 '페이지 좋아요'를 개당 50원 이하로 낮출 수 있는지 알아보자.

시간이 가면 갈수록 '페이지 좋아요' 비용은 올라갈 것이다. 물가가 오르듯이 말이다.

1. 광고 관리자 → 만들기 → **참여** → **페이지 좋아요**를 선택한다. 이후 '페이지 좋아요'를 확보하고 싶은 페이지를 선택한다.

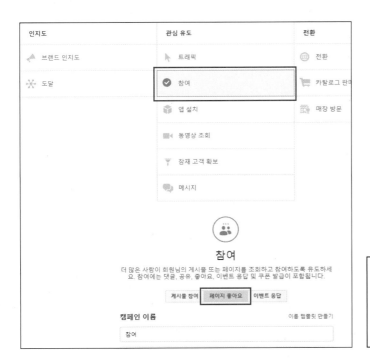

2. '타겟'은 페이지 콘셉트에 맞춰서 세팅한다. 기본적으로 13세~18세 연령대가 '페이지 좋아요' 단가가 제일 저렴하다. 남녀 중에서도 여성이 남성보다 저렴하다. 남성 타겟이라면 13세~18세 남성, 여성 타겟이라면 13세~18세 여성으로 잡으면 된다. 연령과 성별만 세팅하면 된다. 성인들을 대상으로 하는 콘텐츠는 10대보다 비싸다.

타겟
광고를 노출할 타겟을 선택하세요. 더 알아보기

새 타겟 만들기   저장된 타겟 사용 ▾

맞춤 타겟 ❶ [이전에 만든 맞춤 타겟 또는 유사 타겟 추가]
제외 | 새로 만들기 ▾

위치 ❶ [이 위치의 모든 사람 ▾]

대한민국
　📍 대한민국

　📍 포함 ▾ | 위치를 더 추가하려면 입력하세요　　찾아보기
위치 일괄 추가

연령 ❶ [13 ▾] - [18 ▾]

성별 ❶ [**전체**] [남성] [여성]

언어 ❶ [언어 입력]

3. 나머지는 건드릴 필요 없이 바로 '소재' 부분을 확인한다. '페이지 좋아요'의 핵심은 소재(크리에이티브)이다.

　남녀노소 할 것 없이 공감을 형성하는 소재 혹은 자극적인 소재가 단가가 제일 저렴하다. 남자는 흔히 말하는 야한 소재, 자극적인 소재가 반응이 좋으며, 여자는 공감대 형성, 연애, 다이어트 관련 소재가 반응이 좋다. 카피는 간략하게 적는다. 다음 예시들을 30~50원이 나왔던 소재들이다.

〈10대 여성들 타겟 카피 및 이미지〉

〈10대 남성들 타겟 카피 및 이미지〉

'페이지 좋아요'를 확보하는 동시에 지속적인 포스팅도 해줘야 한다. 페이지 콘셉트에 맞게끔 포스팅을 하도록 하자.

보통 유저들은 '평일 오후 5시 이후' 혹은 '주말 오후 12시~3시쯤'에 접속률, 참여율이 제일 높기에 이 시간대에 포스팅을 많이 하길 바란다. 아무 포스팅이나 말고 본인이 봐도 재미있는 콘텐츠, 화제성이 있는 콘텐츠를 올리길 바란다.

하루에 10개 이상의 포스팅을 하는 것이 좋다. 출처는 댓글에 넣는 걸 추천한다.

팔로워들의 참여율 시간대를 확인하려면 **페이지 → 인사이트 → 게시물**에서 확인할 수 있다.

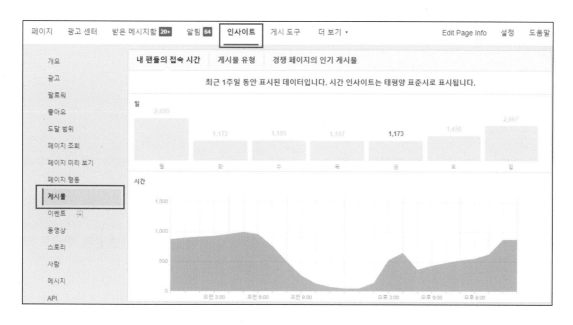

10 페이스북 광고 승인을 빨리 받는 방법

　페이스북의 광고 검토는 1차적으로 A.I(인공지능)에 의해 이루어진다. 승인이 5분 만에 나는 광고가 있는가 하면, 더 오래 걸리는 광고도 있다. 대체로 보기에 조금 찝찝하다는 생각이 드는 광고, 즉 정책 위반의 소지가 있어 보이면서 과거 광고 내역이 많이 없는 경우는 보통 승인 검토가 늦어진다. 최대 24시간 내지 48시간 정도가 걸린다. 또 신규 계정인 경우에도 보통 검토 시간이 오래 걸린다.

　광고 승인이 늦어지는 경우를 대비하여 미리 광고를 예약 거는 방법(시작 일자를 미래 일자로 설정)도 있지만, 직접 검토 요청을 하면 된다. 이 방법은 직원들이 수동으로 검토해주는 방식인 듯하다. 때문에 정책을 위반하는 광고 유형이라면 광고 계정이 날아갈 위험도 있다는 것을 유의하길 바란다.

1. https://www.facebook.com/help/contact/186912391909649 링크에 접속한다.

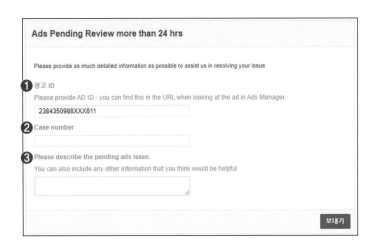

① **광고 ID**: 광고 ID는 **광고 관리자 → 광고** 탭 → 검토 요청하고자 하는 광고 미리보기를 하면 우측 상단에 ID 숫자들이 보인다. 이것이 해당 광고 ID이다. 복사한 후 붙여넣는다.

② **Case Number**는 비워둔다.

③ **Please describe the pending ads issue**: 왜 수동 검토를 요청했는지 작성하면 된다. 한글로 작성해도 상관없다. 필자는 영문이 편해 그냥 다음처럼 넣는다.

　"Ads pending time is too long. Please review on it. Thank you"

2. 보내기를 클릭한다. 그러면 빠르게는 몇 분 내로 혹은 몇 시간 내로 승인 혹은 거부가 되는 결과를 받아볼 수 있다.

Ads Pending Review more than 24 hrs

Please provide as much detailed information as possible to assist us in resolving your issue.

광고 ID
Please provide AD ID - you can find this in the URL when looking at the ad in Ads Manager.

2384350988XXX611

Case number

Please describe the pending ads issue.
You can also include any other information that you think would be helpful

Ads pending time is too long. Please review on it.
Thank you

보내기

11 유튜버, 인플루언서, 파워블로거라면

제휴마케팅 플랫폼은 말했다시피 본인이 원하는 상품/서비스를 선택해서 광고할 수 있다.

본인이 만약 페이스북 페이지, 인스타그램, 유튜브, 블로그 등에서 다수의 팔로워를 확보한 영향력이 있는 사람이라면 제휴마케팅은 좋은 부수입이 될 수 있다.

똑같이 제휴마케팅 플랫폼 내에서 본인의 채널 콘셉트와 맞는 상품/서비스를 골라서 그에 대한 블로그 및 동영상을 찍어서 올리면 된다. 그리고 본인에게 부여된 고유 링크를 '링크 보기' 창에 넣으면 된다. 그리고 유저들이 해당 링크를 통해 상품/서비스를 구매하면 그에 대한 수수료를 지급받는다.

게임 앱 같은 경우 본인이 직접 플레이를 해보고 해당 게임 플레이 영상을 유튜브화한다든지 블로그화해서 그 밑에 본인의 앱 설치 고유 링크를 달기만 하면 되는 일이다. 물론 이 작업에 있어서도 상품 선정 능력, 편집, 시간 투자가 필요하다.

12 제휴마케팅 운영 노하우

다음은 필자가 그동안 제휴마케팅을 운영하면서 터득한 노하우와 지침이다. 이를 제휴마케팅을 진행할 때 참조하면 많은 도움이 될 것이다.

- 유저들은 광고를 볼 때 **이미지 → 문구 처음 3줄 → 문구 '더 보기' → 이미지** 순으로 본다.
- 10대들은 긴 카피보다는 짧은 카피를 선호한다.
- 연령대가 올라갈수록 카피에 더 많은 정보가 담겨 있는 게 반응이 좋다.
- 테스트 비용은 5천 원이라도 충분하다.(제휴마케팅 상품)
- 본인에게 맞는 상품/서비스를 선정하여 마인드맵을 그리자.
- 수익이 잘 나오는 상품의 예산 증액은 15% 내외로만 증액하자. 안 그러면 최적화가 깨진다.
- 혹은 수익이 잘 나오는 광고 세트를 복제해서 사본에서 예산을 증액해서 진행하자.
- CTR(전체)는 10% 정도가 나와야 좋다.
- 사전예약, 앱 설치형은 CPC(링크 클릭)가 150원 이하로 나와야 좋다.
- CPM은 8천 원 이하로 나와야 좋다.(트래픽 목표 기준)
- 1개 상품당 투자비는 10만 원으로 잡는다. 수익이 1.5배 이상 발생 시 진행한다.
- 광고 승인은 최대 24시간이 걸린다.

13 광고 이용 시 필히 알아야 할 링크 목록들

- 광고주 지원센터 1:1 채팅 링크(일부 광고주만 이용 가능)

  https://www.facebook.com/business/help

- 광고 승인이 24시간이 지난 경우 재고 요청

  https://www.facebook.com/help/contact/186912391909649

- 승인이 거부된 광고 재고 요청

  https://www.facebook.com/help/contact/1582364792025146

- 광고 결제 문의 관련

  https://www.facebook.com/help/contact/649167531904667?ref=35

- 광고 정책 가이드라인

  https://www.facebook.com/policies/ads

- 비활성화된 비즈니스 계정 검토 요청

  https://business.facebook.com/help/contact/2166173276743732

- 저작권 없는 무료 이미지/동영상 다운로드 사이트

  https://pixabay.com/

- URL 단축시키는 URL 쇼트너

  https://bitly.com

페이스북 광고는 꾸준히 공부해야 합니다. 정말 빠르게 업데이트가 되며 하루하루가 달라지는 게 페이스북입니다.

제휴마케팅의 상품은 본인이 정말 잘 표현할 수 있는 상품 위주로 고르길 바랍니다. 상품은 보통 3개 정도를 잡고 가는 걸 추천합니다.(백업용이 필요합니다.) 제휴마케팅은 간단한 것 같지만 결코 만만한 것이 아닙니다. 단순히 부수입만을 바라지 말고 공부를 하고 경험을 하다 보면 어느 순간 수익이 생기는 날이 올 것입니다. 제휴마케팅뿐만 아니라 페이스북 광고를 배우고자 하는 모든 분들에게 하고 싶은 말입니다.

돈을 버는 목적에만 너무 치중하여 단기간에 성공하기만 바라면 절대 성공할 수 없습니다. 그리고 현재 시점에서는 투자비가 무조건 있어야 합니다. 어느 정도 여유금을 정하고 이를 테스트 비용으로 빼놓고 무리하지 않는 선에서 진행하길 바랍니다.

필자도 초반에는 월 30만 원 정도로 테스트를 진행해보고 나의 강점, 주력 상품을 파악한 뒤 주력 상품, 타겟에 연관된 카피, 크리에이티브 만드는 방법을 연습하였습니다. 지금은 월 500만 원~1천만 원을 광고비로 지출하여 2배 가량의 수익을 얻습니다. 그리고 한 가지 확실한 건 시간이 지나면서 유료 광고를 통한 수입은 점차 어려워질 것입니다. 페이스북이 특히나 정책 규제가 심해지는 추세입니다. 때문에 페이스북뿐만 아니라 구글, 유튜브, 트위터, 카카오톡 마케팅 쪽도 공부하기를 권장합니다.

독자 여러분이 이 책을 통해서 페이스북과 인스타그램, 제휴마케팅에 관한 방향성이 잡혔기를 바라면서, SNS 마케팅에 관한 새로운 소식은 필자의 블로그와 유튜브에 공유하기로 합니다.

모두의 건승을 바랍니다.